AF239614

Malina Bura wurde 1993 als Kind zugezogener »Wessi«-Eltern in der altmärkischen Ex-DDR-Provinz geboren. Seit 2012 lebt sie in Berlin, wo sie sich zunächst mehrere Jahre der Bewältigung seelischer Leiden widmete. Über diese Zeit half ihr besonders ihre Kreativität hinweg. Das Schreiben und Fotografieren begleitet sie seit ihrer Kindheit. 2020 absolvierte Malina Bura erfolgreich ein Fernstudium zur Fotodesignerin. Sie hat es sich zur Aufgabe gemacht, für Tabuthemen zu sensibilisieren, um Menschen zu helfen.

Für ihren Debütroman *Der Geschmack meiner Jugend* wurde sie mit dem Altmärkischen Literaturpreis 2024 ausgezeichnet.

Malina Bura

DER GESCHMACK
MEINER JUGEND

Roman

kul-ja!
publishing

Die Deutsche Nationalbibliothek verzeichnet diese Publikation in der Deutschen Nationalbibliografie; detaillierte bibliografische Daten sind im Internet unter http://dnb.d-nb.de abrufbar.

1. Auflage Oktober 2023
2. Auflage November 2023
3. Auflage Juni 2024
© 2023 kul-ja! publishing, Erfurt

Wir machen kule Bücher,
nur echt mit dem Kulibri.

Homepage: http://www.kul-ja.com

Covermotiv: *Deichwegsommer*, © 2023 Malina Bura

Printed in the EU

ISBN: 978-3-949260-17-9

»Was ich tue,
entscheidest nicht du.«

— *Wonder Woman*

Teil 1

Kapitel 1

Eine Kirche, ein Spielplatz, einundsiebzig Straßenlaternen, knapp zweihundert Einwohner.

Die Elbe nicht weit.

Die Highlights: zwei Bushaltestellen, die Freiwillige Feuerwehr, eine Kegelbahn.

Das ist das nördlichste Dorf Sachsen-Anhalts.

Das ist Hinterelbe.

Sehenswürdigkeiten der umliegenden Orte laut Wikipedia: Kirchen, Friedhöfe, unter Denkmalschutz stehende Viertelmeilensteine.

Hier herrscht Ruhe im Karton und die Uhren scheinen stillzustehen.

Dort, wo sich heute das *Grüne Band* durch die Pampa schlängelt, teilte früher die innerdeutsche Grenze ein Land in zwei Welten.

Hier war Sperrgebiet. Wer hier lebte und sich kritisch äußerte, musste damit rechnen, ins Hinterland zwangsumgesiedelt zu werden.

Heute ist das anders, heute ziehen die meisten freiwillig weg.

Hier bin ich aufgewachsen. Zwischen Deichen, Kühen, Plattenwegen und Gegensätzen.

Gegensätze.

Ost und West.

Sachsen-Anhalt oder Niedersachsen.

Ex-DDRler versus Öko-Hippies.

Grau oder bunt.

Unser Haus, meine Familie, ich – genau in der Mitte.

Wandler zwischen zwei Welten.

So empfand ich es damals.

Denn trat man aus unserer Haustür auf die davorliegende Straße, gab es genau zwei Möglichkeiten.

Nach rechts oder nach links.

Altmark oder Wendland.

Ossis oder Wessis.

In diese Kategorien wurden die Menschen unterteilt. Da kam man nicht drum herum.

Als Zugezogene aber war man vor allem eins: erstmal irgendwie anders als die anderen.

Unsere Anbindung an öffentliche Verkehrsmittel war nicht der Hit.

Sie beschränkte sich auf einen Bus, der unser Dorf ein paar wenige Male am Tag mit den umliegenden Orten verband.

Da er allerdings nicht über die Landesgrenze hinaus verkehrte, trug es sich zu, dass ich nicht wie geplant in die niedersächsische Waldorfschule ging, sondern 1999 in der altmärkischen Grundschule »Anna Seghers« eingeschult wurde.

Obwohl seit dem Ende der DDR fast zehn Jahre ins Land gezogen waren, ließ die Vergangenheit diese Gegend nicht los. Und was will man auch erwarten? Wiedervereinigung und zack – DDR weg?

Nein, abgesehen von den Schulbüchern schien sich nicht allzu viel verändert zu haben. Tapeten, Vorhänge, Schränke, Arbeitsmaterialien, Lehrkräfte waren dieselben geblieben. Und warum auch nicht? Das war schließlich alles noch gut. Wie unser schon etwas angegrauter Sportlehrer Herr Schmidt beispielsweise.

Ein Alteingesessener und obendrein großer Verfechter des *Sport-frei*-Grußes.

Zu Beginn seiner Unterrichtsstunden hatten wir uns in der Turnhalle in einer Linie aufzureihen und strammzustehen.

Entzückt schrie uns Herr Schmidt dann ein »WIR BEGRÜßEN UNS MIT EINEM KRÄFTIGEN SPORT-...« entgegen und wartete gebannt auf unsere Reaktion. Das wäre der Moment gewesen, in dem wir »FREI!« hätten zurückrufen sollen.

Stattdessen brüllten wir aus vollem Halse: »SCHREI!!!« und kreischten herum, weil es uns nie richtig erklärt worden war und wir keine Ahnung hatten, was dieser Quatsch überhaupt bedeutete. Wir schlussfolgerten, es müsse sich um eine unkonventionelle Aufwärmübung handeln, und krakeelten noch ein bisschen mehr, denn wann durfte man schon mal ganz ohne Grund vollkommen ausrasten?

Auch Herr Schmidt rastete aus, aber eher, weil wir viele Dinge anders machten, als er sich das vorstellte.

Weil er jedoch ein sehr tapferer Mann war und sich nicht so leicht unterkriegen ließ, gab er nicht auf und übte jede Stunde aufs Neue mit uns den DDR-Sportlergruß.

An Gehorsam und Disziplin war den älteren Lehrern sehr viel gelegen. Auch Ordnung und Sauberkeit gehörten zu den Konzepten, die sie leidenschaftlich vertraten.

So wurde unter anderem beharrlich darauf bestanden, dass wir Kinder jeden Tag sämtliche Bücher dabei hatten und sie der Größe nach sortiert akkurat in der äußersten oberen Ecke unseres Tisches aufstapelten. Ob wir sie nun alle am betreffenden Tag brauchten oder nicht. Jeden Morgen hatten *alle* uns zur Verfügung gestellten Bücher mitgebracht und aufgetürmt zu werden. Gut für den Ordnungssinn, schlecht für den Rücken, aber man muss eben Prioritäten setzen.

Außerdem war dieses Leiden im Vergleich zu dem unserer Eltern sehr gering.

Sie hatten das schwere Los gezogen, einem Nervenzusammenbruch nahe, jedes Schuljahr aufs Neue die verdammten Bücher in durchsichtige Umschläge, die in mühsamer Friemelarbeit extra zugeschnitten, angepasst und mit Tesafilm befestigt werden mussten, zu hüllen. Und wehe, sie wurden damit bis zum ersten Schultag nicht fertig!

Dann gab es einen Hausaufgabenhefteintrag, der sich gewaschen hatte!

So gesehen kamen wir Schüler bei der ganzen Sache noch relativ gut weg.

Wahrscheinlich wären sehr viele Tage in der Grundschule sorgenfreie Tage gewesen, hätten wir in der Ersten und Zweiten eine etwas weniger energische Klassenlehrerin als Frau Fiedler gehabt.

Frau Fiedler war sehr alt und sehr streng. Ungefähr zehnmal älter als Herr Schmidt. Mindestens!

Auf der Nase trug sie eine graue Brille, auf dem Kopf eine graue Kurzhaarfrisur und am Leib graue Blusen, lange graue Röcke oder Bundfaltenhosen.

Alles an ihr war ergraut. Sogar ihre faltige Haut.

So habe ich sie jedenfalls in Erinnerung. Es ist möglich, dass ich mich irre.

Die hohe, aber sehr barsche Stimme machte jedem sofort klar: Dieser Frau kam man besser nicht blöd von der Seite. Sie strahlte eine ungeheure Autorität aus und ließ keinen Raum für Aufmüpfigkeit. Wie sie gelegentlich den Zeigestock schwang, legte Vermutungen darüber nahe, wofür sie ihn vielleicht gerne zweckentfremdet hätte.

Frau Fiedler lächelte sehr selten.

Doch wenn sie es tat, erwärmte sich mein Herz und ich wusste, dass sie uns im Grunde sehr gern mochte. Sie hatte nur eine seltsam altmodische Art, das zu zeigen.

In der dritten Klasse verließ sie uns zugunsten ihrer Rente. Und weil ich solches Mitleid mit der armen, grauen Frau hatte, die nun tagein, tagaus in ihrem grau verputzten Häuschen saß und sich ohne uns langweilte, schrieb ich ihr im Namen der ganzen Klasse einen Brief mit der Bitte, uns doch bald mal wieder zu besuchen. Meine Klasse wusste zwar nichts davon, aber das ging sicher in Ordnung. Ich malte mir aus, wie sich alle freuen, sich bei mir bedanken und meine Aktion ganz großartig finden würden.

Leider freute sich niemand so recht, als Frau Fiedler dann, zur Überraschung aller, tatsächlich eines Tages in der Schule auftauchte. Es gab ein irritiertes »Hallo« und peinlich berührtes Händeschütteln. Da ich niemanden von meiner Kontaktaufnahme in Kenntnis gesetzt hatte, wusste auch keiner, was nun anzufangen war mit der alten Dame, die ebenso verstaubt aussah wie das Polylux-Gerät, an dem sie sich abstützte. Ich sagte kein Wort und sah meiner ehemaligen Klassenlehrerin schuldbewusst beim Enttäuschtsein zu.

Die vielen Erinnerungen an Frau Fiedler haben sich mit einer nahezu beunruhigenden Deutlichkeit in meinem Gedächtnis festgesetzt.

Ich sehe sie vor mir, wie sie kerzengerade auf dem orangefarben-gepolsterten Lehrerstuhl sitzt und ihre Schüler wachsamen Auges dabei beobachtet, wie sie Osterhasen aus einem Papierbogen ausschneiden.

Naiv hatte ich dieser Unterrichtsgestaltung völlig sorglos, ja sogar mit kaum verhohlener Freude entgegengefiebert.

Basteln, super! Das war eine meiner Lieblingsbeschäftigungen!

Allmählich aber kamen mir Zweifel, ob das hier noch mit dem spaßigen Kleben, Stanzen und Knicken zu vergleichen war, das ich zu Hause so exzessiv praktizierte.

Frau Fiedler nämlich ließ ihre Argusaugen akribisch über die Klasse wandern und bemerkte plötzlich ein störendes Element.

Ich konnte das nicht sehen, denn ich starrte hochkonzentriert auf meinen Papierhasen, um ja nichts falsch zu machen. Doch ich spürte, wie Angst in der Luft lag, und hörte plötzlich Frau Fiedlers schneidende Stimme durch den ganzen Raum kreischen: »Was machst du denn da?? Was soll das werden, hat man dir nicht beigebracht, wie man richtig ausschneidet?«

Dann das quietschende Geräusch ihres Stuhles, als sie aufsprang, um anklagend mit dem Finger auf das unfähige Kind zu zeigen.

Ich war starr vor Furcht und wusste nicht, was ich

falsch gemacht hatte. Zu Hause hatten mir meine Eltern ebenjene Schneidetechnik, die ich nun auch anwandte, als sehr praktikabel ans Herz gelegt. Doch offensichtlich war meine Lehrerin anderer Meinung und sie musste es wissen, denn sie schnitt nichts aus, und zwar aus dem einfachen Grund, dass sie es nicht nötig hatte. Sie wusste schließlich, wie es ging, und brauchte nicht zu üben. Sie saß nur da und urteilte über die, die zu dumm waren, einen Hasen richtig auszuschnippeln. So wie ich. Warum hatte ich mich nicht vorher erkundigt, wie es richtig ging? Offenbar durfte man seinen Eltern nicht alles glauben. Nicht mal, wenn man sie für sehr schlau hielt. Frau Fiedler war eben immer ein Mal schlauer! Weshalb hatte ich sie nicht gefragt, ob es richtig war, was mir beigebracht worden war, oder hatte recherchiert, wie die anderen Kinder ihre Papiervorlagen ausschnitten? Anscheinend wussten es ja alle besser als ich oder meine unfähigen Eltern, denen ich nun gar nichts mehr glauben würde. Nie wieder irgendetwas! Das hatte ich jetzt davon. Doch jetzt war es zu spät und ich wollte am liebsten auf meinem Besen davonfliegen wie Bibi Blocksberg in den Kassetten, die ich mit meiner besten Freundin Mandy immer hörte. Nur dass ich mich das niemals getraut hätte, da Frau Fiedler mich höchstwahrscheinlich mit einem Medizinball aus dem Spielzeugraum abgeworfen hätte, um mich herunterzuholen und anzuschreien.

In der Klasse war es totenstill. Ich wagte nicht, mich umzusehen, hielt den Kopf gesenkt.

Frau Fiedler zischte: »Antworte, wenn ich mit dir rede!« Allerhöchste Eisenbahn! Unter Zugzwang und dennoch mit einem gewissen Trotz in der Stimme, murmelte ich schüchtern: »Ich mache das so, weil es einfacher ist, wenn ich erst alle Teile einmal grob ausschneide und dann ...«

»Was?«, unterbrach mich Frau Fiedler irritiert. »Du machst das genau richtig, dich meine ich doch überhaupt nicht.«

Schreck lass nach!

So konnte man sich irren.

Im Nachhinein betrachtet, lässt sich leider die gesamte Grundschulzeit als eine einzige schambehaftete Peinlichkeit beschreiben.

Am schlimmsten von allem aber war *die Karte. Die Karte* war ein dreidimensionales Abbild Sachsen-Anhalts, das groß und bedrohlich an der Wand über dem Waschbecken hing und im Heimat- und Sachkundeunterricht behandelt wurde.

An *die Karte* gerufen zu werden, war das Schrecklichste, was einem passieren konnte. Mir zumindest. Sogar noch schrecklicher als Vorsingen, denn ich hatte keine Ahnung.

Von der ersten bis vierten Klasse hatte ich keinen Schimmer von irgendetwas, das nicht Lesen oder Schreiben war.

Während der gesamten Grundschulzeit lag ein halbdurchlässiger Schleier über mir. Ich bewegte mich darunter so sicher, dass er niemandem auffiel und ich gerade eben ein paar wichtige Grundlagen des Lebens mitbekam. Doch alles, was zu weit außerhalb dieses Schleiers lag, war mir völlig fremd.

Insbesondere das, was mit Sängerinnen, Fernsehserien, Jungs, Wimperntusche oder generell mit Coolsein zu tun hatte.

Gekonnt schuf ich mir meine eigene kleine Welt und igelte mich darin ein.

Im Unterricht hörte ich oft nicht zu, da ich viel zu sehr damit beschäftigt war, aus dem Fenster zu schauen, um mir sprechende Drachen und tapfere Indianer auf schnellen Pferden vorzustellen, die im Schulhof ihre Kämpfe ausfochten.

Wenig bemüht um das Verständnis des Großen und Ganzen begriff ich nicht so recht, was die Lehrer uns zu vermitteln versuchten. Geschweige denn, dass es für spätere Schuljahre eventuell Relevanz haben könnte – oder wie viele weitere Schuljahre es überhaupt gab.

Der Gedanke, es könne ein Leben nach der Schule geben, lag außerhalb meiner Vorstellungskraft, drang nicht einmal bis in mein Bewusstsein durch, war schlicht nicht vorhanden. Die Zukunft existierte für mich praktisch nur als Morgen, Übermorgen oder in Form von Vorfreude auf Weihnachten und Geburtstag.

In Bezug auf den Heimatkundeunterricht ahnte ich zwar vage, dass dieses Deutschland in kleinere Länder unterteilt war und es so etwas wie Hauptstädte gab, zwischen denen ein paar Seen, Dörfer und Flüsse und anscheinend auch ein Gebirge namens Harz lagen, doch das berührte mich persönlich so wenig, dass ich nichts davon auf *der Karte* zu zeigen vermochte.

Unter Druck konnte ich sowieso nicht denken. Es legte sich ein Schalter in meinem Gehirn um – und klack – in meinem Kopf war plötzlich Nebel.

Stumm stand ich vor der ganzen Klasse da, den Zeigestock in der Hand, kämpfte mit den Tränen oder hörte einfach nicht hin, was Herr Schmidt sagte. Ich ließ ihn sich den Mund fusselig reden, blendete ihn aus, bis es hieß, ich solle mich wieder hinsetzen.

Das konnte ich immerhin. Ziemlich gut sogar.

Auf seinem Platz zu sitzen, war aber leider nicht immer die Rettung.

Wenn wir morgens vor der ersten Stunde im Stuhlkreis hocken mussten, versuchte ich jedes Mal, mit der Luft zu verschmelzen. Ich saß ganz still und zusammengesunken in der Hoffnung, wenn ich mich nicht bewegte, würde ich irgendwann eins werden mit dem, was mich umgab. Dann würde mich niemand mehr sehen und Frau Fiedler konnte mich nicht drannehmen. Leider stellte ich mich wohl nicht gut genug an, denn ich musste trotzdem meine Hausaufgaben vorlesen, über die dann alle lachten.

Ich hasste Stuhlkreise. Ich hasste sie noch hunderteins Mal mehr, als ich Rumpelstilzchen aus meinem Märchenbuch hasste, und das musste schon etwas heißen, denn wer mochte diesen Mistkerl schon? Das Schlimme an jenem sinnlosen Im-Kreis-Sitzen war, dass man nie wusste, wo man hingucken oder was man mit seinen Armen und Beinen machen sollte.

Überall waren andere Menschen und Augenpaare, die einen von allen Seiten musterten und bewerteten. Der blanke Horror! Als es dann an der Zeit war, die Uhr zu lernen und zu verstehen, wie man mit Geld rechnet, bekamen wir kleine Uhren und Münzen aus Pappe, die wir in die jeweils vom Lehrer gewünschte Position rücken mussten.

Wie so oft tappte ich völlig im Dunkeln. Zum Glück waren meine Sitznachbarn die helleren Leuchten, sodass ich alles abgucken und den Rest irgendwie an den Fingern abzählen konnte. Ein Konzept, das ich mir bis heute bewahrt habe.

Auch die Sache mit den Zensuren erschloss sich mir nicht vollständig.

Durch vier Jahre Erfahrung hatte ich gelernt, dass man sie für Aufgaben erhielt, die man entweder gut, nicht so gut oder falsch erledigte. Zensuren waren die Weiterentwicklungen von Bienchen und Smileys, die man noch in der ersten und zweiten Klasse bekommen hatte. Ab der Dritten war man wohl zu alt dafür und sollte langsam den Ernst des Lebens kennenlernen.

Am Ende erhielt man immer ein Blatt Papier, auf das die Lehrer eine Beurteilung und eine Note für jedes Fach schrieben. Wichtig war dabei aber eigentlich nur, dass man eine schicke Zeugnismappe hatte.

Wer keine Mappe, sondern bloß einen Ordner oder gar einen Hefter aus Plaste besaß, der konnte gleich einpacken. Ein gutes Zeugnis bekam man nur mit einer dicken, einbandgepolsterten Mappe in Dunkelgrün, Schwarz oder Bordeaux, auf der vorne unmissverständlich in goldener Schrift ›Zeugnismappe‹ draufstand. Darin sammelte man dann die ganzen Blätter in Klarsichthüllen. Aus den Hüllen rausnehmen durfte man die wichtigen Dokumente allerdings auf gar keinen Fall, da man sie sonst nie im Leben wieder ohne Knicke hineinbekam und sich so seine berufliche Karriere schon ruinierte, bevor sie überhaupt begonnen hatte. Beschworen uns zumindest die Erwachsenen und die kannten sich schließlich aus mit diesen essentiellen Erwachsenendingen.

Was Zensuren, Tests und Klassenarbeiten betraf, war ich ebenfalls nie umfassend informiert worden.

Eines Tages schrieben wir ein Diktat, was mir nichts ausmachte, denn erstens wusste ich nicht, dass Diktate im Anschluss bewertet wurden, und zweitens war ich sehr gut im Schreiben.

Ich saß neben Frederike an einem Tisch ganz vorn in der Mitte. Es war sehr still im Raum, die Stimmung angespannt. Niemand wollte einen Fehler machen oder unangenehm auffallen.

Denn wie Frau Fiedler derartiges Störverhalten fand, war uns inzwischen allen mehr als klar.

Nach Beendigung des Diktats gab sie uns netterweise etwas Zeit, alles noch einmal in Ruhe durchzulesen.

Ich las stattdessen lieber, was Frederike geschrieben hatte. Vielleicht konnte ich ihr ja helfen. Und tatsächlich!

Gleich im ersten Satz wurde ich fündig.

Weil Rike sehr vertieft schien in ihre Arbeit, sagte ich ganz laut, damit sie mich auch hörte, in die Stille hinein: »Rike, da muss ›DEN‹ hin, nicht ›DEM‹!« Entgeistert starrte Frau Fiedler mich an.

Und nicht nur sie, denn alle Augen waren plötzlich auf mich gerichtet.

Was war denn jetzt los? Ich hatte doch nur helfen wollen. Es folgte ein minutenlanger Monolog seitens Frau Fiedlers darüber, was es bedeutete, ein braves Kind zu sein und nicht negativ aufzufallen. Wie man sich in der Schule benahm, was ein derart unfassbares Verhalten früher für Konsequenzen gehabt hätte, dass das heutzutage ja leider verboten sei und die Kinder von heute überhaupt keinen Respekt mehr hätten und sie das nicht mehr lange ertragen würde, ohne einen Herzinfarkt zu erleiden, woran einzig und allein dann wir ungezogenen Gören schuld wären.

Seit diesem Zwischenfall ahnte ich, dass man bei Diktaten nicht mit seinen Freundinnen reden durfte.

Schön und gut, konnte ich akzeptieren, aber das hätte man auch einfach mal gleich sagen können. Dann hätte ich Rike eben leise einen Zettel zugesteckt und gut wär's gewesen.

Eine entspannte Ausnahme unter den Lehrkräften bildete Frau Gramberg, die nicht so recht ins Gesamtbild der in die Jahre gekommenen Bildungseinrichtung passen wollte.

Ziemlich alt war sie zwar auch, aber ihre flippigen bunten Frisuren machten das locker wett.

Es schien, als färbte sie gegen das Grau an.

In der AG Laienspiel studierte sie Theaterstücke mit uns ein, im Musikunterricht versuchte sie, unsere Begeisterung für die Triola und andere Instrumente zu wecken, spielte selbst Gitarre und sang ständig ein Lied über einen Jungen, der aus irgendwelchen Gründen nicht zu den Indios gehen sollte. Uns Kinder amüsierte ihr Unterricht sehr und manchmal dachte ich, dass es vielleicht förderlich für Frau Fiedlers Gesundheit sein könnte, wenn Frau Gramberg hin und wieder auch für sie das Indianer-Lied singen würde, damit sie mal ein bisschen entspannen konnte und ihr Herz wieder heilte. Zwar konnte ich nur raten, was ein Infarkt war, aber gesund klang das nicht.

Aus zuverlässiger Quelle wusste ich außerdem, dass Frau Gramberg früher eine Freundin gehabt hatte, die wohl Stasi hieß oder so ähnlich, mit der habe sie nämlich mal zusammengearbeitet. Aber dann war irgendetwas gefallen, eine Mauer oder so – ich hatte es nicht genau verstanden – und plötzlich waren die beiden keine Freundinnen mehr gewesen, weil die eine sich aufgelöst hatte?! Was auch immer das bedeuten sollte. Vielleicht hatte ich mich auch verhört. Ich stellte es mir jedenfalls schrecklich vor.

Hoffentlich passierte mir so etwas nie!

So gesehen irritierte es mich, dass Frau Gramberg stets so fröhlich war und Witze machte. Es konnte aber auch erklären, warum die anderen Lehrer, allen voran Frau Fiedler, meist so mürrisch dreinblickten. Möglicherweise hatten sich ihre Freunde ja auch aufgelöst. Ich hoffte es nicht.

Trotz des Gezeters meiner Klassenlehrerin und des völligen Versagens an *der Karte* waren meine Noten gut.

Was allerdings die Mitarbeit betraf, blieb ich in ganzer Linie ein hoffnungsloser Fall.

Außerdem machte ich Dinge anders als andere und das passte besonders Herrn Schmidt überhaupt nicht in den Kram.

Speziell in Mathe brachte ich den armen Mann regelmäßig auf die Palme, indem ich idiotischerweise bei zweistelligen Zahlen die letzte Ziffer zuerst schrieb und dann die erste davorsetzte. Er regte sich wahnsinnig darüber auf und stellte mich vor der ganzen Klasse bloß, wenn ich es wagte, diese Schreibweise sogar vorn an der Tafel anzuwenden.

Ich glaube, insgeheim war er traurig, dass die Prügelstrafe in Schulen abgeschafft worden war, was ihn jedoch auch nicht davon abhielt, Markus auf den Hinterkopf zu schlagen. Markus war jemand, der in einer Pflegefamilie lebte und heutzutage wohl gemeinhin als »verhaltensauffällig« bezeichnet worden wäre.

Da Diversität damals nicht zum Vokabular der meisten Dorfbewohner gehörte, man alles von der Norm Abweichende als verrückt abstempelte und uns deshalb auch niemand über die vielen ganz unterschiedlichen Facetten des Menschseins aufklärte, war und blieb Markus für immer das schwarze Schaf der Schule. Zusammen mit seinem Bruder Ecki. Ecki war nicht sein richtiger Bruder, er lebte nur in derselben Pflegefamilie und ging ebenfalls in unsere Klasse. Ich mochte beide. Markus hatte wunderschöne Augen und ein strahlendes Lächeln. Er war das genaue Gegenteil von mir: aktiv, quirlig, redselig. Ein paar Mal versuchte ich mit mäßigem Erfolg, mich mit ihm anzufreunden. Vielleicht fand ich ihn sogar etwas mehr als nur gut, doch das hätte ich niemals zugegeben, sonst wäre ich die längste Zeit in die Klasse integriert gewesen.

Die Frage, die er permanent sowohl von Schülern als auch von den Lehrern gestellt bekam, lautete: »Was ist los mit dir, Markus, hast du etwa deine Pillen wieder nicht genommen?« Was das für Pillen sein sollten und, vor allem, wofür oder wogegen, blieb mir ein Rätsel. War Markus krank?

Ecki, der zweite im Bunde, war, wie man in Erwachsenenkreisen munkelte, »geistig nicht ganz auf der Höhe«. Er, ein herzensguter Mensch, der niemandem Böses wollte und an einem Tag so oft lachte, wie ich in einer ganzen Woche nicht, wurde zur Zielscheibe übler Demütigungen.

Kinder können Arschlöcher sein, wenn man sie machen lässt. Und die Lehrer ließen uns machen.

Was heute wahrscheinlich einen Skandal auslösen würde, war damals an der Tagesordnung.

Mir bricht es das Herz, wenn ich daran denke, wie

Ecki frohgemut alle möglichen Blätter, Gräser und Stöcke aß, Erde hinunterschluckte und auf einem Wandertag einmal sogar eine Schnecke zerbiss, weil wir Arschlochkinder ihm vorschwärmten, wie toll das alles doch schmecken würde.

Wenn er sich weigerte, konnte man ihn super erpressen, indem man ihn vor die Wahl stellte: Käfer essen oder keiner spielt mehr mit dir.

Da aß er doch lieber schnell die Käfer.

Zum Entsetzen der meisten und zur Freude ein paar weniger zelebrierte man an unserer Schule einmal im Jahr das berüchtigte Sportfest. Es fand auf dem Sportplatz statt, der sich schräg gegenüber des Dorfkonsums verortete, und war bei uns Kindern beliebt und verhasst gleichermaßen.

Beliebt bei den Sportlichen, verhasst bei den Unsportlichen. Logisch. Ich mochte Sport, machte einfach alles wie immer und fuhr damit sehr gute Erfolge ein. Das Blöde war nur, dass man am Ende in einer Reihe stehen musste und aufgerufen wurde, um die Urkunden in Empfang zu nehmen. Das wiederum bedeutete ein peinliches Vortreten und ein Von-allen-beobachtet-Werden. Es war ein bisschen wie Stuhlkreis, nur in der Reihe. Da hätte ich eigentlich lieber dankend auf meinen Gewinn verzichtet, doch das anzumerken traute ich mich wiederum auch nicht. Ich hasste dieses Prozedere so sehr, dass ich am liebsten gleich noch mal 400 Meter gerannt wäre, allerdings nicht im Kreis, sondern weit weg, wo mich niemand mehr ansehen konnte.

Der Mann, der alljährlich als Highlight der Veranstaltung mit seinem Süßigkeitenwägelchen angejuckelt kam, ließ mich dieses miese Gefühl jedoch ganz schnell vergessen.

In dem kleinen Wagen gab es für ein paar Groschen alles, was das Kinderherz begehrte. Zähe blaue Gummischlümpfe, Schleckmuscheln, Brause-Ufos, Liebesperlenfläschchen, Zuckerperlenarmbänder, Zuckerperlenketten, Zuckerperlenarmbanduhren – einfach alles!

Das hatte schon eine gänzlich andere Dimension, als die Erdbeer-, Schoko- oder Vanillemilch-Trinkpäckchen, die man sich sonst in den Schulpausen im Lehrerzimmer kaufen konnte. Nach den schweren Prüfungen wie Weitwurf, Weitsprung, 400-Meter-Lauf und 50-Meter-Sprint hatte man sich diese Belohnung aber auch wirklich redlich verdient.

Ecki war es, der besonders beim Weitsprung großes Engagement an den Tag legte und dabei viel Spaß hatte. Leider sorgte er damit für allgemeine Heiterkeit auf seine Kosten.

Wie alle anderen stellte er sich in entsprechender Distanz zur Weitsprunggrube auf und rannte los. Statt aber an der betreffenden Linie abzuspringen, wurde er langsamer, blieb davor stehen und hüpfte dann mit beiden Beinen gleichzeitig in die Sandgrube.

Anschließend rannte er mit vor Freude erhobenen Armen herum und rief: »Ein Meter, juhu, ich hab' einen Meter geschafft!« Die Lehrer werteten seine Ergebnisse erst gar nicht. Sie machten sich nicht einmal die Mühe, sie aufzuschreiben.

Einmal, als bereits die vage Vorstellung von Sexualität in unseren Alltag Einzug gehalten hatte, versammelten sich alle Kinder in der Pause im hinteren Teil des Schulhofes. Plötzlich kam jemand auf die Idee, Markus und Ecki sollten Mann und Frau spielen und demonstrieren, wie Sex ginge.

Ich stand dabei und spürte, wie in mir ein beklemmendes Angstgefühl aufstieg, da ich instinktiv merkte, dass hier etwas Schlimmes und Verbotenes im Gange war.

Ecki, der nach wie vor lachte, verstand nicht, was alle plötzlich von ihm wollten, und Markus, der sehr gut verstand, protestierte. Als jedoch die Meute stetig lauter wurde und forderte, sie sollten doch nun endlich anfangen, dann sei es auch schneller wieder vorbei, wurde er immer kleinlauter.

Ich traute mich nicht, etwas zu sagen. Obwohl ich gern einen Lehrer geholt hätte, blieb ich stehen.

Man gestattete Ecki und Markus, dabei die Klamotten anzulassen, »aber Penis und Penis müssen aufeinander sein!«, schrie ein Junge.

Wie diese Episode endete, weiß ich nicht mehr. Ich glaube, ich bin weggerannt.

Weil ihm ein Mitschüler ein anderes Mal vorschwärmte, dass es überhaupt das Allergrößte sei, einen Kopfsprung von der obersten Stange des etwa drei Meter hohen Klettergerüsts zu machen, tat Ecki genau das.

Nicht von ganz oben und eher in Form eines Bauchklatschers aber er tat es. Und zwar in der seligen Überzeugung, die anderen Kinder würden ihn mögen und sich mit ihm freuen, wenn er etwas so Cooles schaffen würde.

Dass nie etwas Schlimmeres passiert ist, grenzt eigentlich an ein Wunder.

Kapitel 2

Als die Sache mit dem Klettergerüst passierte, schwang ich ein paar Meter entfernt mit Mandy am Barren und unterhielt mich über die Ausmaße unserer Bauchspeck-falten. Ich hatte bis dato nicht gewusst, dass so etwas ein Gesprächsthema sein konnte, doch Mandy hatte das von ihrer großen Schwester Justine und die musste es wissen, immerhin las sie die Bravo.

Ich hatte auch keine Ahnung, was die Bravo sein sollte, aber Mandy wusste es und das reichte ja.

Wir waren beste Freundinnen, Mandy und ich.

Sie hatte immer etwas zu erzählen, mit ihr wurde es nie langweilig.

Einmal zum Beispiel, da sagte sie, sie hätte zu Hause Broiler im Garten. Ständig dachte sie sich so komische Sachen aus, um mich zum Lachen zu bringen.

Broiler, tss, so etwas hatte man doch nicht zu Hause! Das klang wie ein Fabeltier aus dem Märchen!

Als ich dann eines Tages bei Mandy zu Besuch war und ihre Mutter uns auftrug, die Boiler zu füttern, dachte ich erst, die spinnt und würde Mandy bei ihrem Witz unterstützen. Doch als da tatsächlich nur stinknormale Hühner herumliefen, war ich schwer enttäuscht und ver-wirrt.

Sollten das nun wirklich Broiler sein oder hatte Mandy geflunkert und sie hatten gar keine zu Hause? Aber ihre Mutter hatte dieses Wort ja auch gebraucht. Ich verstand es nicht, traute mich allerdings auch nicht nachzufragen und meine Unwissenheit zu offenbaren. Ich hing sowieso schon ständig hinterher, das musste man nicht noch unnötig befeuern. Lieber so tun, als wüsste ich genau, was Sache war.

Beinahe jeden Tag spielten Mandy und ich zusammen, striegelten die Pferde, hüpften auf ihrem Bett oder hörten Kassetten von Bibi & Tina.

Schlimm war, als Mandy einmal eine ganze Woche lang mit ihrem Vater verreist war.

Von Sehnsucht und Langeweile gepackt, lief ich ständig zu ihrem Haus und klingelte, um mich zu erkundigen, ob sie endlich wieder zurück sei. Nach einigen Tagen fragte mich ihre Mutter, die mir eigentlich schon erklärt hatte, dass Mandy erst am Mittwoch wiederkäme und ich vorher gar nicht zu klingeln bräuchte, was ich aber geflissentlich ignorierte, ob mein Heimweh nach ihrer Tochter wirklich so groß sei, dass ich jeden verdammten Tag Sturm klingeln müsse.

Komische Frage. »Heimweh kann man nur nach Orten haben, nicht nach Menschen«, erklärte ich.

Malina, das Besserwessi-Kind.

Obwohl wir so gut befreundet waren, herrschte ein harter Konkurrenzkampf zwischen uns. Wir hatten beide ein sehr starkes Aufmerksamkeitsbedürfnis.

Sie war viel reifer als ich, was wohl auch ihrer älteren Schwester zu verdanken war. Diesen Trumpf spielte sie aus, wann immer sie konnte. Hinter meinem Rücken lästerte sie über mich, weil mein Lieblingskuscheltier (ein rosaroter Panther) lebendig und sie wohl neidisch war. Ständig versuchte sie, mir auszureden, dass er heimlich mit mir sprach, was wirklich fies war, denn natürlich konnte ich keine Beweise vorlegen, denn Panther kommunizierte ja nur mit *mir* und andere konnten es nicht hören.

Außerdem machte sich Mandy Gedanken über ihre Klamotten, über ihr Aussehen, strich sich lässig die Haare aus dem Gesicht und zeigte mir, wie man einen Hüftschwung machte. Sie war es auch, die mir erklärte, was Sex ist. Ich wünschte mir danach lange, sie hätte es nicht getan. Zwar waren Mama und Papa mit meinen Geschwistern und mir entsprechende Bücher durchgegangen, ich hatte das alles jedoch für einen Witz gehalten.

Auch jetzt war ich zunächst überzeugt, Mandy würde sich mal wieder absurden Blödsinn ausdenken. Beim besten Willen konnte ich mir nicht vorstellen, warum zum Teufel Erwachsene so etwas tun sollten. Als sich herausstellte, dass sie ausnahmsweise mal keinen Quatsch erzählte, war ich schockiert. Nicht nur über die Tatsache an sich – das auch, o Gott, ja, das auch! –, doch ebenfalls darüber, dass Mandy so etwas wusste und ich nicht.

Neben ihr hatte ich stets das Gefühl, eine Hinterwäldlerin zu sein. Sie hatte den Bogen einfach raus, während ich noch nach dem Köcher suchte.

Trotz alledem oder vielleicht gerade deswegen prügelten wir uns ziemlich oft.

Dabei ging es nicht um eine Ohrfeige, ein bisschen an den Haaren ziehen oder den Brennnesselarm. Nein, wir hauten uns richtig derbe auf die Fresse.

Wir kämpften hart und erbittert miteinander, schlugen uns ins Gesicht, kratzten uns gegenseitig die Haut auf und bissen uns in die Arme, bis wir Rotz und Wasser heulend voneinander abließen und jede sich in eine andere Ecke verkroch.

Einmal gingen wir in unserem Garten aufeinander los. Danach hockte ich mich erschöpft und weinend auf die Schaukel. Mandy kam etwas später dazu, setzte sich daneben, wir grinsten uns an und alles war wieder gut.

Das war das Schöne daran.

Vielleicht mussten wir das tun, damit unsere Freundschaft funktionierte. Mussten uns beweisen, dass wir trotz unserer unterschiedlichen Entwicklung absolut gleichberechtigt und auf Augenhöhe waren.

Es gab nie eine Siegerin oder Verliererin, wir gingen jedes Mal mit einem Unentschieden auseinander.

Bis auf ein einziges Mal.

Nichtsahnend saß ich auf dem Rand des Schulsandkastens, als Mandy mit ihrer Mädels-Gang zielstrebig auf mich zukam, mich beschimpfte und mir ohne Vorwarnung ein riesiges Büschel Haare ausriss.

Dann ging sie wieder.

Viel zu verdutzt, um zu reagieren, realisierte ich zum ersten Mal, wie unfassbar schmerzhaft es sein kann, an den Haaren gezogen zu werden. Voll verständnisloser Wut hockte ich einfach nur da und heulte.

Den Grund für diese hinterhältige Attacke, die normalerweise gar nicht ihr Stil war, habe ich nie erfahren. Es ist eine der letzten Grundschulerinnerungen, die ich an meine beste Freundin habe.

Ich würde sie gerne fragen, was das sollte, doch leider geht das nicht mehr.

Mandy ist einige Jahre später bei einem Autounfall ums Leben gekommen.

Ich vermisse sie.

Kapitel 3

Während meiner Kindheit und Jugend legte ich situationsbedingt zwei komplett entgegengesetzte Verhaltensweisen an den Tag.

Auf der einen Seite war ich still, in mich gekehrt und überdurchschnittlich schüchtern.

Auf der anderen jedoch sprühte ich vor Energie und Rebellion, war überdeht und frech.

Im Unterricht saß ich stumm da und träumte mich in meine eigene Welt.

Da ich aber sonst keinen Ärger machte, umschrieb meine Klassenlehrerin meine nicht vorhandene Teilnahme am Unterrichtsgeschehen in der Beurteilung des Endjahreszeugnisses euphemistisch mit »sporadische Mitarbeit«.

Ich hatte keinen Schimmer, was das bedeuten sollte, es musste jedoch etwas Gutes sein, denn mein Papa lachte, als er es las.

Das Läuten der Schulglocke und die damit verbundene wiedergewonnene Freiheit riss mich regelmäßig aus meiner Lethargie. Dann blühte ich auf und prügelte mich am hintersten Ende des Schulhofes mit den Jungs.

Ich fand das spaßig, musste aber leider immer darum betteln, dass jemand mitmachte, was dem Ganzen schon wieder einen peinlichen Beigeschmack verlieh. Irgendwie ließ sich einfach niemand gern freiwillig umboxen.

Dass es in der Anwendung von Gewalt, die mir im Übrigen außerhalb dieser Kämpfe völlig zuwider war, offenbar Grenzen gab, die man nicht überschreiten durfte, lernte ich vor allem durch zwei einschneidende Ereignisse: die Sache mit dem Besen und die mit dem Messer.

Es war Fasching und ich ging als Hexe, was toll war, denn meine Mama hatte aus alten Textilien Hexenkleider genäht und dank meines Papas war ich im Besitz eines richtigen, echten Reisigbesens.

Auf den Hut verzichtete ich. Einerseits, weil ich keinen hatte, da sich meine Eltern weigerten, mir einen zu kaufen, und andererseits, weil ich das niemals zugegeben hätte und stattdessen behauptete, richtige Hexen trügen keine Hüte.

Die Lehrer rannten hektisch herum, die Muttis verkauften selbstgebackenen Blechkuchen auf dem Kuchenbasar, die Vatis standen sinnlos daneben, sahen sich den Werkunterrichtsraum an oder rauchten draußen vor dem Schulgebäude.

Nachdem meine Mitschüler in den mit Papiergirlanden geschmückten Klassenräumen zu ›Über sieben Brücken‹ von Karat getanzt und bei ›Du hast den Farbfilm vergessen‹ mitgegrölt hatten (ich hielt mich wie immer zurück), war die Stimmung wild und ausgelassen, die Luft erfüllt von Unternehmungslust, Tatendrang und Überdrehtheit. Die Lehrkräfte hatten Mühe, uns zu bändigen.

Obendrein war nicht nur die fünfte Jahreszeit angebrochen, sondern auch die Zeit, in welcher der Krieg der Geschlechter seinen Höhepunkt erreicht und sich ein tiefer Graben zwischen Jungen und Mädchen gebildet hatte.

Diesem verlieh ich Ausdruck, indem ich Roy, einem Jungen aus meiner Klasse, den Stiel meines Hexenbesens volle Kanne und völlig ohne Grund mit aller Kraft auf den Kopf zimmerte. Zwar wurde uns Mädchen stets beigebracht, Männern direkt »in die Eier« zu treten, wenn sie uns dumm kamen, doch ich dachte, ich könnte vielleicht auch mal etwas anderes probieren. Öfters mal was Neues konnte ja nicht schaden. Gut, Roy schadete es offenbar schon ein bisschen. Seine Augen weiteten sich in ungläubigem Entsetzen und er fing unvermittelt an loszuplärren.

Das kam überraschend. Wieso heulte der denn jetzt?

Diese unerwartete Reaktion offenbarte mir zum einen, dass man seine Kraft wohl auch falsch einschätzen konnte, und zum anderen, dass auch Jungen Schmerz empfinden, wenn man sie mit einem Besen schlägt.

Mein Papa, der Tischler war, hatte mir das Schnitzen beigebracht. Deshalb besaß ich ein Taschenmesser.

Es war ein schwarzes mit silberner Klinge, in der man sich ein bisschen spiegeln konnte, wenn es einem nichts ausmachte, total kacke auszusehen. Man wirkte dann nämlich ganz langgezogen und verzerrt, aber ich kam mir trotzdem extrem cool vor.

Außerdem hatte die Lederscheide oben eine Schlaufe, womit man das Messer am Gürtel baumelnd herumtragen konnte. Das war natürlich der Oberhammer und ich fühlte mich damit schon fast wie eine echte Indianerin!

Wäre ich so zur Schule gegangen, hätte das meinen Aufstieg in der Rangliste der angesagtesten Kids garantiert rasant beschleunigt. Leider war laut Schulordnung das Mitführen von Stichwaffen verboten.

Eines Tages passierte dann etwas, das mich lehrte,

dass man einem verhassten Gegner nicht einfach ein Taschenmesser zwecks Abschreckung unter die Nase halten durfte. Auch oder vor allem nicht, wenn man erst neun Jahre alt war.

Jene Belehrung meiner Eltern verwunderte mich sehr, hatte ich doch bloß meinen kleinen Bruder verteidigen wollen.

Es fiel mir schwer, das angebliche Fehlverhalten meinerseits einzusehen.

Der bescheuerte Kevin hatte doch angefangen und am Ende sollte ich die Dumme sein?

Dieser Kerl konnte die Kinder im Dorf, einschließlich mir, terrorisieren, wie es ihm gerade in den Kram passte. Er hatte keine natürlichen Feinde. Die Privilegien des Älteren genießend, bewegte er sich siegessicher zwischen dem Spielplatz, den Tischtennisplatten und dem Bushaltestellenhäuschen hin und her. Dabei war er nur maximal eine Klasse über mir und nicht gerade übermäßig mit Intelligenz gesegnet, wie mir schien. An jenem Tag hatte er es aus Gründen, die sich nur ihm selbst erschlossen, auf meinen kleinen Bruder abgesehen, denn dieser kam heulend nach Hause und erzählte, Kevin hätte ihn gewürgt.

Dieser scheißdumme Nervtyp! Ein Ekelpaket vor dem Herrn! Er war wie die Bösewichte in meinen Büchern.

Wahnsinnig nervend, versaute einem das schöne Leben, von niemandem gemocht, aber ohne ihn wäre es auch irgendwie langweilig gewesen, zugegeben.

Ich hielt mein Taschenmesser umklammert und malte mir aus, wie es wäre, es Kevin mal so richtig ordentlich vors Gesicht zu halten. Natürlich wollte ich es nicht benutzen, um ihm wehzutun, ich war ja nicht blöd. Ich wollte nur, dass er Angst bekäme und sich in Zukunft verpisste, wenn wir in seine Nähe kämen.

Aber auch das war gesellschaftlich anscheinend nicht so richtig akzeptiert. Jedenfalls kam es nicht besonders gut an, als ich meiner Mutter dieses, wie ich fand, heldenhafte Vorhaben unterbreitete.

Also benutzte ich mein Taschenmesser fortan nur noch beleidigt zum Schnitzen von Holzfischen und Dinosauriern. Dabei hätte eine Konfrontation mit einer überlegenen Kontrahentin diesem dusseligen Kevin sicher nicht geschadet.

Denn nicht nur an diesem Tag, sondern auch an allen anderen dreihundertvierundsechzig Tagen im Jahr stellte der Blödmann ein Ärgernis dar.

Er piesackte mich, wann immer sich unsere Wege kreuzten, was nicht selten geschah, denn immerhin zählte unser Dorf keine sieben Straßen.

Erschwerend kam hinzu, dass wir dieselbe Schule besuchten und denselben Schulbus nehmen mussten, da sich leider meine Wunschfantasie, mit meinem Pony zur Schule zu reiten, nie erfüllen ließ. Meine Eltern hielten eine Busfahrt für praktischer. Sie argumentierten damit, dass Paulchen nicht den ganzen Tag angebunden vor dem Gebäude warten könne. Ich hielt dagegen, dass dies auch gar nicht meine Absicht gewesen sei. Selbstverständlich würde er mit ins Klassenzimmer kommen und dort warten.

Aber wie das so ist mit Erwachsenen – sie sitzen einfach am längeren Hebel.

Also fügte ich mich meinem Schicksal und begab mich jeden Morgen in die Hölle aus schreienden, kreischenden, drängelnden Schulkindern, die den kurzen Weg der Freiheit zwischen Eltern und Lehrern voll auszukosten gedachten, indem sie sich mal so richtig, richtig unartig benahmen. Was nach Spaß und Rebellion klingt, war für die, die einfach nur in Ruhe gelassen werden wollten – also für mich – der Nervwahnsinn hoch zehn.

Außerdem war diese Freiheit nichts wert, da sie fast immer Späße auf meine Kosten beinhaltete, und herumtoben und schreien konnte ich auch zu Hause.

Mit den Busfahrern waren wir zwar alle per du, doch man durfte sich keinesfalls der Illusion hingeben, von ihnen Hilfe erwarten zu können. Der alte Herr Less, der lustige Hans und Lothar hielten sich am liebsten aus allem raus. Hin und wieder gab es ein paar ermahnende Worte und besonders Herr Less, der aus ebendiesen Gründen meist unter vorgehaltener Hand nur »Herr Stress« genannt wurde, ließ sich ab und an zu geschrienen Ermahnungen hinreißen, doch das war dann auch alles. Nicht, dass das irgendwen beeindruckt hätte.

Selbst die Ein-Euro-Job-Schulwegbegleiter schliefen lieber, als sich mit den Problemen halbwüchsiger Gören zu befassen. Durchaus verständlich im Nachhinein betrachtet.

Durch seine Gemeinheiten ließ mich Kevin, ohne es zu wollen, zu einer Meisterin des Ignorierens heranwachsen. Ich ignorierte sie alle! Auch die Lehrer, wenn sie mir dumm kamen.

Damals hatte ich relativ kurze, blonde Locken, die mir mitunter wild vom Kopf abstanden. Wenn Kevin mich also wieder einmal im Schulbus belästigte und arrogant lachend wissen wollte, ob ich in einer Steckdose geschlafen hätte, verzog ich keine Miene, sah scheinbar unbeirrt weiter aus dem Fenster und studierte die schönen Spargelfelder, Wiesen und Dörfer, die an uns vorbeirauschten. Das zog ich so lange durch, bis ihm und seinen Kumpanen langweilig wurde und sie sich ein anderes Opfer suchten.

Davon gab's ja genug.

Johnny, Jacqueline, Sabrina und René zum Beispiel.

Sie galten sowohl unter den Erwachsenen als auch unter deren Kindern, die stolz die Aussagen ihrer Erziehungsberechtigten wiederholten, als die degenerierten Nachkommen zweier »Assi-Familien« aus dem Nachbardorf.

Man munkelte, sie hätten Läuse, wären gewalttätig, vulgär und frech, würden klauen und die Eltern seien wohl arbeitsscheue Alkoholiker.

Ich war Kinds genug, nicht genau zu wissen, was »vulgär« bedeutete, und es trotzdem nachzuplappern, aber ich war auch klug genug, meine Zweifel an der ganzen Sache zu haben.

Irgendwie lief hier etwas schief. Den saublöden Kevin etwa fand ich deutlich schlimmer als die vier Kinder, die leider die Coolness nicht in die Wiege gelegt bekommen hatten. Das machte sie für mich auch irgendwie sympathisch, da hatten wir gleich mal eine große Gemeinsamkeit.

Es war ja auch richtig unfair. Natürlich wehrten sie sich, wenn sie von Kevin und Konsorten einfach nur dafür, dass sie waren, wer sie waren, Prügel angedroht bekamen. Aber diesen Teil übersahen die lästernden Erwachsenen gerne.

Ihre feinen Kinder prügelten sich schließlich nicht, und wenn, dann waren sie natürlich im Recht.

Ich war mindestens genauso »gewalttätig« wie Johnny, Jacqueline, Sabrina und René, konnte ihnen das also schwerlich vorwerfen. Mir hatten sie nie etwas geklaut und ich kannte auch niemanden, dem das widerfahren war. Frech und vorlaut waren wohl drei Viertel der Dorfkinder und die, die mich ärgerten, waren vorrangig andere, also was sollte ich gegen die vier haben? Eine Zeitlang unterhielt ich mit Sabrina sogar so etwas wie eine freundschaftliche Beziehung. Ich versuchte, sie in Schutz zu nehmen, wenn wir im See zusammen badeten, und zielte mit Bällen auf die Köpfe derjenigen, die sie ärgerten und mich auslachten, weil ich mit »so einer« befreundet war.

Diesem sozialen Druck sah ich mich leider mit der Zeit nicht mehr vollständig gewachsen, weshalb unsere Freundschaft nur von kurzer Dauer war.

Hin und wieder ließ auch ich mich dazu hinreißen, sie zu verspotten und zu beleidigen.

Die Schuldgefühle verfolgten mich in meinen Träumen. Kind sein war nicht einfach, stellte sich bald heraus.

Man musste auf einem schmalen Grat balancieren zwischen das Falsche tun und dazugehören oder moralisch korrekt handeln und Außenseiter bleiben.

Als sich mir aus heiterem Himmel plötzlich eine grandiose Gelegenheit bot, diesem ganzen Irrsinn für vier Wochen zu entgehen, hätte meine Erleichterung nicht größer sein können.

Zumindest stellte ich es mir anfangs grandios vor, denn im Grunde hatte ich keine Ahnung, was mich erwarten würde. Zu mir, unter meinen grauen Schleier, war das Wort »Mutter-Kind-Kur« bis dato noch nicht durchgedrungen, also wusste ich auch nicht, worum es dabei ging.

Einzig die befriedigende Vorstellung, lange Zeit keine Stuhlkreise und Sexualpädagogen, die in die Klassen kamen und durchsichtige Luftballons über Bananen stülpten, ertragen zu müssen, ließ mich hoffen. Ganz sicher war *alles* besser als das!

Wir fuhren also in einen gestriegelten Kurort, dessen Namen ich nicht mehr weiß, da mir von dieser Episode primär andere Dinge in Erinnerung geblieben sind.

Beispielsweise die Tatsache, dass ich einen Stundenplan bekam, genau wie in der Schule, was schon mal scheiße war. Obendrein sollte ich auch noch richtigen Unterricht besuchen. Mit Mathe und Deutsch und anderen Kindern. Das war dann doppelt scheiße. Am liebsten hätte ich geheult und ziemlich wahrscheinlich habe ich das auch getan, denn die Vorstellung, in eine völlig fremde Klasse zu kommen, entsprach nun so gar nicht dem, was ich mir von meiner Schulauszeit erhofft hatte. Was sollte das denn mit Erholung zu tun haben?

Überhaupt bezog sich der Erholungsaspekt, um den es anscheinend bei so einer Kur ging, vorrangig auf meine Mutter. Das war auch okay, sie freute sich ein Loch in den Bauch, dass endlich mal andere Leute für sie kochten und abwuschen und sie das nicht selbst zu tun brauchte.

Schön, schön, aber was war denn mit mir?

Es beschlich mich das Gefühl, den Kindern wurden tausend bescheuerte Dinge auf den Stundenplan gepackt, damit sie möglichst lange beschäftigt waren und die Mütter maximal entspannen konnten. Fair war das nicht gerade. Da hätte man es ja gleich *Mutter-Kur-mit-Beschäftigungstherapie-für-Anhängsel* nennen können.

Die ganze Sache war mir nicht geheuer. Unser Zimmer glich dem einer Jugendherberge und manchmal gingen wir in so eine Höhle voller Salz, damit ich besser atmen konnte, wegen meines Asthmas.

Auf meinem Stundenplan stand außerdem, dass ich ins Solarium gehen sollte, wobei selbst ich wusste, dass das Humbug war und wahnsinnige Angst davor hatte. Nie und nimmer würde ich mich in so einen strahlenden Sarg legen! Meine Mutter sah das zum Glück genauso und fragte die Stundenplangestalter, was sie sich dabei gedacht hätten. Offenbar recht viel, denn es folgte eine längere Diskussion über Sinn und Unsinn des Solariumbesuchs einer Elfjährigen, die damit endete, dass ich einmal hingehen musste und dann den Rest unseres Aufenthalts davon befreit wurde. Ich möchte nicht ins Detail gehen – nur so viel: Es war nicht lustig, ganz und gar nicht.

Und zwar ebenso wenig wie der Schwimmunterricht, in welchem ich auf dem Klo versteckt weinte, wenn ich mich nicht gerade wie ein glitschiger, halb toter Seestern an den Beckenrand klammerte und mich weigerte, mitzuschwimmen. Die ganze Zeit über hatte ich einen riesigen Kloß im Hals und dass man durch das ganze Wasser meine Tränen nicht sah, war auch das einzig Positive an diesem superdämlichen Schwimmkurs.

Dabei liebte ich Wasser und Schwimmen schon immer, aber doch nicht in einem fremden Schwimmbad ohne bekannte Gesichter in einem Becken voller fremder Menschen, die einen beobachteten und am Ende auch noch ansprachen!

Wenn ein Kontaktversuch von Erwachsenen ausging, bedeutete das meist nichts Gutes. Entweder sie fragten einen eindringlich an die tausend Mal, ob alles in Ordnung sei, oder sie belehrten einen, dass man in der Sauna keine Handtücher trage und es komisch aussähe, wenn man die Einzige sei, die nicht nackt herumsitze. Das würde den therapeutischen Effekt zunichtemachen und man brauche sich ja für nichts zu schämen, es würde einem schon niemand was weggucken.

Ja, freute mich auch total für Steffi und Sonja, dass sie kein Problem damit hatten, sich splitternackt auf die heißen Holzbänke zu pflanzen und sich über das Wachstumsstadium ihrer Schambehaarung zu unterhalten, aber meine Vorstellung von einem spaßigen Tag sah geringfügig anders aus. Ich presste die Lippen aufeinander, hielt den Mund und drückte das Handtuch fest an mich.

Schon damals bei einem Kindergeburtstag war ich in erhebliche Bedrängnis geraten, als ich genötigt wurde, eines dieser behämmerten Wahrheit-oder-Pflicht-Spiele mitzumachen und die gekicherte Frage: »Sprießt es schon bei dir da unten?« nur mit einem verschämten Blick auf meine Klettverschlussturnschuhe beantworten mochte.

Schade eigentlich, dass ich damals noch nicht wusste, dass es Menschen gab, die es aus Gründen der Extravaganz geradezu darauf anlegen, Außenseiter zu sein. Hätte ich das geahnt, ich wäre die Exzentrikerin schlechthin gewesen.

So aber litt ich still vor mich hin und hoffte, dass wenigstens der Sportkurs nicht ganz so erniedrigend sein würde, denn in Sport war ich sehr gut.

Etwas irritierte mich, dass zu Beginn der Stunde alle den »Sport frei!«-Ruf vergaßen, aber okay.

Tatsächlich wurde es dann ganz nett. Ich war das einzige Mädchen in der Gruppe und lief schneller als alle Jungs, was mir ordentlich Respekt einbrachte und mein am Boden zertretenes Selbstbewusstsein ein Stück weit wiederherstellte.

Auch am Ende vergaßen alle wieder den Sportlergruß.

Stattdessen sollten wir uns im Kutschersitz auf die Bank setzen und kräftig in eine Röhre atmen.

Während die Jungs schon fleißig pusteten und die Messwerte ihrer Lungenfunktion lautstark durch die Turnhalle schrien, als handle es sich um Sensationsergebnisse beim Weitsprung, versuchte ich noch herauszufinden, wie die Sache mit dem Kutschersitz funktionierte.

Als ich es endlich aufgegeben hatte, waren alle anderen schon längst fertig und sahen mich erwartungsvoll an. Die Sportlehrerin hielt mir auch eine Röhre mit Mundstück hin und meinte, ich solle endlich mal pusten, sie habe eigentlich schon Feierabend.

Ich blies also voller Elan in das Peak-Flow-Meter, wie die Lehrerin das Ding nannte, und kam natürlich auf das schlechteste Ergebnis von allen. Es schockierte mich schon ziemlich, als ein Junge mir ganz oben auf der Skala zeigte, wie weit er gepustet hatte, denn mein kleiner roter Zeiger war irgendwo ganz unten verreckt. Das war doch nicht normal! Ich war todkrank! Bald würde ich keine Luft mehr bekommen und einfach umfallen und sterben. Dieses verdammte Asthma! Asthma war hier sowieso irgendwie ein großes Thema, wie mir plötzlich auffiel.

Es gab auch noch ganz viele andere Leute, die Asthma hatten. Und so saßen wir jeden Tag in einem Raum mit unzähligen Geräten und Schläuchen, Tisch an Tisch nebeneinander, und röchelten mindestens zehn Minuten in unsere Inhalationsgeräte.

Das Zimmer war erfüllt von Husten, rasselndem Atem und dem Geräusch gleichmäßig arbeitender Inhalatoren.

An die dreißig Pflegefälle auf einen Haufen gepackt und an Schläuche angeschlossen. Wow, war das beruhigend.

Zum Glück hatte meine Mama auf dem hauseigenen Flohmarkt zwei handgemachte Puppen aus Papier und ein Buch über ein Pferd namens Blitz für mich erworben, sodass ich wenigstens die Möglichkeit hatte, diese zehn Minuten rumzukriegen ohne durchzudrehen.

Der alte Mann neben mir sah mir immer ganz neidisch hinterher, wenn ich gehen durfte, weil er noch viel länger inhalieren musste als ich. Der Arme.

Mit der Zeit war dann glücklicherweise alles gar nicht mehr so schlimm wie am Anfang. Das lag vorrangig daran, dass ich den Unterricht nicht mehr besuchen musste, denn der erste und einzige Tag war schon der Horror gewesen.

Aus irgendwelchen Gründen redeten die anderen Kinder mit den Lehrern über Dinge, von denen ich nie zuvor gehört hatte, und meine Entscheidung, mit niemandem zu sprechen, kam auch nicht so gut an.

Der Junge neben mir, den ich nur aus den Augenwinkeln wahrnahm, da ich ununterbrochen meinen Collegeblock inspizierte, fragte nach einer Weile des peinlichen, schweigsamen Nebeneinandersitzens, ob ich seine Freundin sein wolle, und ich schwieg und dachte, dass ich für derartige Dinge wohl noch etwas zu jung sei und damit nichts zu tun haben wolle.

Außerdem würde ich voraussichtlich eh recht früh sterben, da ich anscheinend ziemlich krank war. Es stellte sich jedoch später heraus, dass der Junge ein Mädchen war, das eine Glatze hatte und Stefanie hieß. Als dieser Umstand geklärt war, wurden wir doch noch Freunde und bemalten in der Bastelgruppe zusammen einen Seidenschal mit Seidenmalfarbe.

Diese Gruppe war cool, da ich basteln ja sehr mochte. Hier erfuhr ich allerdings zusätzlich, dass ich bislang immer falsch gehustet hatte. Das fiel auf, weil ich wegen des Asthmas recht viel hustete, wie alle anderen dort anwesenden Kinder auch. Das bot unseren Betreuern die ideale Möglichkeit, das Rumgekeuche der Jungen und Mädchen zu vergleichen.

Anscheinend durfte man dabei keinesfalls die Zunge aus dem Mund strecken, sondern musste sie irgendwie da drinnen zusammenfalten.

Das war mir neu und so unglaublich unangenehm, dass ich von da an versuchte, gar nicht mehr zu husten. Stattdessen hielt ich die Luft an, schluckte und prustete schließlich, weil ich das Nichthusten doch nicht hinbekam, wie ein Wal in der Gegend herum, was zugegeben keine wirkliche Verbesserung darstellte.

So zurückhaltend ich in den Gruppen auch war, umso mehr taute ich schließlich in den Einzeltherapien auf. Zumindest in der mit dem Rollbrett. Das war irre toll, weil die Frau zu mir sagte, ich sei ein richtiges Multitalent, weil ich eine Brücke machen und auf einem Gymnastikball sitzen konnte ohne umzufallen, die Schnellste im Sportunterricht war und dann auch noch auf dem Rollbrett problemlos herumrollern konnte. Der Begeisterung der Therapeutin zufolge war ich wohl die einzige mit diesen Wahnsinnstalenten. Das ehrte mich natürlich und bei der Prüfung gab ich mir besonders viel Mühe, alles richtig zu machen. Das klappte dann überraschenderweise auch so gut, dass ich schlussendlich einen waschechten Rollbrettführerschein in den Händen hielt.

Hatte ich beim Fahrradführerschein in meiner Grundschule nur gerade so mit Ach und Krach bestanden, so bekam ich den Lappen für das Rollbrett fast schon geschenkt.

Leider kam dann aber bald und viel zu schnell der Tag der Abreise.

Einiges hätte ich dafür gegeben, weiterhin kollektiv mit dem alten Mann und den anderen Krepeln in unsere Inhalationsgeräte zu röcheln, anstatt zurück in die vierte Klasse der Klein Bauersdorfer Grundschule zu müssen.

Aber da war nichts zu machen.

Also fuhren wir zurück und der gewohnte Schulalltag nahm seinen Lauf.

Kapitel 4

Meine Eltern liehen viele Bücher in der *Bücherei* aus, wie sie es nannten. *Bibliothek* stand aber auf dem Schild, was mich dezent verwirrte.

Konnte es zwei Wörter für dieselbe Sache geben? Und warum lachten meine Freunde, wenn ich Bücherei sagte? Überhaupt lachten meine Freunde ziemlich oft über mich und die Wörter, die ich verwendete. Und es war nicht unbedingt das Lachen, das man lacht, wenn man Petterson-und-Findus- Hörspiele hört. Eher so, als hätte ich verraten, dass ich heimlich versuchte, mir das Zaubern beizubringen, was ich erstens nie preisgegeben hätte, weil dann eh alle nur neidisch gewesen wären, und zweitens leider auch nicht hinbekam, da mir die richtigen Zutaten für die Zaubertränke fehlten. Aber um zu kapieren, dass es sich um schadenfrohes Du-bist-auch-ein-bisschen-doof,-oder?-Lachen handelte, brauchte man eh keine magischen Fähigkeiten.

Wann immer ich über einen fiesen *Spreißel* im Finger klagte, mich über ein *lätschiges* Brötchen beschwerte oder erzählte, dass ich heute *Träuble* in meiner *Vesperdose* (Feschper) hatte, geriet das aus unerfindlichen Gründen meist zum totalen Brüller.

Das war mir bald so peinlich, dass ich von meinen Eltern verlangte, diese Wörter um Gottes Willen nicht mehr in der Öffentlichkeit zu benutzen.

Genauso verhielt es sich mit *Orange*. Also der Farbe. Ich sprach es Französisch, *orosch*, aus und sagte eines Tages im Kunstunterricht zu einer Mitschülerin: »Kannst du mir mal bitte das Orosch geben?«

Allgemeine Heiterkeit.

»Was willst du haben?«, fragte das Mädchen ungläubig.

»Na den oroschenen Filzer!«

Noch mehr Heiterkeit.

Ein anderes Kind rief hämisch und peinlich berührt zugleich: »Das heißt doch oranksch!«

Das sah offenbar auch unser Lehrer so, denn er mischte sich schlichtend ein, indem er meinte: »Tja, Malina hat wohl ganz feine, französische Eltern, wie's aussieht«, wobei mir sein gemein-süffisanter Unterton keinesfalls entging.

Ich stieg da nicht durch.

In dem Haus, wo man die Bücher ausleihen konnte, jedenfalls hätte ich am liebsten gewohnt.

Dort war es still und man konnte auf dem Teppichboden sitzen. Das war toll, denn zu Hause hatten wir nur Fliesen und Holz.

Meine Mama suchte immer ganz besondere Bücher für mich aus, die sie mir dann abends im Bett, abwechselnd mit meinem Papa, vorlas. Einen Abend sie, am anderen er.

Es gab ein Buch mit traurigen Geschichten über Kinder in anderen Ländern, die viel weniger hatten als ich. Einmal ging es um ein Kind, dem die Nase abgefallen war, weil es Lepra hatte, und das deshalb aus seinem Dorf verbannt wurde. Diese Geschichten blieben mir für immer in Erinnerung.

Ich bin mir im Nachhinein nicht sicher, ob ich für derartige Offenbarungen nicht noch etwas zu jung gewesen war.

Wie dem auch sei, zumindest haben die Geschichten über benachteiligte Kinder wohl dazu beigetragen, dass ich andere beschützen wollte.

Meine etwas fülligere Freundin Frederike beispielsweise musste sich von den älteren Schülern oft sehr gemeine Dinge anhören. Eines Nachmittags saßen wir nebeneinander im Bus und eine viel ältere Sekundarschultussi kam auf uns zu. Sie sagte irgendetwas Fieses zu Frederike, woraufhin ich aufdrehte und irgendetwas Fieses zu *ihr* sagte.

Da stand sie wiederum nicht so drauf und klatschte mir ihre flache Hand volle Breitseite auf die Wange.

Ich fing augenblicklich an zu kichern und fühlte das Adrenalin durch meinen Körper schießen.

Das fand ich gut! Ich hatte mich für meine Freundin eingesetzt und dafür aufs Maul bekommen. Ich war eine Heldin!

Freunde finden ist eine Angelegenheit, die mit zunehmendem Alter immer problematischer wird. Bei meiner Einschulung hingegen meisterte ich diese Schwierigkeit so lässig wie nur was.

Ich saß in meinem dunkelblauen Wickelrock und mit der von meiner Tante selbstgebastelten Pippi-Langstrumpf-Schultüte ganz vorn auf einer Holzbank in der Turnhalle. Neben mir aufgereiht hockten meine gerade eingeschulten Klassenkameraden, dahinter die Familienangehörigen, Freunde der Familienangehörigen und schließlich die Lehrer.

Sie alle verfolgten gleichermaßen fasziniert wie irritiert die künstlerische Darbietung der höheren Klassen, die jedes Jahr zu Ehren der neuen Schüler einstudiert wurde.

Ein Märchen wurde wohl nachgespielt, vielleicht auch ein Musikvideo nachgetanzt oder ein Gedicht von Goethe rezitiert, so was.

Genau kann ich mich leider nicht erinnern, denn ich war vollauf damit beschäftigt, das Mädchen neben mir zu meiner ersten neuen Freundin zu machen.

Verzückt flüsterte ich ihr zu: »Du hast aber einen schönen Schulranzen!!!«

»Danke, find' ich auch. Deiner ist auch gut.«

Ein paar Minuten später legte ich nach: »Dein Zopf ist riiiiichtig toll!«

»Ja, den hat meine Schwester gemacht.«

»Ohh, deine Schwester kann aber echt RICHTIG toll Zöpfe machen!!«

»Voll schöne Schuhe!! Wie heißt du denn?«, fügte ich nach einer Weile hinzu, um die Sache endlich ein Stück voranzubringen.

Sie antwortete sogar weniger genervt, als ich es erwartet hätte: »Mona, und du?«

»Oooohhh, voll schöner Name! Malina heiß' ich.«

Und weil wir noch immer keine Freundinnen waren, fragte ich schließlich ganz direkt: »Willst du meine Freundin sein??«

Überraschenderweise wurden wir dann tatsächlich Freundinnen. Ich war auch mal bei ihr zu Hause, ein paar Jahre später.

Als wir gerade die Treppe zu ihrem Zimmer hinaufgingen, kam uns ein älteres Mädchen entgegen, das wohl ihre Schwester sein musste. Sie rauschte grußlos an uns vorbei, Mona sah ihr hinterher und rief dann: »Papa, Angela läuft schon wieder rum wie 'ne Nutte!«

»Na und, lass sie doch rumlaufen wie 'ne Nutte, sieht doch gut aus, und jetzt halt die Klappe!«, schrie ihr Vater aus einem Nebenraum zurück.

Ich war danach nie wieder bei Mona zu Hause.

Wenn man erst einmal Freunde gefunden hatte, waren Freundschaftsbücher eine ganz große Sache.

Vorzugsweise von Diddl.

Ich für meinen Teil fand diese komische Maus mit den überdimensionalen Füßen überdurchschnittlich hässlich und spielte mich damit schon wieder selbst ins Abseits.

Mein Freundschaftsbuch war klein, quadratisch, dunkelblau mit einem kleinen Teddybären vorne drauf, der in einem roten Oldtimer saß und in einer Hand rote Luftballons hielt.

Es war wunderschön. Aber eben auch anders. Bei mir war immer alles anders.

Fluch und Segen zugleich.

Man war natürlich umso beliebter, je mehr Seiten des Freundschaftsbuches ausgefüllt worden waren.

Deshalb war es aus Coolnessgründen auch okay, es Lehrern oder Verwandten zu geben, obwohl die eigentlich keine Freunde waren und man damit schummelte.

Weil man selbstverständlich als Mädchen die Jungs nicht eintragen ließ und in der Klasse nun mal nicht so viele Kinder waren, bekam man nie alle Seiten voll.

Das war für die meisten ziemlich ärgerlich.

Mich störte es eher nicht so, denn ich hatte genug ausgedachte Freunde, für die ich stellvertretend die Fragen nach Lieblingsfach und Hobbys beantwortete. Meine beste unsichtbare Freundin hieß Malicka. Da ich diesen Namen allerdings so dermaßen peinlich fand, durfte sie sich nicht in mein Buch eintragen.

Und obwohl es als Todsünde galt, ließ ich schließlich auch Max eine Seite ausfüllen.

Max wohnte ebenfalls in meinem Dorf und ab und an war ich bei ihm, um mit seinen Spielsachen zu spielen und ihm Dinosaurier zu malen oder zu falten.

Die Jungs standen alle durchweg auf Dinosaurier.

Das fand ich klasse, denn auch ich mochte T-Rex und Co. Genialerweise hatten wir zu Hause ein Heft mit Faltanleitungen, welches in einem Kapitel auch Dinosaurier behandelte. Also faltete ich wie blöd Diplodocusse, klebte mit Tesafilm reihenweise DIN-A3-Blätter aneinander, um einen annähernd originalgetreuen Maßstab zu erreichen, und verschenkte die Ergebnisse dann an Max und manchmal auch an seine Freunde. Es schien mir so, als würde ich mich damit sehr beliebt machen bei den Jungs.

Irgendwann wusste Max allerdings nicht mehr, wohin mit den ganzen Faltdinos, und seine Mutter bat mich, damit aufzuhören. Das traf mich schwer.

Ein schwacher Trost war, dass er wirklich coole Spielfiguren hatte. Von denen konnte ich nur träumen. Wenn wir uns also trafen, sah das meist so aus, dass ich versuchte, ihn zu überreden, mir seine Spielzeugpferde zu schenken. Er würde die doch sowieso nicht mehr brauchen.

Schließlich habe er ja nun eine ganze Generation Papierdinosaurier, mit denen er spielen konnte – und auch musste, wenn er nicht wollte, dass ich ihm auf ewig böse war.

Tatsächlich ging meine Strategie auf und ich knöpfte ihm ein Galoppa mit feurigem Schweif und brennender

Mähne ab. Generell versuchte ich ziemlich oft, meine Freunde dazu zu bewegen, mir ihr Spielzeug zu überlassen.

Merkwürdigerweise funktionierte das sogar. Manche hatten auch einfach so viel Polly Pocket, Schlümpfe, Barbies und Plastikpferde, dass sie gar nicht merkten, wenn sie ein ausgeliehenes Teil zufällig nie zurückbekamen. Oder es war ihnen aufgrund des Überangebots sowieso egal.

Was allerdings Playmobil betraf, war ich die Oberheldin. Da konnte mir niemand was!

Niemand hatte so viel Playmobil wie ich. Nicht mal Anja, die »alles in den Arsch geschoben bekam«, wie wir uns hinter ihrem Rücken ständig aufregten.

Der Playmobilvorrat nahm bei uns zu Hause solch beträchtliche Ausmaße an, dass er in drei großen Kisten verstaut werden musste.

Meine Geschwister und ich liebten das Zeug total. Tausendmal mehr als Lego! Stundenlang erschufen wir ganze Städte, die beinahe mein gesamtes Zimmer einnahmen. Es gab Wohnhäuser, einen Park, ein Schwimmbad, Restaurants, Einkaufsläden, ein Kinderheim und einen Friseur. In das Kinderheim brachten meine Figuren immer die kleinen Babys, weil ich die mega nervig fand und weil die eh total hässlich aussahen.

Wovon ich auch echt viel mehr hatte als meine Freunde, waren Schleich-Pferde.

Dachte ich zumindest.

Das waren diese Tiere aus Hartgummi, die irrsinnig teuer im Spielzeugladen immer neben der Kasse in einem extra Regal standen.

Um meine augenscheinliche Überlegenheit in Sachen

Schleich-Pferde mal so richtig dingfest zu machen, sackte ich eines glorreichen Tages alle ein, die ich besaß, legte vorsichtshalber auch noch einen Tiger, einen Elefanten und ein paar Dinosaurier dazu und nahm alles mit zur Schule.

Ich dachte, wenn es hart auf hart käme, könnte ich den Tiger und die Dinosaurier ganz unten in dem Stoffbeutel lassen und obendrauf die Pferde legen, dann sähe man nicht, dass es in Wahrheit andere Tiere waren und alle würden denken: »Wow, was für ein großer, schwerer Stoffbeutel – alles voller Schleich-Pferde – irre!«

So weit mein ausgeklügelter Plan.

Die Realität sah dann leider so aus, dass Anne und Anna, die die Pferdeversteherinnen schlechthin waren, mich auslachten, als ich meine Tasche auspackte. Anne und Anna gab es nur im Doppelpack. Sie waren beide blond und liebten Pferde. Es gab für sie kein anderes Gesprächsthema. Außer Frisuren und Klamotten vielleicht. Das war auch völlig okay, störte mich ja nicht, aber dass sie derart den Durchblick hatten und ich nicht, das wurmte mich schon ein wenig.

Sie meinten jedenfalls, das sei ja lächerlich, da hätten sogar ihre Omas mehr Schleich-Pferde und überhaupt besäßen sie des Weiteren eine umfassende Sammlung an Reitzubehör, sprich Sättel, Zaumzeug und Putzutensilien. Zudem mehrere Stallungen, Gehöfte, Gestüte, Königreiche samt Hofstaat, Bauern, Kinder, Pferdeflüsterer, Mägde und Knechte. Hinzu käme Turnierzubehör wie etwa Sprünge, Pokale und Siegertreppchen, außerdem Zäune, Koppeln, Futter, Futtersäcke, Futterrüben, Kraftfutter, Salzlecksteine, Pferdehänger, Autos, die den Pferdehänger zogen und so weiter.

Mir klappte die Kinnlade runter.

Ich hatte nicht einmal gewusst, dass es diesen ganzen Kram überhaupt gab! Geschweige denn, dass man ihn brauchte! Wenn ich Pferd spielte, dann nahm ich das Tier in die Hand, erfand eine Geschichte, die ich in meinem Kopf vor mich hin dachte, und bewegte den Gaul in schwingenden Galoppbewegungen durch mein Zimmer oder den Garten, während ich parallel dazu total authentisch Pferdegeräusche imitierte.

Jetzt aber war ich geschockt, schwer beleidigt und außerdem neidisch auf diese Omas, die angeblich so viel mehr Schleich-Pferde besaßen als ich.

Leider wollten mir meine Eltern partout keine Mägde und Sättel kaufen, also spielte ich lieber weiter mit Playmobil, davon hatte ich wenigstens genug.

Kapitel 5

Neben Mandy zählte ich noch zwei weitere Mädchen zu meinen sehr guten Freundinnen. Frederike, wie bereits erwähnt, und Nadja.

Bei ihnen war ich oft zu Hause. Beide wohnten in dem Ort, wo unsere Grundschule stand, und manchmal ging ich danach direkt mit zu ihnen, um dort zu übernachten.

Beide hatten ältere Schwestern. Wie eigentlich fast alle. Frederike hatte sogar gleich zwei davon. Ich bekam das Gefühl, dass alle, wirklich alle, eine ältere Schwester hatten und besser Bescheid wussten als ich.

Warum konnten wir denn nicht eine große Schwester für mich adoptieren, damit ich auch mitreden konnte in der Welt der Fortgeschrittenen?

Gut, einen älteren Bruder hatte ich zwar, aber was wusste der denn schon von Schminke und dieser ominösen Britney Spears?

Bei meinen Freundinnen öffneten sich mir Türen zu Welten, von denen ich zuvor nicht einmal geahnt hatte, dass es sie gab.

Wir spielten ›Die Sims‹ an Frederikes elterlichem Computer und ließen unsere Figuren Techtelmechtel im Whirlpool machen, während Rikes Mutter im Hintergrund auf dem Sofa saß und ab und zu halbherzig: »Hey, nicht so'n Schweinkram hier« in unsere Richtung murmelte.

Ich mochte ihre Mutter, die war korrekt.

Manchmal chatteten wir auch bei Knuddels, weil wir gehört hatten, dass Bill und Tom von Tokio Hotel dort des Öfteren mal vorbeischauten. Es war gar nicht so leicht, bei den ganzen Bills und Toms dort die richtigen zu finden. Doch mindestens einmal gelang es uns tatsächlich und wir bekamen eine Handynummer, die ganz sicher die von Tom war. Oder von Bill. Vielleicht auch von Georg, dem Bassisten, für den sich keiner interessierte, weil er war wie Bob von den drei Fragezeichen. Aber mit irgendeinem von der Band würden wir wohl sprechen, wenn wir da anriefen, so viel stand fest.

Wir waren sehr aufgeregt. Offiziell fand man Tokio Hotel natürlich nicht gut. Was waren das auch für Spinner? Ein Sänger mit einer extravaganten Mangafrisur, der total emotional rumheulte, in seinen Songs von Liebe sang und sich traute, mal etwas gänzlich anderes auszuprobieren, als die breite Masse, was ein Depp. Vermutlich hatte niemals jemand in der Geschichte der Musikindustrie mit solch einem Konzept Erfolg gehabt.

Insgeheim und unter Freunden fand man die natürlich spitze. Wahrscheinlich war es das erste Mal, dass ich mitreden konnte, wenn es um Musik ging. Und jetzt hatte ich auch noch die Nummer von einem von denen! Wahnsinn!

Ein bisschen getrübt wurde die Stimmung, nachdem uns am anderen Ende der Leitung eine gewisse Susi stöhnend nahelegte, uns doch einfach zu entspannen, die Hose auszuziehen und uns vorzustellen, wie es wäre, ihre geilen Titten zu massieren.

So viel dazu.

Aber egal, wir gaben die Suche nicht auf!

Dieser Fehlschlag hatte sogar noch etwas Positives. Er brachte uns darauf, bei diversen 0190-Nummern anzurufen, um die Welt der Erwachsenen zu erkunden und jenes verruchte Gefühl des Verbotenen zu verspüren, von dem man als Fast-Teenager weiß, dass es existiert, aber noch keine konkrete Vorstellung hat, worum es dabei genau geht.

Abwechselnd stöhnten uns Dagmar, Uschi und Jaqueline die Ohren voll, bis sich eines Tages Frederikes Eltern die Telefonrechnung mal etwas genauer ansahen.

Auch die Erotikartikel im Otto-Katalog erweckten unsere Aufmerksamkeit. Man konnte dort beispielsweise Filme mit dem klangvollen Titel ›Die Reise zum G-Punkt der Elke‹ bestellen oder Unterwäsche mit Löchern darin kaufen – keine Ahnung, was das sollte.

Ansonsten guckten wir ›Erkan und Stefan‹, aßen Chips, lasen die Zeitschriften ihrer großen Schwestern und wurden abends mit den Worten: »Rike, es ist 18:00 Uhr, ›Die Pfefferkörner‹ kommen!« ins Haus gerufen. Dann fläzten wir uns ins Wohnzimmer und zogen uns Die Pfefferkörner rein.

Eine Serie, in der eine Gruppe von aufgedrehten Kinderdetektiven durch die Hamburger Speicherstadt rennt und mysteriöse Fälle löst. Wie die drei Fragezeichen, nur halt nicht so cool. Und in Hamburg. Und ohne Hitchcock.

Am liebsten mochte ich Vivi. Die sah ziemlich wild aus mit ihren superlangen Haaren und dem Feuermal auf der Stirn. Ich überlegte, mir auch eins zu machen, doch ich war mir nicht sicher, wie das zu bewerkstelligen wäre, ohne mir das komplette Gesicht zu verbrennen. Aus Sicherheitsgründen verzichtete ich dann lieber schweren Herzens darauf.

Was auch toll war, waren Frederikes Meerschweinchen. Es waren mindestens vierzig!

Die vermehrten sich ständig, deshalb wurden es so viele. Sie lebten in einem großen Freigehege und waren eine ziemliche Attraktion. Später kam ein Koi-Teich dazu, auch nicht schlecht, konnte die Schweinchen aber nicht toppen.

Wir hatten zu Hause circa sechsunddreißig weniger.

War aber auch genug. Vor allem, was das Stallsaubermachen betraf.

So gesehen wollte ich lieber doch nicht mit Rike tauschen. In unserem Stall befanden sich überall ganz viele weiße Flecken an der Wand. Sogar an der Decke.

Mandy erklärte mir sachlich, es handle sich dabei um Ejakulat. Was auch immer das im Einzelnen bedeuten mochte.

Wenn Rike und ich nicht gerade Computer spielten oder uns nackte Leute in der Bravo anguckten, machten wir manchmal echt dumme Scheiße.

Ich glaube fast, es war meine Idee.

Möchte mal wissen, wie ich darauf gekommen bin.

Zu dieser Zeit befand sich in Klein Bauersdorf noch eine funktionierende Telefonzelle. Ein gefundenes Fressen für gelangweilte Kinder und Jugendliche.

Da wir auch zu dieser Klientel gehörten, wählten wir regelmäßig den Notruf und sprachen mit einem Mann namens Bodo.

Ob er wirklich so hieß oder wir uns das ausdachten, weiß ich nicht mehr. Wir kicherten irre in den Hörer und fanden alles, was der arme Mann sagte, wahnsinnig amüsant.

Allerdings nur so lange, bis er damit drohte, die Polizei vorbeizuschicken. Dann bekamen wir Panik und versteckten uns im Busch. Nur um zehn Minuten später wieder anzurufen. Sackdoof.

Mit Rike konnte man auch super Klingelstreiche machen. Eigentlich klingelten wir immer nur an ein und demselben Haus, was natürlich seine Gründe hatte.

In diesem Haus nämlich wohnte Robert. Robert war ein Junge aus der Klasse unter mir.

Er hatte schwarze kurze Haare, trug eine Brille auf der sommersprossigen Nase und bei seinem niedlichen Grinsen wurden die Mädchen reihenweise schwach. Auch ich konnte mich dem nicht vollständig verwehren.

Ich rannte also rüber, klingelte und rannte wieder zurück auf die andere Straßenseite, wo Rike schon in der Hecke saß und mich zu sich winkte.

Da das Haus mehrere große Fenster zur Straße hin hatte, bin ich im Nachhinein nicht wirklich überzeugt von der Qualität unseres Verstecks.

Ein paar Mal kam Robert wirklich heraus und rief schwer genervt, wir sollten den Scheiß lassen. Ich wertete das als Erfolg. Immerhin hatte er mir Aufmerksamkeit geschenkt!

Rike gegenüber tat ich so, als hätte ich das Haus rein zufällig ausgewählt und wäre wahnsinnig überrascht, als da plötzlich Robert vor der Tür stand.

Ich glaube fast, sie hatte Lunte gerochen. Ich glaube auch, bevor ich mit diesen beschränkten Klingelstreichen anfing und begann, dem armen Jungen Liebesbriefe zu schreiben, hatte ich tatsächlich Chancen bei ihm.

Zumindest machte es den Eindruck, als würde er mich auch mögen.

Tja, dumm gelaufen, den Abstecher in eine romantische Grundschulbeziehung hatte ich mir gründlich versaut. Er stand dann auf Jenny.

Sie war bis zu diesem Zeitpunkt meine Freundin.

Bei ihr habe ich zum ersten Mal Playstation gespielt. Sie hatte Tekken, was ziemlich cool war. Außerdem lag unter ihrem Bett ein Pornoheft. Auf meine verunsicherte Frage, wem das denn ursprünglich gehört hätte, antwortete sie wie selbstverständlich: »Na meinem Vater, der ist doch ein Mann, die brauchen so was. Ist doch nichts dabei.«

Bei Jenny lernte ich viel Neues.

Nach der Robert-Sache war damit allerdings auch erst mal Feierabend.

Einerseits, weil ich eifersuchtsmäßig sauer auf sie war, und andererseits, weil sie sich jetzt lieber mit Robert traf, und was die beiden dann so zusammen spielten, wollte ich lieber gar nicht wissen.

Nadja hatte keine Meerschweinchen, dafür aber Katzen. Die mochte ich nicht so sehr, weil sie im Haus wohnten und überall ihre Haare verteilten.

Wenn ich bei ihr zu Hause war, saßen ihre netten Eltern meist in der Stube auf der Couch hinter dem Fliesentisch und sahen fern. Oder sie waren nicht da. Dann suchten wir überall nach Geld, damit wir uns im örtlichen Konsum Eisbonbons und Kaugummis kaufen konnten.

Nadja hatte in ihrem Zimmer sogar einen eigenen kleinen Fernseher! Einen eigenen Fernseher, auf dem man gucken konnte, was man wollte – der helle Wahnsinn!

Ich wollte die ganze Zeit nur fernsehen.

Sie langweilte das ziemlich, doch ich musste die Gelegenheit voll auskosten. Zu Hause gab es schließlich nur fünf Programme, und das waren sicher nicht die, die sich Kinder in meinem Alter geben wollten.

Ich hing auf dem Boden vor dem braunen Kasten rum und war süchtig nach ›Lenßen & Partner‹, ›Richterin Barbara Salesch‹ und ›Deutschland sucht den Superstar‹.

Da kam ja auch ein Ding nach dem nächsten, wie sollte man da mittendrin einfach aufhören?

Endlich sah ich diesen Daniel Küblböck, den alle als Schwuchtel bezeichneten, mal persönlich. War war denn mit dem? Ein bisschen verrückt wirkte er schon, aber das war doch nichts Schlechtes …? Verstand ich nicht, was alle gegen den hatten.

Wenn ich mich doch mal von der Glotze losreißen konnte, machte ich aufgedrehten Unsinn, schrie herum, lachte die ganze Zeit und erzählte irgendwelchen Quatsch, während ich auf dem Bett herumsprang. Irgendwann wurde es Nadjas Eltern zu bunt und sie meinten, ich dürfe nicht mehr kommen, es sei immer zu laut, wenn ich da sei.

Ich kam trotzdem immer wieder. Und zwar mit dem Fahrrad. Die acht Kilometer zwischen Hinterelbe und Klein Bauersdorf musste ich nämlich mit dem Rad zurücklegen, weil meine Mutter mich nicht mit dem Auto abholen oder hinbringen wollte. Der Spritkosten wegen.

Es folgten dann meist lange Erzählungen darüber, wo sie als Kind überall hingeradelt sei – kilometerweit bei Wind und Wetter, fast schon erfroren, aber immer noch tapfer und munter brauste sie knallhart durch die Weltgeschichte. Oder so ähnlich.

Gelegentlich kam es vor, dass die Eltern meiner Freunde mich nach Hause fuhren, weil sie Mitleid mit mir hatten.

Da sagte ich natürlich nicht Nein. Der Weg erschien mir als Kind aber auch wirklich unendlich lang.

.

Kapitel 6

1992 waren meine Eltern aus der Nähe von Stuttgart nach Hinterelbe gezogen.

Zugezogene also. Und dann auch noch aus dem Westen. Aus einer süddeutschen City in ein Provinznest direkt an der ehemaligen innerdeutschen Grenze.

Einige weitere Umstände beeinträchtigten die erfolgreiche Integration in die Dorfgemeinschaft ganz erheblich.

Der vielleicht gravierendste Faktor war der, dass sie sich gar nicht vollständig integrieren wollten.

Vorurteile gab es schließlich auf beiden Seiten.

Aber auch die Tatsache, dass des Öfteren irgendwelche Hippies mit großen Bussen in unserem Garten kampierten, meine Eltern nicht verheiratet waren, wir nackt im See badeten und im Bioladen einkauften, trug ihren Teil bei. Nicht einmal in den Heimatverein traten sie ein und da hat man dann natürlich gleich verloren. Ohne eine umfangreiche Art von Beteiligung am Dorfgeschehen geht gar nichts.

Alles war für meine Altersgenossen ein Grund, mich als Sonderling zu betrachten. Ich war keine von ihnen.

Dass ich in demselben Krankenhaus geboren war wie sie und Deutschland schon länger geeint war, spielte da auch keine Rolle mehr. Ich blieb das Kind meiner Wessi-Eltern.

Da ich Kontakte zu Menschen sowohl in Niedersachsen als auch in Sachsen-Anhalt unterhielt, bekam ich schnell mit, wie man über die jeweils anderen redete.

Leicht von oben herab, eine Prise Mitleid beifügend, verhalten bewundernd.

So waren »die Wessis« zwar stolz auf ihre Wirtschaft, die nicht von Mangel geprägt war, lobten aber den pragmatischen Erfindungsreichtum und die guten Fleisch- und Wurstwaren der »Ossis«. Selbige bemitleideten die Westdeutschen, weil ihnen beides fehlte, hätten aber auch nichts gegen deren besser ausgebaute Infrastruktur gehabt.

Das Adjektiv *ossig* für besondere Verhaltensweisen der Ostdeutschen findet man in keinem Wörterbuch, wohl aber noch im heutigen Sprachgebrauch der Menschen, die an der ehemaligen Grenze leben.

Was genau es mit diesen zwei Deutschlands auf sich hatte, erschloss sich mir noch immer nicht gänzlich, doch ich entwickelte ein starkes Bewusstsein dafür, zu erkennen, dass es nicht gerecht war, wenn Westler schlecht über Ostdeutsche redeten, ohne sie im Einzelnen zu kennen. Umgekehrt war es auch nicht richtig. Es konnte überhaupt nie richtig sein, Menschen schlechtzumachen, nur weil sie aus einem anderen Land kamen.

Das wusste ich doch. Das hatten mir meine Eltern schließlich selbst beigebracht.

Mein großer Bruder bekam diesen Konflikt noch deutlicher zu spüren als ich.

In Süddeutschland geboren, verschlug es ihn durch den Umzug mit elf Jahren nach Hinterelbe. Dort war er für alle »der Wessi«. Fuhr er jedoch hinüber nach Niedersachsen, war er für alle »der Ossi«. Er sah sich stigmatisierenden Bemerkungen, Vorurteilen und im Westen sogar Anfeindungen ausgesetzt.

Mein Bruder empfand diese Kategorien und Auseinandersetzungen als unverständlich und völlig bekloppt. Er wollte mit alledem nichts zu tun haben.

Weder sah er sich als West- noch als Ostdeutscher.

Schließlich kam er doch aus dem Süden und hatte zudem als Jugendlicher ganz andere Probleme.

Ich hingegen wollte dazugehören.

Meine Freunde, die Leute in meinem Dorf, die Leute aus den anderen Dörfern, die Kinder in meiner Schule, die Lehrer, die Rentner auf den Bänken vor ihren Fachwerkhäusern, die Omis hinter den Neubaufenstern, die Kassiererinnen im NP, sie alle waren Ossis, so viel war klar.

Das waren Menschen, die mein direktes Umfeld ausmachten, die zu meinem Leben dazugehörten. Bald begann ich, mich persönlich angegriffen zu fühlen, wenn jemand sie pauschal für irgendetwas verurteilte oder geringschätzte. Selbst wenn manche von ihnen nicht gerade nett zu mir waren, beleidigen durfte sie trotzdem niemand!

In unserer Region gab es, grob gesagt, drei Arten von Menschen.

Die, die auf Damals schimpften und froh über das Heute waren. Die, die auf Heute schimpften und Damals vermissten. Und die, die im Großen und Ganzen zufrieden waren, aber fanden, dass nicht alles schlecht gewesen war, früher, als das Land noch die Demokratie im Namen trug.

Leute, die nicht bei uns lebten, aber trotzdem im Frühjahr und Sommer vorbeikamen, gab es auch. Sie waren meistens fröhlich und guter Laune. Wenn sie sich mal beschwerten, dann über schlechte Radwege, denn sie kamen als Fahrradtouristen auf dem Elberadweg und wollten weiter an die Nordsee oder nach Tschechien.

Sie freuten sich die ganze Zeit.

Sie freuten sich über die Alleen, die Plattenwege, die Deiche, über die alten Frauen in Kittelschürzen, die ehemaligen LPG-Anlagen und Grenzkompanie-Kasernen, über die Heuballen und schrulligen Männer in Gummistiefeln. Sie freuten sich auch über die Landluft, die Silberreiher, die Kühe auf den Weiden, die Badeseen und die Melancholie der leeren Weite.

Ganz aus dem Häuschen waren sie, wenn sie einem echten Dorfkind mit zerzaustem blondem Haar und dreckigen Händen begegneten, das ihnen den Weg zum nächsten Storchennest erklären konnte.

Diesen Part übernahm ich gern, denn ich war sehr stolz darauf, diesen Weg zu kennen. Außerdem freute ich mich, dass sie sich freuten, weil ich ihrem Klischeebild entsprach, und alle waren happy.

Manchmal stellte ich mir die netten Touristen als Kinder vor. Große schlaksige Kinder in durchsichtigen rosa Regenponchos aus Kunststoff. Ich wette, wenn die hier gewohnt hätten, sie hätten allesamt derbe aufs Maul bekommen.

Wenn man auf dem Dorf aufwächst, dann tut man gut daran, sich ein dickes Fell zuzulegen, ansonsten geht man unter. Hier war man entweder hart im Nehmen oder raus.

Seine Härte maß man, wie ich sehr schnell erkannte, an den Strafen, die man von den Eltern auferlegt bekam.

Je mehr man bestraft wurde, desto besser. Die gängigsten Disziplinierungsmaßnahmen sahen Hausarrest und Fernsehverbot vor.

Das Prinzip war zwar logisch, nützte mir nur leider überhaupt nichts, denn ich hatte in meinem ganzen Leben noch nie Hausarrest bekommen.

Fernsehverbot schon ein paar Mal, aber das zählte nicht, da wir ohnehin nur fünf Programme hatten und lediglich morgens am Wochenende für eine sehr begrenzte Zeit fernsehen durften.

Und an Weihnachten, weil da in der ARD die Märchenverfilmungen aus den 70ern wiederholt wurden. Beeindrucken ließ sich damit also niemand.

Akzeptanz und Ansehen musste ich mir anders erarbeiten. Das war nicht gerade leicht, wenn einem die eigenen Eltern immer wieder Steine in den Weg schmissen.

Ich konnte ja nicht einmal mitreden, wenn sich die anderen Kinder über die neuesten Serien auf KiKA unterhielten oder die Songs der No Angels sangen.

Das Bisschen, was ich bei Nadja, Frederike und Mandy aufschnappte, war blöderweise nichts im Vergleich zu dem, was meine Mitschüler konsumierten. Sie häuften einen immensen Wissensschatz an und konnten die Namen und Biografien jeglicher Super-RTL-Figuren aus dem Effeff.

Sie waren die taffen Privatfernsehen-Boys und -Girls der Zukunft und ich war die, die auf ihrem Holzsteckenpferd hinterherjuckelte.

Als unsere Musiklehrerin eines Tages auf die absurde Idee kam, zu einer Schulaufführung mit uns den Tanz des 2002 sehr erfolgreichen Chart-Hits ›The Ketchup Song‹ einzustudieren, versuchte ich, meine Unwissenheit unter dem Deckmantel der allgemeinen Aufregung zu verbergen. Ich brabbelte lässig den mir absolut unbekannten Songtext vor mich hin und signalisierte souveräne Weltgewandtheit. Zwar wusste auch keines der anderen Kinder, wovon zur Hölle da eigentlich geredet wurde, doch sie konnten sich wenigstens das Musikvideo dazu auf VIVA angucken, den Tanz nachmachen und so tun, als hätten sie voll den Durchblick. Und das taten sie auch.

Damals war das natürlich nicht so der Hit, immer die kleine, ahnungslose Hinterwäldlerin mit den Hippie-Eltern zu sein, die noch nicht einmal sicher wusste, was GZSZ war, doch im Nachhinein glaube ich fast, ich habe da gar nicht so viel verpasst.

Selbst Mandy, die doch meine beste Freundin war, machte sich ständig öffentlich über mich lustig.

Man kann es ihr nicht verübeln, sie musste schließlich ihren guten Ruf wahren. Sie war nicht für die Außenseiterrolle gemacht, also musste sie so tun, als wäre ich auch für sie ein lästiges Anhängsel.

Das hatte sie wirklich super drauf. Sogar schon im Kindergarten.

Als Tante Hilde und Tante Melanie damals als Highlight eines langweiligen Tages den großen, schwarzen Fernseher auf einem Rolltisch mitten in den Raum schoben, den Kasten wie immer erst nach mehreren erfolglosen Versuchen anbekamen und wir uns schließlich alle bäuchlings davor legten, um eine Videokassette zu schauen, tat Mandy etwas sehr Gemeines.

Es handelte sich um einen Zeichentrickfilm, in dem ein weißes Einhorn von bösen Männern mit Pfeilen beschossen wurde und blutend zu Boden sank. Das war doch hier kein

Kinderfilm mehr, oder was?!

Völlig entsetzt und traurig weinte ich still und heimlich vor mich hin. Allerdings nur so lange, bis Mandy es bemerkte und durch den ganzen Raum schrie: »Tante Melanie, Malina heult schon wieder!«

Allgemeines Gelächter. Als Reaktion auf diese Bloßstellung schrie ich herum, legte mich auf mein Skateboard und rollte, mich mit den Händen am Boden abstoßend, wütend und unglücklich nach Hause.

In der Grundschule an diesen Tag zurückdenkend, erkannte ich: Öffentlich zu weinen, ist nicht das, was man tun sollte, wenn einem daran gelegen ist, von der Außenseiterrolle zum It-Girl-Dasein überzuwechseln.

Als ich einmal mit Mandy im Kino den Disney-Hit ›Spirit – Der wilde Mustang‹ angucken durfte, regelte ich diese Sache dann schon viel souveräner. Eine schwache Blase vortäuschend, ging ich alle paar Minuten aufs Klo, um dort zu weinen. Das war ganz praktisch, denn so musste ich zum Glück auch nicht mitansehen, wie Spirit von bösen Männern eingefangen wurde.

Solche Geschichten machten mich immer extrem fertig. Dokus, in denen Tiere starben oder Tiermamas um ihre verstorbenen Jungen trauerten, waren *ganz* schlimm, denn da war klar: Das hatte sich nicht Herr Disney ausgedacht, das passierte wirklich!

Doch nicht nur Filme, auch mein Alltag bot jede Menge Gründe für Frust und Tränen und in den meisten Fällen gelang es mir leider nicht, dies geschickt zu verbergen.

An einem denkwürdigen Tag im Februar beispielsweise war ich morgens wieder einmal spät dran und befürchtete, den Bus zu verpassen. Ich fing, ob dieser schrecklichen Vorstellung, haltlos an zu schluchzen.

Natürlich kapierte niemand, was jetzt schon wieder mein Problem war, und es zu erklären, kam mir nicht in den Sinn. War ja wohl auch total offensichtlich! Den Bus zu verpassen, war schließlich nicht einfach eine Kleinigkeit! Es war eine fürchterliche Katastrophe!

Denn es bedeutete, dass meine Mama mich ins Auto setzen und dem Bus hinterherfahren würde, damit ich dann unter aller Augen bei einer *anderen* Bushaltestelle mit den dort wartenden Kindern einsteigen musste und höchstwahrscheinlich keinen Platz mehr bekommen würde. Ein ungeschriebenes Gesetz regelte, wer wann wo einstieg und wo sitzen durfte. Ein Zuspätkommen bedeutete nicht nur, dass meine Mutter unter Umständen peinlicherweise den Bus durch Hupen und Winken hätte aufhalten müssen, sondern auch, dass ich im Gang zwischen all den schreienden, herumturnenden Mistgören hätte stehen müssen, was so ziemlich das Schlimmste war, das ich mir vorstellen konnte. Da wäre kein Fenster gewesen, aus dem ich schauen und an dessen kühle Scheibe ich meinen Kopf hätte lehnen können, um dem ganzen Irrsinn zu entfliehen.

Ich weinte also Rotz und Wasser und als Mandy an der Tür klingelte, um mich abzuholen, lachte sie mich aus und erzählte später augenrollend jedem, der es hören oder nicht hören wollte, was für ein komisches Kind ich sei, das heult, weil es den Bus verpasst.

Ich fühlte mich permanent unverstanden, kam aber auch nie auf die Idee, meine wahren Beweggründe mitzuteilen.

Kommunikation war generell eher nicht so mein Ding. Vielmehr beobachtete ich still meine Umgebung und kam dabei alsbald zur grundsätzlichen Erkenntnis: Mit meiner Familie stimmte etwas nicht.

Und weil ich ein Teil dieser Familie war, konnte auch mit mir etwas nicht stimmen.

Ich begann, alles zu hinterfragen und in Zweifel zu ziehen. Warum hatten Mama und Papa jeweils ein eigenes Zimmer und wieso zur Hölle konnten sie nicht einfach heiraten, wie alle anderen Eltern es schon vor langer Zeit getan hatten? So schwer konnte das ja wohl nicht sein! Man brauchte doch nur ein Kleid, einen Anzug und eine Kirche, also echt!

Ich fing an, es befremdlich zu finden, dass wir nicht unbegrenzt Süßigkeiten essen und fernsehen durften. Weshalb bekamen wir nie kinder Pinguí und Snickers, warum lag in unserer Brotschublade nie Toastbrot in fertig geschnittenen Scheiben, sondern immer nur das, was meine Mutter selbst backte? Das sah auch ganz anders aus, wieso konnten wir kein richtiges Toastbrot essen? Was war das für eine komische Sache mit diesen Wörtern, die nur wir benutzten?

Seit wann sagte man denn »Busen«, jeder wusste ja wohl, dass das »Titten« hieß.

Wie kam es, dass es in den Häusern meiner Freunde immer so ordentlich und sauber war, während ich erst mal das komplette Haus putzen musste, bevor ich mich traute, jemanden zu uns einzuladen?

Warum wurde uns der Geschmack von Coca-Cola und labbrigen McDonald's-Pommes vorenthalten und weswegen konnte ich nicht auch solch einen grellbunten Scout-Schulranzen mit Pferden drauf haben, wie Mandy einen hatte? Warum musste ich die einzige sein, deren Mutter im Winter einen riesigen, grauen Filzhut trug? Ich war mir sicher, nie zuvor in meinem Leben etwas Peinlicheres gesehen zu haben. Ich hatte eindeutig eine Menge zu kompensieren.

Und inzwischen wusste ich auch schon, wie!

Mittels irgendeiner ausgefeilten Stratagie brachte ich meine Mutter dazu, mir im Otto-Katalog weiße Plateau-Buffalos mit Klettverschluss zu bestellen.

Warum, weiß ich gar nicht mehr. Vielleicht trugen Anne und Anna welche und hatten somit den Trend des Jahres gesetzt.

Ich mochte sie eigentlich gern, Anne und Anna, und betrachtete sie als meine Freundinnen, immerhin kamen sie ja zu meinen Geburtstagspartys, zu denen ich sowieso meist die ganze Klasse (die Jungs natürlich nicht) einlud, um meine Beliebtheit zu steigern und weil ich im Grunde alle gernhatte. Zumindest so lange, bis sie einen Spaß auf jemandes Kosten machten. Das war so gemein!

Gut, da ich mittlerweile kapiert hatte, dass man das tun musste, um dazuzugehören, konnte ich es ihnen eigentlich nicht krummnehmen, doch in meiner Liste der Personen, die ich am liebsten mochte, katapultierte sie das auch nicht gerade auf den Spitzenplatz. Besser war mein eigenes Verhalten allerdings auch nicht.

So kam es eines Tages, dass ich die arme Frederike aufs Übelste wegen ihres Körpergewichts beleidigte, obwohl sie doch eine meiner besten Freundinnen war.

Solange ich in der Schule saß und die anderen mitmachten, kam ich mir wahnsinnig toll vor. Jetzt hatte ich es geschafft, war dabei und gehörte dazu. Zu Hause heulte ich in mein Kissen und stellte mir vor, wie traurig Frederike ob dieses Verrats durch mich, ihre Freundin, sein musste.

Ich wusste ja eigentlich ganz genau, wie sich so etwas anfühlte. Irgendwie konnte so ein sackdummer Weg nicht der sein, den ich gehen sollte. War er auch nicht, denn ich hatte ja schon die viel bessere Buffalos-Idee.

Anne und Anna jedenfalls hatten Ahnung von Klamotten im Speziellen und von gutem Aussehen im Allgemeinen.

Als einmal der Fotograf in die Schule kam, standen wir alle in einer Reihe im Schulflur und warteten. Anna drehte sich zu mir um und meinte genervt: »Wenigstens heute hättest du dich ja mal schicker machen können. Keine Strickjacke anziehen, Haare kämmen und so. Du versaust ja das ganze Gruppenbild!«

Das war zwar eine üble Beleidigung, aber vermutlich mit Wahrheit behaftet, denn Anna wusste wie der Hase lief. Es musste sich also an meinem Auftreten grundlegend etwas ändern.

Es stimmte ja auch. Irgendwie war mein Modebewusstsein mit der Einschulung verlorengegangen.

Zuvor hatte ich wie verrückt alle möglichen Farben und Muster ohne irgendein Konzept miteinander kombiniert und mich toll damit gefühlt.

Meine Mutter sagte einmal zu mir, ich sähe aus wie ein Papagei. War wahrscheinlich nicht unbedingt als Kompliment gemeint. Ich fand's aber trotzdem gut. Papageien waren doch schwer in Ordnung – so wie ich, das passte also.

Diese selbstbewusste Einstellung tauschte ich ein gegen einfarbige dunkle Strickjacken und langweilige Jeans.

Mit meinen Haaren war nicht viel zu machen, aber klamottentechnisch musste mehr gehen.

Diese weißen Buffalos waren also der ganz heiße Shit.

Damit würde ich der Star unter den feschen Grundschul-Girls sein!

Als ich dann auch noch dazu überging, mein Outfit durch ein pinkfarbenes, bauchfreies T-Shirt und eine hellblaue Jeans mit gewaltigem Schlag, die an den Seiten mit einem hellbraunen Lederband zugeschnürt wurde, zu ergänzen und im Winter keine fetten Jacken mehr zu tragen, um nicht wie ein Michelin-Männchen auszusehen, lachte niemand mehr über meine Kleidung.

Ich sah einfach ultra-fancy aus. Damit war ich auf dem richtigen Dampfer, das spürte ich einfach.

Doch kaum hatte ich mir in Kinderkreisen Respekt verschafft, tauchte eine neue Gruppe von Menschen auf, die über mich lachten: die Lehrerinnen.

Ohne Scheiß, die lästerten total über mich ab. Und über meine Eltern, die mich so herumlaufen ließen.

Das Mädchen bestimmt selbst, was es anzieht – das muss man sich mal vorstellen! Wo kommen wir denn da hin?!

Ich weiß nicht, ob sie mit Absicht laut sprachen oder nur nicht bemerkten, dass ich in Hörweite stand, jedenfalls bekam ich oft mit, was sie sagten, und schämte mich ein bisschen. Weil ich nicht wollte, dass meine Eltern für meinen Kleidungsstil herhalten mussten, dachte ich, es sei ein Kompromiss, im Winter eine dickere Strickjacke über dem bauchfreien Shirt zu tragen.

Die dicke, riesige, blaue Winterjacke, die mir gekauft worden war, wollte ich partout nicht anziehen. In das Teil hätten mich keine zehn Pferde mehr reinbekommen. Mir war sowieso nie kalt. Ich trug nicht mal Handschuhe oder einen Schal. Da stand ich drüber.

Brauchte ich alles nicht, den ganzen Klimbim.

Den Lehrerinnen reichte die Strickjacke jedoch immer noch nicht und sie fragten mich jede Pause ungefähr dreizehn Mal, ob mir nicht kalt sei. Ich verstand die Frage nicht und erwiderte stets, wenn mir kalt wäre, würde ich mir doch eine wärmere Jacke anziehen. Aber mir war eben nicht kalt. Dafür war ich zu abgehärtet.

Sicherheitshalber erwähnte ich beiläufig, dass Papa und Mama mir eine total warme Winterjacke gekauft hatten, fügte aber nochmals hinzu, dass ich sie nicht brauchen würde, weil ich nicht fror.

Es war ein Teufelskreis, egal, was ich tat, irgendwer hatte permanent etwas an mir auszusetzen. Wie machten das bloß die anderen?

Irgendwie kam ich einfach nicht dahinter, dass man es nicht allen recht machen und nicht von allen gemocht werden konnte. Hatte mir bis dato auch noch niemand erklärt. Um das zu kompensieren, was auch die angesagten Klamotten nicht besser machen konnten, erfand ich Geschichten.

Ich übertrieb die Realität und spann mir eine aufregende Parallelwelt zusammen, in der ich haufenweise gefährliche, heldenhafte, tolle Dinge tat und erlebte.

Zum Beispiel damals, als ich meinen großen Bruder rettete. Es war Folgendes passiert:

Einem Auftrag meiner Mutter folgend, rannte ich eines sonnigen Frühlingstages die Treppe hinauf, rief schon beim Öffnen der Zimmertür: »Tim, Essen ist fer...« und blieb wie vom Donner gerührt stehen.

Mein großer Bruder war zwar da, doch er war nicht allein.

Dicht, sehr dicht, erschreckend dicht, neben ihm auf dem Bett saß ein blondes Mädchen und kicherte, als sie meine vor Schreck geweiteten Augen sah.

Ihre Hände verhakten sich verdächtig in die Hände meines Bruders und überhaupt deutete auch sonst alles darauf hin, dass sie gerade das hatten tun wollen, was alle Erwachsenen taten. Nämlich sich gegenseitig in den Mund sabbern.

Schockiert ergriff ich die Flucht, während die Lavalampe auf dem Nachttisch still vor sich hin waberte.

Das wollte ich so nicht. Ich konnte nicht gutheißen, dass ein fremdes Mädchen in unser Haus kam, um meinen Bruder vollzusabbern. Ganz klar, ich musste ihn retten!

Die Realität verhielt sich nur leider dergestalt, dass ich mich total eingeschüchtert in der Werkstatt versteckte und nicht die Absicht hegte, wieder herauszukommen, solange diese Frau sich nicht vom Acker gemacht hatte.

In meiner Fantasie hingegen verkörperte ich *die* taffe, selbstbewusste, mutige Superheldin schlechthin. Erhobenen Hauptes stolzierte ich zurück an den Tatort, packte die Sabberfrau am Schlafittchen, riss sie von meinem großen Bruder fort, der ihr willenlos ausgeliefert war, und beförderte sie letztendlich in einem heroischen Akt der Ritterlichkeit vor die Tür, wo ich ihr großzügigerweise noch etwas von meinem Taschengeld zusteckte, damit sie sich ein Taxi rufen konnte. So war ich eben. In meiner Fantasie zumindest.

Tatsächlich erlebte ich ja auch wirklich sehr viele, sehr tolle Dinge. Gut, vielleicht keine Heldenstorys, aber im Grunde doch ganz passable Abenteuer.

Es blieb jedoch immer das Gefühl, nicht gut, nicht witzig, nicht mutig, nicht stark genug zu sein, nicht genug bieten zu können. Deshalb motzte ich die Ereignisse eben oft ein bisschen auf.

Da ich schon immer eine blühende Fantasie besaß und gelegentlich auch Elemente meiner sehr lebhaften Träume mit einfließen ließ, kam es vor, dass ich mitunter gar nicht mehr so genau wusste, was tatsächlich

der Wahrheit entsprach und was davon ich mir nur ausgedacht hatte.

Ich musste das fertige Konstrukt nicht einmal jemandem erzählen, um mich besser zu fühlen, meist reichte es
schon, es mir nur auszudenken.

Dieses Vorgehen half mir, der Realität, in der ich immer öfter eine innere Leere und Unruhe verspürte, zu
entgehen. Zumindest für den Moment fühlte ich mich frei
und unbezwingbar.

Kapitel 7

In kleinen Dörfern gibt es im Großen und Ganzen für Jugendliche zwei zentrale Anlaufstellen: den Spielplatz und die Bushaltestelle.

Oft kommt noch die Freiwillige Feuerwehr hinzu, in die früher oder später jeder Teenager eintritt, weil er sonst nichts mit sich anzufangen weiß.

Mein Ding war das nicht.

Generell waren Vereine nichts für mich. Der Gedanke an eine Interaktion mit anderen Menschen machte mir einfach zu viel Angst.

Ich hätte missverstanden werden, mich blamieren, Dinge nicht hinbekommen können. Zack, Stempel drauf, Loserin. Nein, danke, Außenseitertum kannte ich auch so schon zur Genüge.

Von den Bushaltestellen gab es immerhin gleich zwei.

Richtig angesagt war aber eigentlich nur die Gaststätten-Busse. Die hieß so, weil sie direkt neben dem Gasthaus stand und weil sich »Busse« viel besser anhörte als Bus-halte-stelle.

Sofern man sich traute, konnte man in besagtem Wirtshaus Eis am Stiel und allerhand klebriges Gummizeug kaufen.

Ich traute mich eigentlich nie. Zumindest nicht allein.

Mir war die stickige, dämmrige Bude, in der alte Männer rauchend an schweren Holztischen saßen und einen anglotzten, wenn man durch die Tür hereinkam, nicht geheuer. Den Inhaber mochte ich auch nicht, obwohl Mandy sehr gut mit ihm vertraut war. Ein Onkel oder so. Ich stieg nie durch bei diesen Familiengeschichten.

Außerdem beschlich mich zunehmend das Gefühl, die Erwachsenen würden sich über meine Schüchternheit lustig machen.

Nicht nur in der Gaststube war mir das aufgefallen. Ich war ja nicht blöd. Auch bei den Kindergeburtstagen meiner Klassenkameradinnen, welche ich zu besuchen genötigt wurde, hatte ich bereits geahnt, dass sich die Leute nicht meiner witzigen Art wegen amüsierten.

Meinem Weinen und Zetern zum Trotz karrten meine Eltern mich aufgrund des Mindestmaßes an sozialen Kontakten, die Kinder nun einmal haben sollten, zu diversen Geburtstagsfeiern und argumentierten:

»Hinterher wirst du es ganz toll finden und froh sein, dass du doch hingegangen bist.«

Am Arsch! In neunzig Prozent der Fälle traf das nicht zu.

Jedenfalls dann nicht, wenn mehrere Erwachsene mich beobachteten, während ich still meine Benjamin-Blümchen-Torte aß, leise Sachen zueinander sagten, anschließend kollektiv lachten und ich mich tagelang fragte, was ich denn nun wieder so Lustiges gemacht hatte.

Leider kam ich nie dahinter. Es musste irgendetwas mit meinem Verhalten zu tun haben. Lag es daran, dass ich so schüchtern war, dass sich meine Kehle zuschnürte und ich kein vernünftiges Wort herausbrachte?

Dass ich mich am Tisch in Gesellschaft anderer Leute

so extrem unwohl fühlte, dass ich permanent in Alarmbereitschaft auf der äußersten Stuhlkante saß, um jederzeit aufspringen und weglaufen zu können? Oder war es, weil ich es nicht als spaßig erachtete, wenn dann irgendein männlicher Verwandter der Gastgeberin meinte, ich könne auch auf seinem Schoß sitzen, wenn mir der Stuhl nicht gefiele? Vielleicht erweckte auch die Tatsache, dass ich meist Angst vor den größeren Brüdern meiner Freundinnen hatte, diese Heiterkeit.

Besonders die großen Brüder hatten nämlich erstaunlich oft Ähnlichkeit mit den alten Männern. Sie schienen eine perfide Freude daran zu finden, kleine Mädchen zu verarschen.

So kam es beispielsweise, dass wir eines kalten Wintertages auf dem Geburtstag meiner Freundin Franzi einen Klingelstreichspaziergang machten und mich Thorben, ihr ältester Bruder, den ich insgeheim ganz cool fand, vor versammelter Mannschaft zu sich rief. Ich freute mich über diese unerwartete Zuwendung seinerseits und darüber, dass er sogar mit mir reden wollte. *Er*, mit *mir* reden, Wahnsinn!

Nie hätte ich gedacht, dass er mich überhaupt wahrnahm. Was hatte er mir nur zu sagen? Womöglich mochte er mich ja sogar auch!

Er wolle mir etwas geben, er habe da etwas für mich, nur für mich, hörte ich ihn rufen. Verschüchtert, aber in freudiger Erwartung bahnte ich mir den Weg zu ihm – da klatschte er mir, unter dem Gelächter aller, mit voller Wucht einen Schneeball auf den Kopf und rieb mir, wo er doch schon einmal dabei war, auch gleich noch ein bisschen davon ins Gesicht. Am liebsten hätte ich geheult, aber das ging natürlich nicht, deshalb versuchte ich krampfhaft so zu tun, als fände ich diesen Scherz auch wahnsinnig gelungen. Haha, ja, echt witzig, Thorben, selten so gelacht. Ich schämte mich sehr. Wie naiv ich immer war! Außerdem fragte ich mich, ob mir einfach die Fähigkeit fehlte, über mich selbst zu lachen. Doch so sehr ich mich auch anstrengte, ich konnte partout nichts Amüsantes daran finden, von anderen vorgeführt zu werden.

Im Mittelpunkt der Aufmerksamkeit wollte ich auch nicht stehen, denn das bedeutete, dass alles, was ich tat, be- und verurteilt wurde. Unter diesem Druck und der Furcht, etwas Falsches zu tun, war es, als legte sich ein Schalter um, und zack, funktionierte ich nicht mehr einwandfrei.

Mein Körper gehorchte mir dann nicht mehr, er machte einfach, was er wollte, mein Mund sagte vor Angst entweder gar nichts oder irgendetwas, das andere für superdumm hielten. In meinem Kopf war in solchen Momenten nur Leere und in meinem Hals ein Kloß.

So zum Beispiel auch, wenn es darum ging, in der Gaststätte Süßigkeiten zu besorgen.

Man kam da rein und umgehend war man der Mittelpunkt des Universums.

»Ach, guck an, die kleene Malina mal wieder!«

Und schwuppdiwupp war die kleine Malina erstarrt und hätte alles dafür gegeben, unsichtbar zu sein.

Egal, was ich jetzt tat, es würde von trägen Alt-Männer-Augen verfolgt, alles, was ich sagte, würde auf die Goldwaage gelegt werden. Ich konnte nur verlieren.

»Haha, hat's dir die Sprache verschlagen? Ach, wir beißen doch nicht! Oder Joachim, beißen wir etwa?!«

»Georg, du alter Witzbold, haha, nee, wir beißen nich, keene Angst, Kleene, wir beißen nich, nur so schüchterne

Mädchen manchmal, aber nur die mit blonden Locken, hahahaha.« Und so ging das immer weiter, bis ich mich zum Tresen vorgequält und bestenfalls einfach alles um mich herum ignoriert hatte. Dann kam allerdings noch der Rückweg.

»Oooch, da verlässt se uns schon wieder. Joachim, guck mal, die kleene Malina hat genug von deinen dummen Sprüchen! Hahahaha.«

»He, Mädchen, wir machen doch nur Spaß, dit weißte doch! Wir beißen ja nich, wir sind ganz lieb!«

Alte Männer machen gern beknackte Witze, die eigentlich gar keine sind und über die niemand lacht außer ihnen selbst, fand ich schnell heraus.

Ich war schwer gestresst ob dieses Süßigkeitendilemmas. Um trotzdem an Gummibärchen und Schlümpfe zu kommen, schickte ich meinen kleinen Bruder in die Höhle des Löwen, aber für ihn war es nicht ganz so schlimm, denn er war ein Junge, kein blondes Mädchen. Manchmal ging auch Mandy rein und ich versteckte mich hinter ihrem Rücken, da sie vollkommen immun gegen Alt-Männer-Witze schien und somit ein gutes Schutzschild bot.

Die Gaststätten-Busse war ein kleines Häuschen aus Holz und roten Ziegelsteinen. Darin befanden sich zwei Bänke, in die alle, die cool waren, etwas einritzen konnten.

Für die Loser-Kinder war das tabu, denn auf diesen Möbeln durfte nur sitzen, wer wirklich angesagt war. Der Rest hatte draußen zu bleiben, es sei denn, es regnete, da wurde netterweise auch schon mal eine Ausnahme gemacht.

Ich stand immer draußen. Meistens sogar bei Regen, denn auch ich hatte meinen Stolz.

Allein schon, weil Kevin dazugehörte beziehungsweise zusammen mit seinem kleinen Bruder Tom und drei Mädchen den harten Kern der ganzen Sache bildete, wollte ich sowieso gar nicht mit denen da drinnen sein.

Die übrigen Mitglieder der knallharten Fishbone-Eastpack-Bande wechselten je nach aktuellem Beliebtheitsgrad.

Das heißt, beliebt war eigentlich niemand von denen. Zumindest nicht bei jenen, die nicht dazugehörten, und das waren ja quasi alle anderen. Bei den Erwachsenen sowieso nicht.

Eher gefürchtet. Oder belächelt.

Manch ein Ausgeschlossener sah vielleicht neiderfüllt zu ihnen auf, wollte auch gern so abgebrüht und gangstermäßig drauf sein wie sie, spürte aber, dass er dieses Ziel niemals erreichen würde und fügte sich in sein Schicksal als unbedeutender Nebencharakter. Oder er versuchte, durch Einschleimen ein Stein ins Brett zu bekommen.

Sympathie aber war da nie im Spiel.

Mandy hätte – ohne mich im Schlepptau – sicher auch dazugehört, so aber hatte sie ziemlich schlechte Karten. Da wir jedoch auch das grundlegende Bedürfnis verspürten, den Geschmack des Dazugehörens zu kosten, schlichen wir uns zu den unmöglichsten Tageszeiten in das Häuschen, setzten uns auf die Bänke, ritzten irgendwelches Zeug in das Holz und kamen uns sehr clever vor.

Allerdings war das dortige Sitzen kein Vergnügen. Es stank nach Pisse, da nicht nur die Jugendlichen, sondern auch die Dorfalkoholiker die Bushaltestelle als Zufluchtsort nutzten. Außerdem war alles ganz glitschig und klebrig von der Rotze, die Kevin und Kumpanen aus purer Lässigkeit überall hinspuckten.

Rotzen war damals eine große Sache. Es war quasi das Marken-Sneaker-Tragen der 2000er.

Wer etwas auf sich hielt, der rotzte kreuz und quer in der Gegend herum.

Na ja, dachten wir uns, wer dabei sein will, muss leiden. Also unterdrückten wir unseren Ekel, saßen tapfer in der ranzigen, stinkenden Hütte und erzählten uns zur Ablenkung den neuesten Dorfklatsch. Das war nicht schwer. Irgendwer hatte immer etwas über irgendwen gehört.

Jede Familie hatte ihre Leichen im Keller. Uneheliche Kinder, geschlagene Ehefrauen, Affären, Stasi-Vergangenheit oder im Verborgenen lebende Söhne mit Behinderung. Das reinste Gruselkabinett.

Niemand war sicher vor den Gerüchten, die in einem so kleinen Dorf automatisch wie Pilze aus dem Boden schossen, doch manche traf es öfter als andere und meist steckte ein Fünkchen Wahrheit in dem Gerede.

Das meiste kapierten wir gar nicht, sondern plapperten einfach nach, was irgendwer von dem Onkel der Nichte des Briefträgers gehört hatte.

Wurde dann immer ziemlich schnell ziemlich langweilig. Irgendwie brachte es das nicht. Irgendetwas fehlte.

Mandy meinte, es seien Zigaretten.

Doch da wir a) viel zu jung waren, b) Rauchen das Ekligste war, das wir uns vorstellen konnten, und es c) sowieso keinen Wert gehabt hätte, ohne gesehen zu werden, allein in einer Bushaltestelle vor sich hin zu qualmen, verwarfen wir diesen Plan zunächst.

Allerdings griffen wir ihn wieder auf, als uns partout nichts Besseres einfallen wollte.

Wir gingen also zum Zigarettenautomaten neben der

Tür der Gaststätte und Mandy opferte ihr Taschengeld für eine Packung Marlboro.

Ich war noch nicht zur Gänze überzeugt von der Aktion, hielt aber den Mund. Außerdem hätte ich lieber Camel oder Gauloises gekauft, weil das das Einzige war, das mir bekannt vorkam. Aber gut, die Kennerin wollte Marlboro, also gab es Marlboro.

Da aber immer noch a), b) und c) zutrafen, steckten wir uns schließlich die Zigaretten unangezündet in den Mund, schlenderten betont lässig auf dem Gehweg einmal quer durchs Dorf und taten so, als wären wir die härtesten Draufgängerinnen dieses Planeten.

Dummerweise war jedoch niemand unterwegs, der uns anerkennend hätte zunicken können – oder was auch immer wir uns von dieser Aktion erhofft hatten.

Den Respekt der Dorfkinderszene konnten wir also vergessen. Schöner Mist. Hatte uns ja auch nur unser Taschengeld und unsere Würde gekostet …

Kapitel 8

Wenn wir nicht gerade an unserer Prestigesteigerung arbeiteten, nutzten wir andere Möglichkeiten der Freizeitgestaltung. Sofern Kreativität und Erfindungsreichtum keine Fremdwörter für einen darstellten, konnte man nämlich auch ohne Bushaltestelle, Feuerwehr oder Spielplatz eine ganze Menge erleben.

Eine alte von Maschendrahtzaun umgebene Müllkippe hinter unserem Haus, diverse Seen, Bäche und Brücken, eine kleine Insel, Sandberge, Heuballen, hoch aufgestapelte Betonplatten, auf denen wir Indianer spielten.

Nicht Cowboy *und* Indianer, nur Indianer. Cowboys fand ich scheiße. Ich wünschte mir immer sehr, eine echte Indianerin zu werden, wenn ich einmal erwachsen sein würde.

Piratin wäre aber auch okay gewesen. Oder Räubertochter. Hauptsache nicht Alkoholiker, denn dann lag man wie ein Mann aus dem Nachbardorf oft im Straßengraben oder nachts halb auf der Straße. Das stellte ich mir nicht sonderlich bequem vor.

Andere tolle Erlebnisse waren unsere Picknicke, die wir auf dem alten Friedhof, der Müllkippe oder im Garten des Gemeindehauses veranstalteten.

Der Friedhof befand sich unmittelbar neben unserem

Haus, war aber schon damals so gut wie verwaist. Hier waren auch Menschen aus dem zwei Kilometer entfernten ehemaligen Dorf Strelkow beerdigt worden. Dessen Bewohner waren teilweise in der Nacht vom 30. Mai 1952 im Zuge der »Aktion Ungeziefer« zwangsumgesiedelt worden. 1974 wurde der kleine Ort endgültig dem Erdboden gleichgemacht, da er direkt an der Grenze zum Westen lag.

Hin und wieder kamen noch ein, zwei Angehörige, pumpten Wasser aus dem grünen Brunnen und pflegten die Gräber. Heute kommt niemand mehr, die Grabsteine sind umgestürzt, zerbrochen oder von Büschen und Gräsern verdeckt. Die Kapelle wurde abgerissen.

Zu gern hätte ich als Kind eines der Gräber ausgebuddelt, um ein echtes Skelett zu finden, doch meine Eltern waren leider der Ansicht, dass das nicht ginge.

Von dem 121-Einwohner-Dorf Strelkow existiert lediglich noch ein einziger Hof mit verfallenen Gebäuden.

Am Baggersee erinnert ein Gedenkstein an die Geschichte des Ortes.

2005 wurden als Andenken an die sechzehn geschleiften Höfe sechzehn Bäume gepflanzt.

Außerdem errichtete man als Gedenkstätte einen Originalnachbau der Grenzanlagen.

Sie bestand aus circa drei Meter hohem Maschendrahtzaun, Gräben, einem tarnfarbenen Bunker mit Schießscharten und einem Schild mit der Aufschrift »Achtung, Minen! Zurückbleiben. Lebensgefahr«.

Drum herum einige Erklärungstafeln für Besucher.

Ich hatte Angst vor diesem Ort. Während die anderen Kinder ausgelassen kreischend auf dem Bunker herumkletterten, machte ich mir Sorgen, die Soldaten könnten heimlich zurückgekommen sein und jeden erschießen, der sich der Anlage näherte. Zack, bumm, alle tot, Ruhe im Karton.

Außerdem könnten die Kinder doch jeden Augenblick auf eine Mine treten und zerfetzt werden!

Ich kniff die Augen zusammen und wartete schon auf das Geräusch, das alle töten würde.

Wie hörte sich eine Minenexplosion denn an? Hatte der Mensch noch Zeit zu schreien?

Dass das Schild nicht ernst gemeint sei, konnte ich mir nicht vorstellen. Wozu hätte es sonst jemand dort aufstellen und das Gelände mit einem Zaun absichern sollen? Das Wort »Gedenkstätte« erschloss sich mir in seiner Bedeutung noch nicht vollständig.

Wir badeten im Sommer beinahe jeden Tag im Strelkower See, doch um diese Nachbildung der Grenzanlagen machte ich stets einen großen Bogen.

Auf zwei Wegen konnte man nach Strelkow gelangen. Linksherum und rechtsherum. Das eine war die normale, öffentliche Straße, den anderen Zugang nutzten gelegentlich die Einheimischen, wenn sie etwas Abwechslung beim Spazierengehen suchten. Ein alter, holpriger Plattenweg führte am Deich entlang, vorbei an einem Streifen kargem, sandigem Boden, an dessen Rändern Kiefern wuchsen. Eine Betonsäule mit verblassten schwarz-rot-goldenen Streifen stand dort einsam herum.

Hier verlief früher eine Grenze, hatte man mir erklärt. Die sollte Menschen daran hindern, aus dem Land, das es heute nicht mehr gab, in das Land, das es heute schon noch gab, zu fliehen. Weil die Leute aber trotzdem flohen, vergrub man gemeinerweise Minen im Boden. Wenn sie da nämlich drauftraten, gingen sie in den meisten Fällen nirgends mehr hin.

Damit das auch wirklich funktionierte, buddelte man die Dinger nicht nur direkt in Strelkow ein, sondern auch großzügig drum herum.

Ich mochte diesen Plattenweg nicht und ging nicht gerne dort entlang.

Ständiger Begleiter war dabei die Furcht, es könnten noch immer Minen versteckt sein und auch mir ein Bein abreißen. Zwar wurde mir mehrmals versichert, Experten hätten damals, als die Grenze geöffnet wurde, dafür gesorgt, dass alles entfernt wurde, was eine Gefahr darstellen könnte. Doch wer garantierte mir denn, dass die Arbeiter auch wirklich gründlich genug vorgegangen waren?

Und wo waren diese Leute jetzt? Ich hätte sie gerne mal gefragt, ob sie ganz sicher überall gesucht hatten. Bei uns im Dorf hatte ich noch niemanden gesehen, dem irgendwelche Körperteile fehlten. Sie mussten extra von weit her gekommen sein, um unsere Minen auszugraben, diese Experten. Sehr mutige Menschen mussten das gewesen sein, denen Arme und Beine nicht so wichtig waren. Ich bekam ein schlechtes Gewissen, weil diese Leute sich aufgeopfert, die Minen ausgebuddelt hatten, obwohl sie genau gewusst haben mussten, dass die dann explodieren.

Was für ein schrecklicher Job!

Ich hätte mich das nie getraut.

Kapitel 9

Das Haus, in das meine Eltern und mein großer Bruder damals gezogen waren, war eine alte Mühle.

Das konnte man allerdings nur wissen, wenn es einem jemand sagte, denn rein optisch ließ sich dieser frühere Verwendungszweck nur mit geschultem Auge erkennen – Flügel gab es zum Beispiel leider keine. Dafür aber einen dicken, viereckigen Turm neben dem Haupthaus und zwei alte Mühlsteine im Garten.

Mein Papa, der Tischler war, hatte Wände eingerissen, Fenster, Türen und Böden erneuert, Fliesen und Leitungen verlegt und so ein wunderbares Zuhause für seine nach und nach immer größer werdende Familie geschaffen.

Mit diesem Familienzuwachs, den man mitnichten vorher mit mir abgestimmt hatte, war ich zunächst nicht gut zurechtgekommen.

Plötzlich waren da Zwillingsgeschwister gewesen. Ein Junge und ein Mädchen. Einfach so, von einem Tag auf den anderen! Und als hätte das noch nicht gereicht, war etwas über ein Jahr später aus heiterem Himmel noch eine kleine Schwester dazugekommen.

Die ganze Zeit hatten die Knirpse unnötig laut geschrien und so übertrieben viel Aufmerksamkeit beansprucht, dass selbige für mich nicht mehr vollumfänglich zur Verfügung gestanden hatte.

Außerdem waren sie so winzig gewesen, dass ich nichts mit ihnen anzufangen wusste. Wie unfair das gewesen war! Drei Geschwister, aber keines davon eine große Schwester! Zugeben musste ich allerdings, dass es doch auch ein bisschen cool war, selber große Schwester zu sein, und inzwischen waren die Drei ja immerhin so weit, dass man mit ihnen draußen herumtoben und Abenteuer erleben konnte. Also alles okay, es hätte wesentlich schlimmer kommen können.

Übers Kinderkriegen hinaus waren meine Eltern sehr interessiert an der Gestaltung des riesigen Gartens. Tausende Stunden verbrachten wir auf Gartenausstellungen, in Blumenläden und vor allerlei Rosensträuchern, weil sie sich nicht einig wurden, welche Pflanze nun besser neben die ganzen anderen Pflanzen passen würde und welcher Name welcher Rose schöner sei.

Es wurden Gemüse- und Blumenbeete, ein Sandkasten, Wege und Hecken angelegt, Beerensträucher und Bäume gepflanzt, eine Hängematte gespannt, Schaukeln gebaut und diverse Male mit mäßigem Erfolg versucht, einen Teich in den unteren Teil des Gartens zu integrieren.

Dafür musste sogar mein mühsam erbautes und von mir selbst bemaltes Baumhaus weichen, obwohl der dumme Teich eh nie fertig werden würde. Das prophezeite ich sofort.

Ich jedenfalls würde keine Wassereimer hintragen, um ihn zu füllen, so viel war mal sicher! Dafür war ich viel zu sauer. Ich meine, es hätte niemandem geschadet, wenn der beknackte Tümpel ein paar Meter kleiner gewesen wäre und mein Baumhaus am Ufer hätte stehen können.

Anfangs hatte ich mir schon sehnsüchtig ausgemalt, wie toll es werden würde, wenn ich von der Terrasse meines kleinen Häuschens in den Gartenteich spränge – aber gut, Erwachsene denken pragmatisch, nicht fantastisch. Das begriff ich damals.

Trotzdem liebte ich unser Grundstück über alles. Es war mein Zuhause, meine Heimat, mein Heiligtum. Es gab Millionen Dinge zu entdecken und als sich der halbfertige Weiher tatsächlich für einige Zeit mit Wasser füllte, sprang ich mit Klamotten hinein und sagte zu meinen Eltern, ich sei zufällig reingefallen. Mein kleiner Bruder und ich sammelten am Strelkower See Frösche ein, um sie bei uns anzusiedeln. Wenn schon Delphine aus irgendwelchen Gründen nicht möglich waren, dann musste ich eben auf heimische Tierarten zurückgreifen.

Leider wurde daraus nichts, denn am nächsten Tag versuchte mir mein Vater möglichst schonend beizubringen, dass sämtliche Frösche mit dem Bauch nach oben tot im Wasser dümpelten.

Ich war am Boden zerstört. Ich hatte sie umgebracht! Was hatte ich nur falsch gemacht?

Diese Schuld würde ich niemals begleichen können! Alpträume suchten mich heim, es war entsetzlich.

Glücklicherweise blieb dieser auf ewig unfertige Teich nicht ausschließlich mit Negativem behaftet, sondern sorgte auch für einige tolle Erinnerungen. Zum Beispiel, wenn das Hochwasser kam. Es überschwemmte den gesamten hinteren Garten, wobei der Teich zu einem gigantischen See mutierte. Sobald es kälter wurde und das Wasser gefror, konnte man im ganzen Garten Schlittschuh laufen!

Nicht, dass es sonst an großen, gefrorenen Flächen

gemangelt hätte. Nein, ganz und gar nicht, denn natürlich waren auch alle umliegenden Wiesen und Felder überschwemmt worden. Das kleine Dorf war eingeschlossen von milchigen Spiegelflächen. Wenn es taute, schwappten die Wellen der neuen Seen über die Straßen und schnitten Hinterelbe von der Außenwelt ab.

Zum Einkaufen, zum Arzt oder zur Arbeit gelangte man nur noch über Schleichwege. Obgleich die Erwachsenen das Hochwasser fürchteten und um ihre Keller und Gärten bangten, liebte ich es sehr. Jedes Jahr hoffte ich insgeheim, die Flüsse würden erneut über die Ufer treten. Es war ein atemberaubendes Naturschauspiel. Plötzlich war die Luft erfüllt vom Geruch nach Schlamm und Muscheln.

Überall schwammen unbekannte kleine Käfer herum, lagen Sandsäcke, mussten die Männer nachts zur Deichwache, versanken die Bäume im Wasser. Wenn ich durch die Natur spazierte und dabei umgeben war von Wellen, die der Wind an die Seiten der Deiche peitschte, und ich bald nicht mehr wusste, ob ich mich noch in Hinterelbe oder vielleicht doch schon an der Ostsee befand, dann war ich glücklich. Mit einem Mal hatten wir ein Meer vor der Haustür! Sehr wünschte ich mir, eines Tages mit einem kleinen Boot über die überschwemmten Wiesen fahren zu können. Weit weg würde ich paddeln, erst an der Kirche und dem Spielplatz vorbei, dann hinaus aus dem Dorf, bis ich an das echte Meer käme.

Dann würde ich ein paar schöne Steine sammeln und zurückrudern. Mama sagte, das sei verboten. Wenn man erwischt würde, müsse man Strafe zahlen, und für die reiche mein Taschengeld nicht aus. Ich verstand das nicht.

Erwachsene hatten immer Angst. Ganz besonders vor dem, was sie Konsequenzen nannten. Über diese Angst vergaßen sie, genau hinzuschauen und all das Schöne zu erkennen. Sie vergaßen die Abenteuer. Doch ich nicht! Ich würde niemals erwachsen werden! Und wenn doch, dann würde ich zumindest keine Angst haben und ganz tief in mir drin immer ein Kind bleiben. Das schwor ich mir, als das Hochwasser zurückging und unzählige kleine Schneckenhäuschen auf den vergilbten Deichhängen zurückließ.

Neben meinen zahlreichen Geschwistern erweiterte sich unsere Familie mit der Zeit auch um diverse Tiere. Über die Jahre kamen und gingen Pferde, unser Hund Pepe, Katzen, Meerschweinchen und Hasen. Besonders die Katzen gingen ständig – nämlich über die Straße vor dem Haus und das endete in sehr vielen Fällen nicht so gut.

Aber es kamen unentwegt neue. Es gab, soweit ich mich erinnern kann, keine Zeit, in der wir keine Katzen hatten, und das, obwohl andauernd welche überfahren wurden.

Da konnte man nur froh sein, dass uns Kinder ein großes Holztor von der Straße trennte und unsere kleine Welt in *sicher* und *unsicher* teilte.

Wie mir schien, waren *Trennung* und *Teilung* sowieso zwei zentrale Begriffe unserer Region. Das musste irgendetwas mit dieser Grenze von früher und den Minen zu tun haben. So ganz blickte ich es noch nicht.

Erst ein paar Jahre später, als der MDR einen Bericht über unsere Kegelbahn ausstrahlte und die »gelebte Wiedervereinigung« lobte, da sich in dieser Einrichtung ältere Damen und Herren sowohl aus Niedersachsen als auch aus Sachsen-Anhalt die Klinke in die Hand gaben, erschlossen sich mir die Zusammenhänge etwas besser.

Bunte Kugeln auf eine Bahn zu schmeißen, war damals nicht unbedingt mein Ding. Daher suchte ich stattdessen lieber mit Mandy und meinem kleinen Bruder den total geheimen Geheimgang, der sich irgendwo in der Nähe des dorfeigenen Sees befinden musste und angeblich noch aus der Zeit stammte, als dort ein Schloss gestanden hatte.

Uns war zu Ohren gekommen, man hätte diesen Gang früher als Fluchttunnel angelegt und mit Abriss des Schlosses sei auch er verschwunden.

Das schrie ja förmlich nach Abenteuer!

Mit Schaufeln gewappnet zogen wir also los in den Wald. Aus irgendeinem Grund führte uns unser herausragender Spürsinn prompt an die richtige Stelle. Zwar fanden wir keinen Geheimgang, was möglicherweise daran lag, dass es gar keinen gab, stießen dafür aber auf etwas viel Besseres!

Dort im Wald befand sich eine Art künstlich aufgeschütteter Hügel – ganz sicher ein Grabhügel! Sowas kannte ich schon aus den 3sat- und Arte-Dokus! Da war allerdings immer von Wikingerkönigen in Skandinavien, Pharaonen in Ägypten oder sonstigen wichtigen Typen die Rede, eher selten hingegen von alten Adelsgeschlechtern in der ehemaligen DDR-Provinz. Hätten die ruhig mal zeigen können, dass wir hier auch sowas hatten!

Als wir nach kurzer Suche über zwei echte, umgestürzte, moosbewachsene Grabsteine stolperten, sah ich mich in meiner Annahme bestätigt. Des Weiteren entdeckten wir zwei Aushebungen, die wie Gräber aussahen, allerdings an den Seiten mit Ziegelsteinen befestigt waren. Vielleicht doch der geheime Geheimzugang? Wir fanden es nie heraus, da die Grabsteine unsere ganze Aufmerksamkeit in Anspruch nahmen. War ja auch viel besser, als in einem engen dunklen Tunnel herumzukriechen. Es war kalt und windig. Außerdem wurde es langsam dunkel. Meinen kleinen Bruder gruselte es sehr. Im Nieselregen versuchten wir, die verschnörkelten Inschriften zu lesen, und waren uns sicher, den Namen des Adelsgeschlechts zu entziffern, welches in dem Schloss residiert hatte. Wir buddelten ein bisschen auf dem Hügel herum und stießen bald auf einen riesigen Schädel mit einem Loch in der Stirn.

Leider nicht von einem Menschen, sondern eher von einer Kuh, die offensichtlich erschossen worden war. Meinem Bruder erzählten wir trotzdem, wir hätten einen echten Dinosaurierkopf gefunden. Das gab ihm den Rest und er ergriff panisch die Flucht.

Komischerweise gingen wir nie wieder zu jener Stelle im Wald.

Was mit dem Kuhschädel geschah? Ich nahm ihn mit nach Hause, wusch ihn ab und legte ihn in den Garten, wo ihn Jochen entdeckte. Jochen war ein Freund von Mama und Papa. Er war außerdem neben Peter Lustig, von dem ich mindestens die Hälfte meines Allgemeinwissens habe, der Held meiner Kindheit.

Augenscheinlich lebte er das Leben, das ich mir für mich selbst wünschte, wenn ich einmal groß sein würde.

Wild, frei, frech und unabhängig.

Zwar war er kein richtiger Pirat oder Indianer, aber er kam schon verdammt nah ran.

Zusammen mit meinem Papa und ein paar anderen Leuten, die auf seinem Grundstück in Bauwagen lebten, hatte er ein pavillonartiges Holzhaus errichtet, in dessen Mitte es eine Feuerstelle gab.

Er hatte einen Hund namens Spike, ein Plumpsklo und einen kleinen Schuppen mit selbstgebauten Lehmwänden.

Ständig rettete er irgendwelche Tiere, wie beispielsweise eine Elster oder eine Nutria, die er aufzog, bis sie groß waren oder die leider vorher starben. Mal hütete er eine kleine Schafherde, mal arbeitete er als Gärtner. Dann wiederum flocht er Möbel aus Stöcken, fuhr mit dem Liegefahrrad durch die Weltgeschichte oder kaufte eines der verlassenen Fachwerkhäuser im Dorf, in das Mandy und ich früher immer heimlich eingestiegen waren, um im Keller nach alten Einmachgläsern und Konserven zu suchen. Er baute es aus und um und bald war nicht mehr zu erkennen, dass es einst verwaist und heruntergekommen war.

Jochen war für mich stets der Beweis dafür, dass es möglich ist, mit wenig Geld ein freies Leben zu führen.

Irgendwann würde ich auch so sein, das stand völlig außer Frage. Jedenfalls fragte er mich, als er den Kuhschädel entdeckte, ob er den haben könne. So hing er jahrelang an einem Zaunpfahl seines Grundstücks. Also der Schädel, nicht Jochen. Heute steht er auf meinem Kleiderschrank und erinnert mich an Kindheitsabenteuer.

Das mit dem Keller in dem verlassenen Haus stimmt übrigens nicht so ganz, es war doch ein bisschen anders.

In jedem Ort der Altmark – so wie auch im Rest der neuen Bundesländer – gab es überdurchschnittlich viel Leerstand und auch in Hinterelbe mangelte es nicht daran, das ist wahr.

Jenes Haus, von dem die Rede ist, befand sich unweit unseres Grundstücks unmittelbar an der Ernst-Thälmann-Straße gelegen. Wobei die Nennung des Straßennamens hier überhaupt kein eindeutiger Standorthinweis sein kann, da so ziemlich alle Straßen und Wege immer Ernst-Thälmann-Straße hießen. Wo man auch hinkam, überall Ernst Thälmann.

Manchmal auch Karl Liebknecht, Rosa Luxemburg oder die Friedensstraße. Das war's dann aber auch schon.

Jedenfalls verortete sich dort tatsächlich ein Keller.

Dieser war jedoch ein schwarzes, mit bloßem Auge undurchdringliches Loch im Boden, durch das ich nie und nimmer gekrochen wäre. Im Leben nicht!

Mandy hingegen kannte keine Furcht. Immer war sie es, die todesmutig die dunkelsten Räume betrat und in stockfinstere Kellerlöcher krabbelte, was ich sehr verantwortungslos fand. Denn durch einen überaus authentisch konzipierten Horrorfilm, den ich verbotenerweise gesehen und der vermutlich irreparable Schäden an meiner kindlichen Seele verursacht hatte, wusste ich: Keller sind die Lieblingsverstecke von Axtmördern, Pädophilen und psychisch gestörten Gärtnern.

Während meine beste Freundin in ihr Verderben hinabstieg, stand ich also derweil fröstelnd mit flauem Gefühl im Magen herum und lauschte auf das unheilvolle Kratzen der Axt, die der Mörder hinter sich her über den Boden ziehen würde, während er sich langsam an Mandy heranschlich, um ihr den Kopf abzuhacken. Schon bildete ich mir ein, Blutspritzer auf dem Boden zu sehen und in der Ferne die Glocken läuten zu hören, die eine Beerdigung ankündigten. Mandy war das egal, deshalb war auch immer sie es, die die besten Sachen fand. Wie eben auch diese ungeöffneten Einmachgläser und Konserven mit dem ganzen faszinierenden Zeug drin. Maiskölbchen oder Finger, man wusste es nicht genau.

Um nicht wie der letzte Trottel dazustehen, beschloss ich beim ersten Besuch der alten Schmiede, die sich direkt gegenüber befand, die Initiative zu ergreifen, und stieg tapfer auf Mandys Räuberleiter.

Das Fenster war allerdings ziemlich weit oben und wir ziemlich klein, sodass ich mich unter größter körperlicher Anstrengung am Fensterbrett hoch- und in den Raum hineinziehen musste. Blöd war nur, dass ich wieder einmal mein bauchfreies, pinkfarbenes Top trug und mir deshalb die komplette Haut aufschürfte. Zum Glück lohnte es sich, denn drinnen war es ziemlich geheimnisvoll und spannend.

Außerdem fanden wir einen alten Amboss. Konnte man ja immer gut gebrauchen, so einen Amboss. Ich hätte ihn gerne meinem Papa mitgebracht. Leider fehlte uns nicht nur die Kraft, sondern auch die Zeit, ihn wegzuschaffen, denn in dem großen grauen Haus nebenan wohnte jemand, mit dem nicht zu spaßen war: ein sehr wachsamer böser Mann, der ziemlich sicher Nazi war und auf meinen großen Bruder einst mit einer Schreckschusspistole geschossen hatte. In seinem Garten wehte eine Deutschlandflagge und kleine blöde Köter liefen einem kläffend meilenweit hinterher, wenn man an dem Grundstück vorbei wollte.

Unsere Streifzüge durch die Ruinen der Nachwendezeit beendeten wir zwangsweise, als eines Tages ein verärgerter Herr vor unserer Tür stand und meinen Vater beschuldigte, seine Kinder wären am Vortag in sein Haus eingebrochen und hätten dort Eis gegessen. Es handelte sich wohl um den Besitzer irgendeiner dieser leerstehenden Bruchbuden. Wir wussten allerdings tatsächlich nicht, wovon der da faselte, denn sicher hätten wir sehr gerne dort Eis gegessen – hatten wir aber nicht.

Mein Papa fragte Mandy und mich, ob das stimmte, wir verneinten und er meinte kurz angebunden und energisch zu dem Mann: »Wenn meine Kinder sagen, dass sie das nicht getan haben, dann haben sie das nicht getan, und jetzt verlassen Sie mein Grundstück!«

Mega! Wie im Film hatte er das gesagt! Wir feierten Papa total für diesen Satz. Zum Glück waren wir ja auch wirklich unschuldig – dieses Mal zumindest –, also hatten wir nicht gelogen und Papa hatte sogar Mandy beschützt, obwohl sie ja gar nicht sein Kind war, wie der Mann gesagt hatte.

Sicherheitshalber suchten wir uns zukünftig aber doch lieber andere Beschäftigungen. Etwas abseits des Dorfes existierten ein paar Überreste einer alten Schule. Der Mann meiner Oma war dort noch zur Grundschule gegangen, ehe er die DDR mit seiner Familie verlassen hatte.

Diese Gemäuer waren allerdings nicht mehr sonderlich spannend, weil alle tollen Dinge schon von anderen gefunden und mitgenommen worden waren.

Von meinem großen Bruder zum Beispiel. Er förderte einmal aus den Tiefen des Kellers – offenbar gab es die wirklich guten Dinge immer im Keller – ein klasse Spielzeug für mich zu Tage.

Es war eine grüne Figur mit Latzhose und schwarzen Handschuhen, die sehr entfernt an Micky Maus erinnerte. Erst circa zwanzig Jahre später fand ich durch Jochen Schmidts Buch ›Gebrauchsanweisung für Ostdeutschland‹ heraus, dass es sich tatsächlich um die DDR-Version der Micky Maus gehandelt hatte.

In unserem Dorf hatte ich ja nicht so viele Freunde, aber eine weitere Freundin gab es doch noch. Irene. Sie war die

Tochter der Bauernfamilie, zu der ich immer mit meiner Milchkanne gehen musste.

Ich hasste das, denn der Stall mit dem ganzen Krach und den monströsen Melkmaschinen bereitete mir Alpträume. Aber eine Kanne frische Milch 1 Mark und zehn Eier 2 Mark, das konnte man machen, das lohnte sich, meinte meine Mama.

Wie bei so vielem im Leben wusste ich nicht genau, was ich von Irene und ihrer Familie halten sollte. Eigentlich waren wir ja Freunde, aber das Argument der anderen Kinder, Irene sei ein Mannsweib, konnte man auch nicht einfach ignorieren. Also hätte man schon gekonnt, wenn man klüger als ich gewesen wäre. Doch wie bereits erwähnt, strebte ich ja eine baldige Überwindung meiner Außenseiterrolle an und versuchte daher, nicht unnötig negativ aufzufallen, indem ich auch noch die falschen Freunde hatte.

Irenes steinalte, runzlige Uroma fand ich maximal gruselig. Die war mindestens schon zweihundert! Einmal musste ich zum Kaffee bleiben, denn alltäglich um 16:00 Uhr traf sich die ganze Familie zum Kaffeetrinken und Kuchenessen in der Wohnstube und ich war gerade da und konnte nicht einfach gehen, obwohl ich nichts lieber getan hätte als das.

Kurzerhand wurde ich also eingebunden in dieses bäuerliche Kuchenritual.

Der Raum war dunkel, die Holzbänke knarzten, ich saß verschüchtert am äußersten Ende einer Bank und machte mich so klein wie möglich. In der hintersten, dunkelsten Ecke saß die Uroma, verschrumpelt und wegen des spärlichen Lichts kaum zu erkennen. Man wusste nicht, ob sie einen beobachtete oder schlief und traute sich selbst auch nicht hinzuschauen. Irgendwo tickte eine Uhr, es wurde kaum geredet, man aß schweigend Apfelkuchen, das Geschirr klirrte.

Ich hatte höllische Angst vor dieser Oma, von der man nicht genau sagen konnte, ob sie schon tot war oder noch lebte. Sie verfolgte mich selbst in meinen Träumen und erinnerte mich unangenehm an meine eigene Uroma, die ich einmal ganz kurz im Bett hatte liegen sehen, bevor ich furchterfüllt weggerannt war.

Künftig achtete ich akribisch darauf, vor 16:00 Uhr den Bauernhof zu verlassen.

Ich mochte Irene zwar, aber das ging eindeutig zu weit. Was auch zu weit ging, war unser permanenter Wettstreit darüber, wer die größere Ahnung von Pferden hatte und welche unserer Mütter die bessere Reiterin war.

Egal, was ich in Bezug auf Pferde sagte oder tat, Irene wusste es besser. Es war wie mit Anne und Anna und den Schleich-Pferden, nur in größerem Stil.

Irgendwie fühlte ich mich vom Leben leicht verarscht. Wir hatten drei Pferde, zwischenzeitlich auch mal vier, aber meistens drei. Und ich fand, das war schon echt irre viel. Immerhin hatten manche Kinder gar keine Pferde.

Ich fühlte mich immer sehr besonders, wenn jemand fragte, was ich für Haustiere hätte, und ich stolz antworten konnte, dass wir *drei* Pferde besaßen.

Und dann kam Irene daher und meinte, sie hätten ungefähr dreißig.

Na klar, klasse, alles versaut.

Im Grunde genommen zählte das nicht mal, weil es ja logisch ist, dass, wenn die Eltern eine Pferdezucht betreiben, die dann mehr als drei Tiere haben. So gesehen ist es ja nichts Besonderes mehr und man braucht da nicht so anzugeben. Es waren aber trotzdem immer alle wahnsinnig beeindruckt, während ich links liegen gelassen wurde.

Dazu kam, dass die Pferde von Irene gänzlich anders aussahen als unsere und auch noch anders geritten wurden.

Selbst da mussten wir uns wieder von allen unterscheiden. Es war nicht zu glauben.

Die edlen Stuten, Wallache und Hengste von Irenes Familie hatten ganz glattes, glänzendes Fell, akkurat geschnittene, kurze Mähnen und Schweife, waren groß, schlank und langbeinig, wie die Models auf den Dessous-Seiten vom Otto-Katalog, die ich mir heimlich genauer ansah.

Dagegen wirkten unsere Tiere wie Wildpferde. Sie waren deutlich kleiner, die Mähnen hingen ihnen lang und zottelig am Hals herab und über die Augen. Sie hatten stämmige, kräftige Beine, und wenn sie zu viel fraßen, glichen sie auch schon mal einer Tonne. Es waren halt auch eher Ponys, keine *richtigen* Pferde.

Die Sättel, die Irene nutzte, strahlten schon von Weitem vor Sauberkeit und Lederfett und hatten genau wie die Satteldecken eine andere Form als unsere. Die Zügel wurden straff gehalten, und als ich einmal auf ein Turnier mitgenommen wurde, vollführten die Tiere seltsam trippelnde Bewegungen. Sah total bescheuert aus.

Wir ließen die Zügel lang, ritten meist ohne Gerte und mit Westernsätteln. Da waren wir gefühlt aber auch die Einzigen im gesamten Landkreis.

Einmal beschloss ich, Irene mal so richtig zu zeigen, was eine Harke ist.

Wenigstens einmal wollte ich sie übertrumpfen und

hielt ihr einen Pokal, den ich irgendwo in den Tiefen des Dachbodens ausgegraben hatte, unter die Nase.

Meine Mutter hatte als Jugendliche bei einem Reitturnier den zweiten Platz gewonnen, aber so genau brauchte das niemand zu wissen. Es war ein Pokal für ein Turnier, und das reichte ja wohl.

So dachte ich bei mir. Naiv wie ich war.

Irene aber dachte, und sagte es dann auch, dass dies wohl die größte Lachnummer des Planeten sei, und warf sich auf den Boden vor Lachen.

Am nächsten Tag beorderte sie mich zu sich nach Haus und zeigte mir eine Wand – das heißt, zumindest schlussfolgerte ich logisch, es müsse sich um eine solche handeln, denn sehen konnte ich sie nicht, die Wand, denn dort hingen Schleifen. Mindestens drei Millionen. In allen Farben des Regenbogens.

Sie erklärte mir lang und breit die Hintergrundgeschichte jeder einzelnen, ging besonders auf die unterschiedlichen Farbgebungen und die damit verbundenen Siegerplätze bei diversen Turnieren ein und erläuterte besonders ausführlich, wo, für was und warum sie die Schleifen gewonnen hatte.

Weil ich danach noch nicht völlig am Boden zu sein schien, führte sie mich zu einem Schrank, in dem an die zweitausend Pokale standen, und wiederholte erneut ihre ausführlichen Erläuterungen.

Das Thema kam anschließend nie wieder zur Sprache und ich auf kein einziges Turnier mehr mit.

Unsere Freundschaft hatte einen deutlichen Knacks erlitten. Nichtsdestotrotz verübten wir weiterhin gemeinsam Süßigkeitenüberfälle.

Dabei ging es ausnahmsweise mal nicht um Pferde

und manchmal wunderte es mich, dass sie überhaupt mitmachte, aber tatsächlich war es ihre Idee gewesen.

Und da es ein großartiger Einfall war, beteiligte ich mich gern daran.

Diese Attentate auf die Leute im Dorf verliefen dergestalt, dass wir wie blöd Sturm klingelten, und sobald jemand öffnete, brüllten: »Das ist ein Süßigkeitenüberfall!!! Rück die Süßigkeiten raus!!«

Selbstverständlich machten unsere absolut bestürzten und total beeindruckten Opfer umgehend auf dem Absatz kehrt, um uns Schokolade und Bonbons zu holen.

Meistens jedenfalls.

Einmal versuchten wir es bei einer alten Frau im großen, grauen Neubau, der mitten an der Ernst-Thälmann-Straße stand.

Als sie nicht öffnete, wollten wir schon enttäuscht von dannen ziehen, doch da riss sie plötzlich das Fenster auf und schrie herunter: »Wartet nur!« und verschwand wieder. Verunsichert blieben wir stehen. Sollten wir wegrennen oder gemütlich weitergehen? Sie war vermutlich nicht sehr schnell, und erkannt hatte sie uns eh schon, aber mit alten Damen ist nicht zu spaßen, das war ja allgemein bekannt. Sie war zwar nicht so hutzelig wie Irenes Uroma, sah aber auch nicht gerade liebenswürdig aus. Ein bisschen Angst hatte ich schon, das musste ich zugeben. Die würde es bestimmt unseren Eltern petzen und dann würde Irene Hausarrest und ich keinen Nachtisch bekommen. Man, das nervte vielleicht.

Doch da wurde plötzlich das Fenster erneut aufgerissen und die Omi schmiss uns Süßigkeiten auf die Straße herunter. Junge, waren wir baff.

Alte Menschen konnten also auch cool sein!

Kapitel 10

Irene gehörte zu den Kindern, die zur Christenlehre gingen. Mich persönlich tangierte Religion eher peripher.

Während viele andere nach der Schule das Vaterunser auswendig lernten und sich mit Kreuzen und Rosenkränzen beschäftigten, ritt ich als Indianerin verkleidet mit Pfeil und Bogen durchs Dorf oder spielte im hiesigen Schrottcontainer. Dort konnte man immer supertolle Sachen finden!

Bunte Töpfe und Pfannen, Waschmaschinen, Suppenkellen, kaputte Stühle, dies das.

Meine Geschwister und ich verbrachten viel Zeit in diesem Container. Wo sonst bekam man denn auch derart originelle Spielsachen her? Vom Sperrmüll vielleicht, aber der war leider nicht so oft.

Einmal beugte sich mein kleiner Bruder mit etwas zu viel Elan nach vorne über den Rand und, zack, fiel er kopfüber in all die spitzen und scharfen Gegenstände hinein.

Mir fiel das erst mal gar nicht auf. Viel zu vertieft war ich in die Entdeckung der Salatschleuder, denn ein solches Ding hatte ich noch nie zuvor gesehen.

Erst als mein Bruder mit blutüberströmtem Gesicht vor mir stand und meinte, er würde dann mal nach Hause

gehen, legte ich das Gerät gezwungenermaßen beiseite –
nicht aber, ohne es gut zu verstecken, schließlich gedachte
ich es später zu holen, und man wusste nie, wer sich in
der Zwischenzeit hier herumtreiben würde und vielleicht
auch Lust auf eine verrostete Salatschleuder hatte.

Auf dem Heimweg hielt sich mein kleiner Bruder die
Hände vor das blutende Gesicht und duckte sich hinter
mich und unsere Schwester, da seine größte Sorge darin
bestand, von jemandem gesehen zu werden. Thema des
neuesten Dorfklatsches zu werden, war wohl nicht unbedingt das, was ihm vorschwebte.

War dann am Ende aber auch alles gar nicht so schlimm.
Eine Narbe durch die komplette Visage, das hatte doch
was, das machte ein Gesicht ja erst richtig interessant!

Vielleicht sollte ich auch mal einen Kopfsprung in
den Schrottcontainer machen, überlegte ich. Na ja, später
vielleicht, erst mal die Salatschleuder holen.

Glücklicherweise war sie noch da.

Dieser Gott, jedenfalls, der interessierte mich nicht
so sehr, da ich alte Menschen im Allgemeinen nicht sonderlich mochte und schon gar nicht solche, die ständig
irgendetwas versprachen, es dann nicht einhielten und
sich nie blicken ließen.

Und das, obwohl die Leute doch alle andauernd bei
ihm anriefen.

Was war da los? Wieso spielte der sich erst so auf, ging
dann aber nie ans Telefon? Vielleicht nahm er auch bloß
nicht ab, weil er einfach keine Lust hatte, von allen Menschen mit ihren Problemen belästigt zu werden. Könnte
ich total verstehen.

Wann immer in irgendeinem Buch stand, irgendwer
würde wieder einmal Gott anrufen, verdrehte ich ins-

geheim die Augen und dachte: Spar dir die Mühe, alter Freund, der geht eh nicht dran.

Doch dann kam ein Winter, in dem es einfach nicht schneien wollte.

Das war schlimm. Wie sollte man in Weihnachtsstimmung kommen, wenn in allen Weihnachtsfilmen Schnee liegt, während vor der eigenen Haustür nur nasses, vertrocknetes Gras vor sich hin schrumpelt? Sehr frustrierend auf jeden Fall.

Aus Ermangelung eines besseren Ansprechpartners, und weil ich auch schon erfolglos an den Mann aus dem ARD-Wetterbericht geschrieben hatte, verfasste ich nun eine Bittschrift an Gott:

Sehr geehrter Herr Gott,
weil du eh nie ans Telefon gehst, schicke ich dir lieber einen Brief. Ich telefoniere sowieso nicht so gerne, das passt also ganz gut. Vielleicht hast du auch einfach keine Zeit oder keine Lust, das wäre auch okay, aber ich habe eine wichtige Sache, die ich dir sagen muss.

Ich schreibe dir, weil ich will, dass es weiße Weihnachten gibt! Also mach bitte, dass es endlich schneit, okay?

Ich will keinen Regen an Weihnachten.

Also nichts gegen Regen, ich mag Regen total und mache auch voll gerne Regenspaziergänge, ziehe Gummistiefel an und springe in Pfützen und so.

Aber nicht an Weihnachten!

Da muss alles weiß sein, damit man Schneeengel machen und seine Geschwister einseifen kann, das kennst du ja alles. Deshalb verstehe ich nicht, warum du es immer nur regnen lässt ...?

Sonst hat es doch auch immer geschneit und wir haben

auch ganz brav ganz viele Lieder vom Schnee gesungen, aber es hat gar nichts geholfen. Ich weiß es nicht genau, aber ich glaube schon, dass du das regeln kannst mit dem Wetter. Arbeitest du eigentlich mit den Leuten vom Fernsehwetterbericht zusammen?

Na ja, ich will dich nicht weiter stören, du hast ja sicher noch viel zu tun. Was man halt so macht als Gott. Also dann, bitte, bitte, lass es schneien!

Viele Grüße

Malina

Wo ich den Brief hinschicken sollte, wusste ich nicht genau, also warf ich ihn aus dem Fenster.

Gott sah ja angeblich alles, also würde er ihn schon finden.

Es schneite trotzdem nicht. Drecksmist.

Damit hatte sich die Gottsache für mich ein für alle Mal erledigt.

Besonders, nachdem die Flugzeuge in die beiden Hochhäuser in Amerika geflogen waren und sich die ganze Welt fragte, wie Gott das hatte zulassen können.

Wir waren gerade mit Mama im Zirkus gewesen, und als wir Mandy zu Hause absetzten, kam ihre Mutter herausgelaufen und fragte aufgeregt, ob wir es schon gehört hätten. Hatten wir nicht, weil wir ja Clowns angeguckt und unterernährte Ponys gestreichelt hatten.

»Da ist man lustig im Zirkus, kommt zurück und die ganze Welt ist in Aufruhr!«, sagte meine Mama zu Mandys Mama.

Mein Vater hatte den kleinen Fernseher in die Küche geholt, über dessen Bildschirm die Explosionen in Endlosschleife flimmerten.

Mir wurde das nicht wirklich erklärt, aber ich dachte bei mir, dass Gott da ganz schöne Scheiße gebaut hatte.

Wäre er mal lieber ans Telefon gegangen, es wären bestimmt Leute dran gewesen, die ihn hätten warnen wollen.

Die nächsten Jahre ging in Hinterelbe alles seinen gewohnten Gang.

Wir Kinder lauschten den Geschichten unseres Opas, spielten auf Omas Computer Super Mario, bastelten mit unseren Verwandten aus dem Schwarzwald alles, was sich nur irgendwie basteln ließ, sammelten Eicheln, Kastanien und die kleinen Kügelchen in den Füllerpatronen, und wenn wir mit anderen Kindern an einer Kuhweide vorbeikamen, sagten wir zueinander Dinge wie: »Guck mal, deine Familie!«

Im Winter, wenn es so kalt war, dass Eiszapfen vom Turmdach unserer alten Mühle hingen, fuhren wir zum Rodeln auf die Deiche und an die Elbe. Die kalte, breite Elbe mit den unberechenbaren Strudeln und Strömungen. Es trieben große Eisschollen auf dem schwarzen Wasser, glitzerten im Sonnenlicht und knisterten geheimnisvoll. Die wilde, zornige Elbe, die schon so manchen auf der Flucht von einem Deutschland ins andere verschluckt hatte, damals.

Wenn man vom gegenüberliegenden Ufer, also aus Brandenburg, losschwamm und die Strömung richtig einschätzte, konnte man nach Niedersachsen gelangen.

Man musste sich da vorab gut informieren. Denn wenn man Pech hatte, landete man am Ende in Sachsen-Anhalt und das wäre dann auch nicht wirklich ein Gewinn.

Heute flüchtet niemand mehr über den Fluss. Jedenfalls nicht vor dem Regime, im Normalfall zumindest. Wenn doch, dann kann man inzwischen auch einfach die Fähre nehmen.

Im Sommer, wenn es so heiß war, dass die Luft über der Straße flimmerte und wir uns mit den Gartenschläuchen abduschten, kam jede Woche der Eiswagen durchs Dorf gefahren und hielt direkt vor unserer Haustür.

Die Freude war jedes Mal riesig und zur Feier des Tages durfte ich ausnahmsweise rosafarbenes Chemie-Eis essen, das nach Kaugummi schmeckte.

Leider war der nette Eisverkäufer ständig betrunken und kam dann irgendwann nicht mehr.

Dafür übernahm der Bofrost-Mann das Geschäft, und das war auch nicht schlecht, denn da konnte man nicht nur eine Kugel Eis kaufen, sondern gleich ganze Packungen!

Weil die vielen alten Leute in unserem Dorf nicht mehr zum Einkaufen fahren konnten und sich ja sowieso nicht oft ein Bus zu uns verirrte, kamen auch einmal die Woche ein Bäcker- und ein Fleischerwagen.

Wenn es laut durch ganz Hinterelbe klingelte, wussten alle, aha, jetzt ist Zeit für Wurst und Brötchen. Es bildete sich dann eine geordnete Schlange vor dem Neubau, wo die Wagen hielten, und alle warteten artig, bis sie an der Reihe waren.

Sonst war nicht viel los. Maifeuer einmal im Jahr. Angelverein, Heimatverein, Förderverein für die Freiwillige Feuerwehr, Dorffest. Damit waren die Feste und gemeinschaftlichen Besäufnisse ganz gut über das Jahr verteilt und es gab immer etwas, worauf sich die Dorfbewohner freuen konnten.

Darüber hinaus besuchten meine Familie und ich Museen, Kindertheater, Sommerfeste, bastelten Badewannenschiffchen aus ›Löwenzahn‹ nach und wir Kinder liefen stundenlang durch den Wald, weil Zeit für uns keine Rolle spielte.

Ich kam eh ständig durcheinander mit dreiviertel drei, Viertel vor drei, zehn vor halb, viertel fünf und Viertel nach vier und dem ganzen verwirrenden Heckmeck. Je nachdem, mit wem ich sprach, sagte jeder etwas anderes.

Im Endeffekt war es dann auch egal, wie es richtig hieß, denn die einzige Zeitangabe, die jedes Kind beachten musste, waren die Kirchturmglocken, die um 18:00 Uhr das Signal zum Nachhausegehen ertönen ließen. Doch selbst das betraf mich und meine Geschwister nicht, denn unsere Eltern fanden, wir könnten ruhig noch etwas länger wegbleiben, es sei im Sommer eh noch lange nicht dunkel, wenn die Glocken läuteten, und die frische Luft täte uns schließlich auch so gut. In Wahrheit waren sie froh, ein klitzekleines bisschen Zeit für sich zu haben, glaube ich, und das konnte wirklich nicht schaden, denn dann würden sie vielleicht mal vernünftig miteinander reden und sich nicht immer nur streiten.

Denn das taten sie. Sich streiten. Ständig. Mama saß draußen auf der Terrasse und weinte, Papa saß oben im Turm und machte Dinge, die ich nicht sehen konnte, weil ich mich nicht hochzugehen traute, nach oben in sein Turmversteck.

Mit jeder Stufe wurde die Luft ein bisschen schwerer, schmeckte ein bisschen mehr nach Melancholie. Besser, man drehte noch vor der Hälfte um.

Traurige Eltern sind für Kinder schwer zu ertragen. Ich wusste nicht, wie ich mich verhalten sollte, wusste nicht, was auf einmal passiert war. Hatten sie einander wehgetan?

Mochten sie sich nicht mehr? Musste ich jetzt Mama trösten oder Papa?

Ich wollte gar keinen von beiden trösten, ich wollte, dass sie sich lieb hatten und fröhlich waren. Wie damals am Strand, als Mama sich, nur in ihrer Badehose bekleidet, auf Papa draufgerollt und gelacht hatte und alle anderen Leute sie anguckten, als wären sie Außerirdische, die hier nicht hingehörten. Das waren doch meine Eltern, nicht diese zusammengesackten Nervenbündel mit den Tränen im Gesicht und der Traurigkeit in den Augen. Was war denn passiert?

Was sollte ich tun?

Mandy sagte, es wäre besser, wenn sie sich scheiden ließen. Ihre Mutter hätte das wohl auch gemeint.

Aber sie waren doch gar nicht verheiratet, und was genau bedeutete das überhaupt?

Alles ging seinen gewohnten Gang. Dachte ich.

In Wahrheit veränderte sich alles.

Kapitel 11

Wenn man Kind ist, hält man die Gegenwart für die Zukunft.

Man rechnet nicht damit, dass etwas anders werden könnte.

Der Ist-Zustand währt ewig, denkt man.

Wenn Erwachsene einem weismachen wollen, man selbst werde irgendwann fünfundvierzig Jahre alt sein, einen Beruf, einen eigenen Vorgarten und einen Bausparvertrag haben, zeigt man ihnen insgeheim einen Vogel.

Alles würde bleiben, wie es ist, und zwar für immer. Davon war ich überzeugt.

Die Veränderung meiner Kindheit kam dann tatsächlich so langsam, dass ich es zunächst nicht bemerkte.

Hinterhältig schlich sie sich an, wog mich in Sicherheit, nur um schlussendlich umso gemeiner zuzuschlagen.

Anfangs waren es Äußerlichkeiten, augenscheinliche Banalitäten bloß. Doch später empfand ich jene Verwandlungen meines Umfelds als schmerzhafte Auslöser für die depressiven Phasen meiner Pubertät.

Als in unserem Dorf die kastenförmigen, schwarzen DDR-Straßenlaternen gegen neue schickere Lampen ausgetauscht wurden, litt ich wie verrückt. Es fühlte sich an, als würde mir ein Teil meines Zuhauses genommen, als würde meine Heimat langsam verschwinden, ohne dass ich etwas dagegen hätte tun können. Das ging doch nicht! Dazu hatten die Erwachsenen kein Recht! Und dennoch geschah es und ich war überzeugt, niemand auf der ganzen Welt könne meinen Schmerz verstehen.

Wäre meine Umgebung so geblieben, wie sie war, wie ich sie kannte, hätte ich weiterhin unter meinem grauen Schleier leben können, ohne mit der trüben Außenwelt allzu sehr in Berührung zu kommen.

Er hätte mich beschützt vor all dem Weltschmerz, den ich empfinden sollte, sobald ich ihn verlassen und in diese Sache eintauchen musste, die die meisten Menschen um mich herum als Realität bezeichneten. »Ich mach mir die Welt, widdewidde wie sie mir gefällt«, wäre mein Motto geblieben, doch daraus wurde nichts, denn auch ich kam in die Pubertät.

Inbrünstig wünschte ich, man hätte mir die Schuppen gelassen, die kindheitsbedingt vor meinen Augen geklebt hatten. Doch nach und nach waren sie mir ausgerissen worden, rieselten zu Boden und zerflossen zu einem Strom, der mich fortriss aus meiner heilen Welt und mich auskotzte in einer neuen, in der ich nicht klarkam. In die ich nicht gehörte. In der ich mich nicht zuhause fühlte. Überall klafften plötzlich tiefe schwarze Löcher.

Sogar die Schule musste ich wechseln.

Das kam derart überraschend, dass ich gar keine Zeit hatte, mich darüber zu beschweren.

Eines Tages verteilte unser Klassenlehrer plötzlich Zeugnisse und, zack, war die Grundschule vorbei. Einfach so.

Dass so etwas passieren konnte, hatte ich nicht gewusst.

Noch immer bemüht um die Zusammenhänge, wurde ich von einer Klassenkameradin angesprochen.

»Und wie ist dein Durchschnitt?«, wollte sie wissen und sah mich erwartungsvoll an.

»Ähhh … sag ich nicht?!«, erwiderte ich in guter alter Kindergartenmanier, während ich noch versuchte, herauszufinden, was für eine Antwort hier von mir erwartet wurde und was wo durchgeschnitten werden sollte.

Die anderen Kinder warfen wild mit Zahlen um sich, deuteten stolz oder aber am Boden zerstört auf ihre Zeugnisse und machten schon mal untereinander aus, wer mit wem in der neuen Schule sitzen würde.

Offenbar entschied dieser ominöse Durchschnitt, wer in Zukunft welche Schule besuchen musste.

Die Dummen kamen nach Mittensee auf die Sekundarschule und die Schlauen auf das Gymnasium in Kirchburg. So einfach war das.

Aber auch sehr ungerecht, wie ich fand. Denn sogar Mandy sollte auf die Seku gehen, obwohl sie doch gar nicht doof war! Das war wirklich schlimm, denn anscheinend fand jemand, ich sei intelligent genug fürs Gymnasium, was, wie ich sofort begriff, bedeutete, dass wir uns bald nicht mehr so oft sehen würden.

Warum hatte mir all das niemand erklärt?

Warum erfuhr ich die Dinge immer erst, wenn es schon zu spät war?

Wie damals in der dritten Klasse, als ich in Schulgarten eine Fünf im Umgraben bekam. Eigentlich mochte ich Schulgarten, weil wir am Ende der Stunde oft selbstgepflanzte Tomaten oder super scharfe Radieschen essen durften, aber dass man das Ding beim Erde-von-einer-Seite-auf-die-andere-Schippen so dermaßen gegen die

Wand fahren konnte, kam dann doch sehr überraschend. Mir hatte niemand mitgeteilt, wie das richtig ging, geschweige denn, dass man für so etwas Noten bekommen konnte. Um meinen ach so wichtigen Durchschnitt runterzuziehen, damit ich auch auf die Seku käme, hatte es aber offenbar trotzdem nicht gereicht.

Nun war nichts mehr zu machen.

Nun würde unsere schöne kleine Klasse nach den Sommerferien für immer auseinandergerissen werden.

»Es wird bestimmt ganz toll«, sagten die Erwachsenen. »Du findest bestimmt schnell neue Freunde«, meinten sie.

Irgendwann begann ich, zaghaft daran zu glauben, und verinnerlichte, dass es vermutlich wirklich gar nicht so schlimm werden würde.

Leider veränderten sich die bisherigen Gegebenheiten dann jedoch dergestalt, dass ich gerne entschieden weniger mit ihnen in Berührung gekommen wäre, als es mir in der Praxis möglich war.

Da war ich mal wieder auf die Erwachsenen hereingefallen.

Neue Mitschüler, neue Lehrer, fremde Menschen, meine beste Freundin entfernte sich von mir.

Alles war Mist.

Alles ging immer schneller.

Während die Welt sich beschleunigte, die Laubfrösche aus unserem Garten verschwanden, zu viele der Plattenwege asphaltierten Straßen wichen und meine Mutter plötzlich meinen im Turm verschwundenen Vater auf dem zweiten Haustelefon anrief, um ihm mitzuteilen, dass das Essen fertig sei, hinkte ich hinterher und versuchte zu begreifen, was da vor sich ging.

Zu allem Überfluss begann auch ich selbst mich aufs Extremste zu verändern.

Auch das hatte ich nicht kommen sehen.

Das fehlte gerade noch! Plötzlich wuchsen Haare an Stellen, an denen man es nie für möglich gehalten hätte. Einmal im Monat verblutete man fast und alles war unendlich peinlich, weil garantiert alle ganz offensichtlich schon von Weitem erkennen konnten, was für Sperenzien der eigene Körper mit einem veranstaltete.

Die einzige Frage, die man noch gestellt bekam und die anscheinend die ganze Welt brennend interessierte, war die, ob man denn schon einen Freund hätte.

Beim Arzt bekam man oberpeinliche Broschüren, von den Lehrern den subtilen Hinweis, es könne nicht schaden, von nun an Deo zu benutzen.

Man ging mit dem Vater essen, stieß mit Sekt an, um den Eintritt ins Erwachsenenleben zu feiern, obwohl man doch gar nicht unbedingt erwachsen werden wollte, und musste sich obendrein dem beschämenden Kauf von Damenhygieneartikeln widmen.

Als wäre das alles nicht schon erniedrigend genug, wuchsen einem aus heiterem Himmel seltsame kleine Brüste, die sich, egal wie dick der Pulli auch war, total beschränkt unter dem Oberteil abzeichneten. Man könnte nun meinen, diese neuen sekundären Geschlechtsmerkmale hielten die Jungs davon ab, einen als Mannsweib zu titulieren, doch da irrte man sich.

Wenigstens kapierte ich dadurch endlich, dass einem die Meinung bestimmter Leute am Arsch vorbeigehen konnte und man nicht dazu verpflichtet war, allen zu gefallen. Nicht mal als Mädchen. Auch wenn die Bravo Girl einem das gern suggerierte.

Etwa in der zehnten Klasse stellte ich dann fest, dass auch Lehrer nicht immer im Recht waren und mitunter sogar Ansichten vertraten, die mir mindestens sehr fragwürdig erschienen. Besonders, wenn es sich um Lehrer handelte, die sich bei unserer Klassenlehrerin über die Ausschnitte der Schülerinnen beschwerten, da diese sie zu sehr vom Unterricht ablenken würden.

Anstatt den Lehrer auszutauschen, der wegen der Brüste fünfzehnjähriger Mädchen den Unterricht nicht mehr gebacken bekam, wurde uns nahegelegt, unsere luftigen Shirts gegen geschlossene Blusen zu tauschen. Wir wüssten ja, wie Männer eben seien.

Konnte man getrost drauf scheißen, ganz ehrlich!

Die Tatsache, dass alle anderen in meinem Jahrgang diese körperlichen Veränderungen auch durchlebten, machte die Angelegenheit nicht besser. Im Gegenteil. Die Mädchen lästerten über die Brüste anderer Mädchen und plötzlich verglich man sich mit allem und jedem und musste feststellen, dass der eigene Körper erhebliche Defizite aufwies.

Unvermittelt registrierte man mit einem Mal Körperstellen, die einem vorher noch gar nicht aufgefallen waren. Eines Tages wurde mir beispielsweise schlagartig bewusst, dass ich Hüften besaß.

Dass selbige verschiedene Formen und Ausmaße annehmen konnten und nicht zwangsläufig denen der Models aus dem Otto-Katalog gleichen mussten, war mir nicht bekannt. Ich hielt es für ein Gesetz, das Hüften so auszusehen hatten, wie die von Heidi Klum oder Britney Spears.

Meine allerdings waren vollkommen anders. Mit meiner Schwester stand ich in der H&M-Umkleide und probierte ein Kleid an. Ich machte mich über den seltsamen Schnitt des bunt gemusterten Textils lustig, welches an den Seiten unnötige Ausbuchtungen aufwies, anstatt glatt nach unten zu fallen. Als meine jüngere Schwester irritiert behauptete, es handle sich dabei doch um meine Hüften, nicht um einen extravaganten Schnitt, konnte ich es nicht fassen. Ich musste das Kleid ausziehen und nachgucken, ob es wirklich stimmte. Aber tatsächlich – mein Körper hatte mir irgendwie über Nacht runde Hüften an die Seiten geklatscht und anscheinend vergessen, mir Bescheid zu sagen. Was sollte ich jetzt damit anfangen?

Hatte ich etwa um Hüften gebeten?

Ich denke nicht!

Fortan saß ich wieder stillschweigend in der hintersten Ecke des Klassenzimmers, wo ich versuchte, unsichtbar zu werden.

Als wir bereits ein Jahr lang Geschichtsunterricht bei Herrn Peters gehabt hatten, gab er eine Klassenarbeit zurück und fragte beim Austeilen: »Malina? Wer ist denn Malina? Ist die in eurer Klasse?«

Da wusste ich, dass meine Strategie funktionierte.

Es war zwar nicht unbedingt das, was ich mir in meinen kühnsten Träumen ersonnen hatte, doch ich tröstete mich damit, dass, egal wie langweilig oder schrecklich mein Leben verlaufen würde, man trotzdem eine gute Geschichte daraus machen konnte, wenn man nur des Schreibens mächtig war. Und das war ich, also hatte ich nichts zu befürchten.

Dann kam mein dreizehnter Geburtstag und es wurde kein schöner Tag.

Kapitel 12

Das Einzige, das mir von diesem Geburtstag in Erinnerung geblieben ist, ist ein Brief.

Er steckte von morgens bis mittags unbemerkt in meiner Schulmappe.

Erst später, als ich längst wieder zu Hause war, nahm mich mein Papa zur Seite und fragte, ob ich den Brief denn schon gelesen hätte.

Ich wusste nicht, was er meinte.

Da ging er zu meinem Ranzen, kramte darin herum und reichte mir schließlich einen braunen Umschlag mit einer Klappkarte darin.

Darauf stand Folgendes handschriftlich geschrieben:

Für Malina von ihrem Papa
P.S. Bitte allein lesen.

Das tat ich dann und es war der furchtbarste und zugleich schönste Brief, den ich je bekommen hatte.

Ich legte ihn unter mein Kopfkissen, um ihn immer in meiner Nähe zu haben, hatte aber gleichzeitig große Angst, Alpträume davon zu bekommen oder den Umschlag zu zerknicken. Jedes Mal, wenn ich ihn hervorholte und las, weinte ich.

Ich weinte überhaupt die ganze Zeit.

Aus verzweifelter Wut, aus Angst und Hilflosigkeit.

Über all die Ungerechtigkeit, die Kindheit, die nun vorbei war, weil ich fühlte, dass etwas Großes, Dunkles auf mich zugerollt kam, und weil mich dieser Pubertätsscheiß zutiefst ankotzte.

Dies also sollte mein dreizehnter Geburtstag gewesen sein. Der Geburtstag, von dem es hieß, er sei der letzte, den ich mit Mama und Papa gemeinsam verbringen würde, weil sie sich jetzt endgültig trennten. So stand es in dem Brief.

Es war so ungerecht, so furchtbar ungerecht!

Bislang gab es Kinder mit getrennten Eltern lediglich in Büchern und Filmen. Nicht aber in der Realität. Sie hatten mir immer so leidgetan – und nun war ich selbst eines von ihnen.

Das war doch nicht fair!

Ich versuchte, mir Mandys Worte in Erinnerung zu rufen und mir einzureden, dass es so besser sei, weil jetzt der ewige Streit aufhören würde, doch es half nicht, denn die Stille, die dann kam, war viel schlimmer.

Sie legte sich über alles, diese Stille. Traurig und schwer, als wollte sie alles Lebendige ersticken. Das große Haus wurde zum Feind. Überall lauerte die Schwermut. Ich bewegte mich vorsichtig und leise, um nicht aufzufallen, denn hinter jeder Ecke lief ich Gefahr, eingefangen und in Gespräche verwickelt zu werden, von denen ich   nichts verstand, weil ich noch ein Kind war, die ich aber offenbar verstehen sollte, weil ich ja schon dreizehn war. Wenn mir wenigstens gesagt worden wäre, was passierte. Doch darum ging es bei diesen Gesprächen nicht. Es ging nur um Selbstmitleid.

Ich lief Gefahr, einem weinenden Elternteil zu begegnen und selbst in Tränen auszubrechen. Ich lief Gefahr, auf eine Seite gezogen zu werden, Partei ergreifen zu müssen. Man lief Gefahr, sich in dem Wald aus Stühlen, zwischen denen ich stand, zu verlaufen.

Mein Papa zog in ein kleines Haus in einem niedersächsischen Dorf direkt an der Elbe. Es war nicht weit weg, aber es war entsetzlich.

Ich hasste dieses Haus, ich hasste den Wein, der stets auf dem Tisch stand, das große Fenster, durch das der kleine krumme Mann, der mein Papa nun war, hinausstarrte.

Aber am meisten hasste ich die Musik.

Diese grauenhaften, vor Herzschmerz triefenden Traurigkeitslieder, die jetzt ständig liefen. Vor allem beim Autofahren. So sehr ich sie auch verabscheute und ständig anfing zu weinen, wenn ich auch nur die ersten Töne hörte, so wenig konnte ich um ihre Abschaltung bitten, denn offensichtlich war es das, was meinem Vater in seinem Kummer half. Wobei ich nicht wusste, ob sie ihn linderten oder bekräftigten.

Ich stellte mir tausend Fragen und versuchte, aus den Liedtexten den Grund für die Trennung meiner Eltern zu erfahren. Den kannte ich ja nicht. Warum liebten sie sich plötzlich nicht mehr? Oder liebten sie sich immer noch?

Aber wieso stritten sie dann immer und konnten nicht mehr zusammenleben? Weshalb hatte Mama Papa auf die Nase gehauen?

Einmal fuhr uns Papa nach Hause und wieder lief ein Lied von Rosenstolz. Schwer und zäh rann es aus den Lautsprechern und verklebte einem den Verstand. Um nicht aufzufallen, weinte ich so still wie möglich und sah aus dem Fenster in die Dunkelheit. Mein Papa merkte es trotzdem und fragte, was los sei.

Ich wollte es nicht sagen, weil die Frage in Anbetracht der Gesamtsituation ohnehin völlig absurd war.

Er dachte nach und wollte dann wissen, ob es an der Musik läge.

Trotzig verneinte ich.

Es war mir peinlich, doch diese Melodien gruben sich derart in mein Innerstes, dass ich sie auch heute noch nicht ertrage.

In dem Haus, das Papa zunächst bewohnte, war alles kahl und leer. Trotz der Dinge, die überall herumlagen.

Man konnte nicht lachen, ohne ein schlechtes Gewissen zu haben, man wollte auch gar nicht lachen, worüber denn? Es gab ja keinen Grund dafür. Man wollte sich nur verkriechen und allein sein.

Und das tat ich dann auch.

Während meine kleinen Geschwister noch zu jung waren, um alles zu begreifen, rutschte ich geradewegs in eine erste Depression hinein.

Alles kotzte mich an und war mir gleichermaßen egal. Ich lag auf dem Bett herum und starrte an die Wand. Mein Zimmer befand sich nun im Turm unseres Hauses, wo vorher Papas Zimmer gewesen war.

Ich ging zur Schule, lag herum, weinte, ging zur Schule und lag herum.

Die Welt empfand ich als immer ungerechter, denn es fühlte sich so an, als sei aller Groll allein gegen mich gerichtet. Ich war an allem schuld. Egal, was passierte, oder wer es tatsächlich getan hatte, ich war schuld. Meine Geschwister schienen einen Freibrief zum Unfugmachen zu haben, während ich für jede Kleinigkeit getadelt wurde. Selbst wenn ich voller guter Absichten an eine Sache heranging und eigentlich nur hatte helfen wollen – es fand sich immer etwas, das kritisiert werden konnte. Egal, wie viel Mühe ich mir gab, alles richtig zu machen. Es reichte einfach nie.

Ich fühlte mich unverstanden und ungeliebt.

Und dann auch noch all das sonstige Elend auf der Welt. Krieg, hungernde Kinder, Lebensmittelverschwendung, Regenwaldzerstörung, Tierquälerei, Rassismus, Frauenfeindlichkeit. Wie sollte ein Mensch das ertragen? In mein Tagebuch schrieb ich hochemotionale Gedichte, begann, traurige Kurzgeschichten zu verfassen, und ging dazu über, mich selbst zu verletzen.

Nicht wirklich schlimm, denn dazu fehlte mir der Mut, aber ich hätte mir zu gerne ein Bein gebrochen oder mich wenigstens schlimm erkältet, damit Mama Mitleid mit mir bekommen würde und merkte, wie lieb sie mich eigentlich hatte.

Leider funktionierte das nicht wie geplant. Selbst, wenn ich im Winter barfuß durch den Schnee rannte oder in den Teich sprang, mein Körper wollte sich partout nicht richtig erkälten. Mit scharfkantigen Steinen versuchte ich mir die Haut an den Beinen aufzuritzen, aber nicht einmal das klappte.

Auch mein Vorhaben, von zu Hause wegzulaufen, scheiterte kläglich an meinem nicht vorhandenen Ehrgeiz.

Als dann eines Tages meine kleine Schwester im Streit eine große Tonscherbe nach mir warf, die in meinem Arm stecken blieb und eine tiefe, blutende Wunde verursachte, wähnte ich mich am Ziel. Aus unerfindlichen Gründen erweckte allerdings nicht einmal das größeres Mitleid.

Man schenkte mir wenig Beachtung; meine Schwester bekam lediglich einen mickrigen Tadel.

Ich sehnte mich so sehr, so sehr, so sehr nach Aufmerksamkeit.

Danach, einfach mal wieder in den Arm genommen und getröstet zu werden. Ich wollte mich vergraben an der Brust meiner Mutter. Nichts mehr sehen und hören. Die Welt ausschalten, wenigstens für einen kurzen Moment.

Da aber nichts dergleichen geschah, legte ich mich theatralisch mitten in unseren Garten, ließ das Blut meinen Arm hinunterlaufen und stellte mir vor, wie es wäre, wenn ich jetzt an dieser Verletzung sterben würde und alle zutiefst bestürzt wären, weil sie mich nicht ernst genommen hatten.

Vielleicht würde meine Mama dann endlich den Panzer ablegen, in den sie sich gehüllt hatte, seit Papa nicht mehr bei uns wohnte. Wäre dann zwar für mich auch zu spät, aber immerhin.

Ich starb allerdings nicht.

Als Ausgleich begann ich in den folgenden Tagen damit, die Haut um meine abgeknabberten Fingernägel herum mit den Zähnen in kleine Fetzen zu reißen, bis es blutete.

Teilweise zog ich so lange an den Hautfetzen, bis mir unglaublich schlecht wurde.

Ich entwickelte eine Art irren Ehrgeiz in dieser Sache und stachelte mich insgeheim an, immer weiterzumachen, damit es noch mehr blutete.

Auf befremdliche Art und Weise half das, mit meiner Traurigkeit fertigzuwerden.

Weil ich aber so nicht herumlaufen konnte und es auch sehr wehtat, bandagierte ich meine Hände mit Pflastern. Auf Nachfrage erzählte ich dann in der Schule, ich hätte mich beim Kochen irgendwie mehrmals mit dem Messer geschnitten, weil ich ja so ungeschickt sei.

Glaubten mir bestimmt alle.

In den nächsten Jahren lernte mein Papa nacheinander ein paar neue Frauen kennen und bezog schließlich zusammen mit meinem kleinen Bruder ein großes Fachwerkhaus in Niedersachsen, das er zusammen mit seinem Freund Gerhard umbauen wollte. Sie hatten große Pläne, die am Ende in Streit und Bruch endeten.

Gerhard mochte im Grunde wohl ein netter Typ sein, hätte er mir nicht des Öfteren einen Klaps auf den Po gegeben und sehr peinliche Fragen nach meinem Liebesleben gestellt, wenn Papa gerade nicht dabei war.

Ihm dürfte keineswegs entgangen sein, wie unangenehm mir das war. Ich wandte mich vor Scham, antwortete nie, wenn er penetrant wissen wollte, ob ich denn schon einen Freund hätte, und wenn er meinte: »Mir kannst du es doch sagen, ist doch gar nichts dabei, ich habe ja schließlich auch eine Freundin, ist doch was Schönes, also sag es ruhig!«, wendete ich meine Ignorierkünste an und hoffte, es würde ihm langweilig werden.

Davon abgesehen war Papas Umzug eine Verbesserung.

Die verzweifelte Schwermut, die ihn stets umgab, war in diesem Haus nicht so erdrückend wie in seiner vorherigen Bleibe.

Das Leben kehrte zu ihm zurück. Hier hatte er etwas zu tun.

Hier konnte er arbeiten und saß nicht mehr den lieben langen Tag vor seinem Rotwein.

Außerdem fand ich es toll, dass wir jetzt quasi zur Hälfte im Wendland, in Niedersachsen, wohnten. Dort verblasste der Stempel des Außenseitertums und irgendwie gehörten wir dazu. Hier wunderte sich niemand, wenn man barfuß herumlief und im Bioladen einkaufte. Hier gab es so viele Hippies und alternative Lebenskünstler, die noch viel ökomäßiger drauf waren als meine Familie, dass wir nicht groß auffielen. Das Wendland verdankte seine Bekanntheit hauptsächlich zwei Dingen: dem geplanten Atommüllendlager in Gorleben sowie dem enormen Protest gegen selbiges.

Letzterer manifestierte sich als Höhepunkt jeden Jahres im »größten selbstorganisierten Kulturfestival Norddeutschlands«, der *Kulturellen Landpartie*.

In fast allen Dörfern der Region gab es dann zwischen Himmelfahrt und Pfingsten Ausstellungen, Kulinarisches (bio natürlich), Konzerte nebst Tanz- und Theatervorstellungen.

Die sogenannten Wunderpunkte befanden sich meist in großen, wunderschönen Scheunen, im gepflasterten Innenhof eines Gehöfts, dem Garten eines Schlosses oder auf den Grundstücken alternativer Wohnprojekte, die idyllisch in kleinen Dörfern umgeben von Wiesen und Wäldern lagen.

Fast überall boten Zeltwiesen die Möglichkeit eines Nachtlagers für die Besucher.

Zu keiner anderen Zeit des Jahres war es so voll im Landkreis. Interessierte kamen aus ganz Deutschland angereist, um teilzuhaben am hippiehaften Charme der Anti-Atom-Hochburg Wendland.

Alle wollten sie getöpferte, gefilzte, gedrechselte und

gemalte Kunst bestaunen und die besten Dinkel-Quinoa-Kuchen probieren.

Getöpfert und gefilzt wurde überhaupt die ganze Zeit. Wo man auch hinsah, alles voller Filz und Ton.

Hüftwärmer, Nierenwärmer, Armstulpen, Beinstulpen, Kissenbezüge, Tampons, Westen und Hausschuhe. Teller, Tassen, Eierbecher, Aschenbecher, Zahnputzbecher, Seifenschalen, Teekannen und Vasen.

Aus einer Protestkultur entstanden, fehlte es dem Ganzen nicht an politischem Kontext.

So konnte man ferner haufenweise getöpferte und gefilzte gelbe Xe, die das Symbol der Anti-Atom-Bewegung darstellten, kaufen und sich als Statement-Deko ins Fenster stellen oder an den Autorückspiegel friemeln. Kam auch sehr gut an, das ganze Zeug.

So lustig unbeschwert wie zu Zeiten der *Kulturellen Landpartie* ging es leider nicht das ganze Jahr über zu. Deshalb genoss ich diese zehn Tage in vollen Zügen und freute mich schon auf die nächste *KLP*, wenn die letzte gerade erst vorbei war.

Ansonsten quälte ich mich durch die Schule, verstand mich immer weniger mit meiner Mutter, zog mich zurück und versuchte, mich aus den Angelegenheiten meiner Eltern herauszuhalten, weil sie ständig versuchten, mich hineinzuziehen. Es war ein ungerechter Kampf, den Eltern und Kinder nicht führen sollten.

Mein Vater redete schlecht über meine Mutter und umgekehrt. Ich bekam es ab. Man erwartete eine Meinung, eine Position von mir, die ich nicht einnehmen konnte und auch nicht wollte. Das wiederum nahm man mir sehr übel und warf mir vor, Partei für den jeweils anderen zu ergreifen. Papa begriff nicht, wie ich die Gemeinheiten und Fehler meiner Mutter nicht sehen konnte, und Mama versuchte mir zu vermitteln, was Papa alles falsch machte.

Es war grausam.

Unterdessen hatte sich klammheimlich ein zusätzliches Problem den Weg in mein Leben gebahnt.

Er war plötzlich einfach da, Frank, der Mann, der von nun an bei uns lebte. Er hatte blonde Haare und eine sehr befremdliche Art, sich in eine neue Familie zu integrieren.

Nicht die Tatsache, dass er womöglich einer der Gründe für die Trennung meiner Eltern sein könnte, ließ mich eine tiefe Ablehnung gegen ihn empfinden. Nein, es war die Art und Weise, wie er sich benahm, die mich zu dem Schluss brachte, dass ich ihn nie vollständig würde akzeptieren können.

Da konnte er uns so viel Taschengeld zustecken, wie er wollte. Mich würde er nicht kaufen können, das schwor ich mir insgeheim (seine Kohle hatte ich ohnehin nicht nötig, seit ich regelmäßig das Spardosenschloss meines kleinen Bruders knackte).

Von Anfang an spielte sich dieser neue Mitbewohner auf, als sei er in unserem Haus daheim, als sei er schon immer da gewesen und als habe er ein gottgegebenes Recht, über alles und jeden zu bestimmen und zu urteilen, als handle es sich bei uns um seine eigenen Kinder. Feinfühligkeit gehörte ganz offensichtlich nicht zu seinen Stärken. Mit einer Selbstverständlichkeit, die ihresgleichen suchte, machte er sich breit in unserem Leben, als habe er diesen Moment jahrelang geprobt, um ihn in seiner Absurdität perfekt inszenieren zu können.

In der oberen Etage unseres Hauses stand ein lilafarbenes, gänzlich unbequemes Sofa vor dem Fernseher.

Lediglich die linke Ecke, an der es breiter und runder geformt war, konnte man als gemütlich bezeichnen. Unnötig zu erwähnen, dass es unter meinen Geschwistern und mir ständig Streit um diese Ecke gab.

Als wir eines Tages zusammen fernsehen wollten, wurde mir das große Glück zuteil, den Platz in ebenjener Ecke einnehmen zu können, weil bislang noch niemand dort saß. Meine Geschwister versammelten sich rechts von mir.

Alles war gut. Dann kam Frank.

Ohne – in seinen Augen wohl überflüssige – Höflichkeiten forderte er mich auf, mich woanders hinzusetzen, denn er, Frank, würde ab jetzt diesen Platz dauerhaft für sich beanspruchen. So beschloss er es einfach, weil er es so wollte und weil er glaubte, das Sagen in diesem Haus zu haben.

Als ich mich weigerte aufzustehen, wurde er ungehalten und zog mich grob zur Seite.

Ich kochte vor Wut und hätte am liebsten losgeheult, doch das ging natürlich nicht.

Dieser Idiot! Was bildete der sich eigentlich ein?

So ging es dann immer öfter. Wie ein Elefant im Porzellanladen trampelte dieser Mann auf allem herum, was nach der großen Zäsur meiner Kindheit noch unversehrt gewesen war.

Eine besondere Freude schien es ihm zu bereiten, sich über mich lustig zu machen, und es im Nachhinein als harmlosen Spaß abzutun. Besonders meine Nase hatte es ihm angetan. Da sie einen Huckel aufwies, bot sie ohnehin schon den idealen Ausgangspunkt für zerstörtes Selbstbewusstsein.

Nicht eben besser wurde es, als Frank seine Scherze darüber machte und grinsend hervorhob, *wie* groß meine Nase eigentlich sei, und sich erkundigte, ob ich keine Angst vor dem Älterwerden hätte, denn schließlich würde meine Nase ja noch mitwachsen und irgendwann sicher überdurchschnittlich riesig und unschön sein. Das tue ihm ja auch wirklich sehr leid für mich, doch da könne man eben nichts dran ändern, an so einer *wahnsinnig großen Huckelnase*. Unwissend und angesteckt durch sein Grinsen lachten meine kleinen Geschwister mit und mir blieb nichts anderes übrig, als vorzugeben, dass mich diese Gemeinheiten nicht im Geringsten berührten. Denn wenn ich ihm meine Meinung gesagt hätte, wäre ich sofort als pubertierende Zicke abgestempelt worden. Das kannte ich schon.

War ja zu der Zeit auch normal, Mädchen und Frauen, die sich nicht alles gefallen ließen, als zickig und aufmüpfig zu bezeichnen. Außerdem hätte ich nie zugegeben, *wie* fertig mich seine »Späße« machten. So hielt ich den Mund und

hasste still in mich hinein.

Eine ganze Weile verging, die einem einzigen Auf und Ab glich. Mal verstanden wir uns besser, dann wieder schlechter.

Als ich schon nicht mehr zu Hause wohnte, stand ein größerer Familienurlaub an. Ich durfte nicht mit. Frank meinte, wenn ich mitkäme, würde er daheimbleiben. Also hatte meine Mama sich gegen mich entschieden. Das tat weh. Es tat so weh und es war mir unbegreiflich, wie meine Mutter so etwas tun konnte. Ganz egal, wie anstrengend ich vielleicht war mit meinen Besonderheiten. Ich war doch ihre Tochter, ich musste doch immer wichtiger sein als irgendein Mann! Wieso stellte sie denn einen

Frank über ihr Kind? Und wer glaubte Frank zu sein, dass er sich das Recht herausnahm, meine Mutter vor eine solche Wahl zu stellen?

Ich verstand überhaupt nicht, was mit meiner Mama passiert war. Sie war so anders.

Warum sagte sie denn nichts? Warum ließ sie es zu, dass sie fast den kompletten Haushalt alleine schmiss, während Frank vor dem Fernseher lümmelte und sich nicht einmal dazu hinreißen ließ, herunterzukommen oder zu antworten, wenn sie nach Hause kam und »Hallo!« rief.

Meine Mutter war eine von Grund auf fröhliche Person. Wenn sie aufwachte, hatte sie gute Laune.

Zwar war sie sehr impulsiv und Kleinigkeiten konnten sie furchtbar aufregen. Aber dieser Ärger war binnen kürzester Zeit vergessen und sie lächelte wieder, als sei nichts gewesen.

Sie begeisterte sich für vieles und hatte Spaß am Leben. Für mich war sie immer der Inbegriff einer starken, selbstbewussten Frau gewesen.

Seit ich alte Fotos von ihr gesehen hatte, stellte ich sie mir vor, wie eine der Frauen aus der 68er-Bewegung, die die sexuelle Revolution vorangetrieben hatte und sich von keinem Mann herumkommandieren ließ.

Wenn sie nun aber fröhlich »Halloo!« rufend heimkam, ihren Korb abstellte und merkte, dass sie keine oder nur eine genervt klingende Antwort bekam, fiel alle Freude von ihr ab.

Man konnte förmlich spüren, wie sie zusammensackte, ihr Gesicht sich in eine griesgrämige Maske verwandelte und sich tiefe Falten in ihre Stirn gruben.

Das zu sehen, zerriss mir das Herz.

Ich versuchte, besonders fröhlich und nett zu ihr zu sein, um zu retten, was Frank ihr nahm, aber es gelang mir nicht. Sie war gestresst und gereizt.

Besser war es, wenn ich mich verzog und mir insgeheim wünschte, dass dieser Mann aus unserem Leben verschwand. Es war mir egal, dass er meine Mutter anscheinend irgendwie glücklich machte und sie an ihm hing. Ich sah nur, dass aus dieser Beziehung eine ganz andere Frau herauskam, als die, die ich gekannt hatte, als sie hineinging.

Kapitel 13

Meinen vierzehnten Geburtstag verbrachte ich mit meinen zwei Freundinnen, Lisa und Lara, bei meinem Vater.

Wir hatten eine Art Gartenhaus zur Verfügung, wo wir Matratzen auslegten und DVDs sahen.

Papa und meine kleine Schwester hielten sich im Haupthaus auf und als wir hinübergingen, zauberte mein Vater eine große Schokotorte hervor, die er selbst gebacken hatte. Er kochte und backte immer sehr gerne.

Meine Freundinnen sagten, sie hätten keinen Hunger, wollten lieber wieder rübergehen und da ich nicht wie ein kleines Mädchen wirken wollte, immerhin wurde ich vierzehn und müsste eigentlich langsam auch mal ohne meine Eltern Geburtstag feiern können, sagte ich Papa, dass wir vielleicht später ein Stück essen würden, und ging. Die traurige Verblüffung in seinem Gesicht brach mir das Herz.

Er sah mich an, als hätte auch ich ihn verlassen.

Nach einer Weile brachte uns meine kleine Schwester den Kuchen ins Gartenhaus und später sagte mein Vater zu mir, er sei schon etwas niedergeschlagen gewesen, dass wir nicht zusammen gegessen hätten, müsse aber wohl verstehen, dass ich nun älter würde.

Das hatte ich doch nicht gewollt. Wenn Älterwerden

bedeutet, seinen Papa traurig zu machen, dann wollte ich ab jetzt für immer vierzehn bleiben!

Noch dazu hatte ich ihn enttäuscht.

In seinem Brief, den er mir im vorangegangenen Jahr in die Schulmappe gesteckt hatte, war von meinem Weg die Rede gewesen, den ich ganz sicher finden würde, weil ich stark und mutig sei. Aber auch davon, dass ich dabei versuchen solle, Menschen, die ich liebte, nicht zu verletzen.

Dies schien jedoch eine Aufgabe zu sein, deren Lösung sehr, sehr schwierig war und mir nicht gelingen wollte.

Von nun an hatte ich grundsätzlich und bei allem, was ich tat, Angst, etwas falsch zu machen und irgendjemandem wehzutun.

Meine natürliche Reaktion darauf war Trotz.

Zu Hause igelte ich mich ein, doch in der Schule kroch ich langsam aus dem Schneckenhaus heraus, in das ich mich verzogen hatte.

Pubertät hin oder her, von diesem ganzen Mist würde ich mich nicht länger unterkriegen lassen!

Ich werde es euch allen zeigen, dachte ich. Ihr werdet euch noch wundern!

Auf unscheinbares Mittelmaß hatte ich keine Lust mehr. Ich sehnte mich danach, gesehen zu werden, schulinterne Berühmtheit zu erlangen, und strebte schließlich an, als eine Ikone der Extravaganz aus der Masse der Röhrenjeans tragenden Pickelgesichter herauszustechen.

Verfolgte man solch ambitionierte Pläne, gab es mehrere Möglichkeiten.

Entweder, man tat etwas total Radikales, wie beispielsweise Lars aus meiner Klasse, der Karl im Vorbeigehen den Unterarm mit einem Anspitzer aufschlitzte, oder man ließ es ruhiger angehen und arbeitete sich langsam hoch.

Dafür bedurfte es allerdings einiges an Geduld, denn wie es der normale Teenagerwahnsinn eben so wollte, trieben innerhalb einer Klasse oder eines Jahrgangs mehrere Cliquen ihr Unwesen.

Wenn man Pech hatte, gehörte man einer eher uncoolen Gang an. Dann war es schwierig, irgendwie herauszuragen und cliquenübergreifende Aufmerksamkeit zu erzielen.

In meiner Klasse gab es anfangs zum einen natürlich die – und die kennen wir schon aus der Grundschule – eingeschworene Pferde-Clique.

Außerdem die Jungs-Fraktion sowie die kleine Gruppe der richtig angesagten Girls, die sogar Kontakte zu Typen in höheren Klassenstufen unterhielten.

Und schließlich der Rest. Dazu gehörte ich.

Da half es auch nicht, dass ich eine der Ersten war, die von ihrer Oma ein nagelneues blau-orangefarbenes Nokia-Handy mit Farbdisplay geschenkt bekam, welches sogar einen Internetknopf besaß, den man aber, der Kosten wegen, ums Verrecken nicht drücken durfte.

Es hatte ja auch damals in der vierten Klasse nicht gereicht, als ich als Erste meinen eckigen Kinderranzen gegen eine lässige blaue 4YOU-Mappe tauschte, die ungefähr doppelt so groß war wie ich selbst.

Genauso sündhaft wie der Internetknopf waren auch all die bunten Bildchen und Animationen aus dem Jamba-Sparabo.

Die durfte man sich eigentlich gar nicht erst angucken, weil man dann sofort merkte, wie sinnlos das Leben bislang ohne Crazy Frog und Hase Schnuffel gewesen war, und man nicht widerstehen konnte, schnell und heimlich eine SMS mit »Hase« an fünfmal die Drei zu senden, um sich dann zu wundern, warum ständig kein Geld mehr auf der gerade erst erworbenen Handykarte war.

Zwar lief auf den öffentlich-rechtlichen Sendern bei uns zu Hause derartige Werbung nicht, doch es gab immer noch die Rückseiten der Teenie-Zeitschriften und die Fernseher bei meinen Freundinnen.

Man guckte fünf Minuten irgendeine Serie, dann tanzte plötzlich ein animiertes Küken mit riesigen Glubschaugen durchs Bild und sang mit ekelhaft hoher Stimme ein grässliches Lied, während eine Stimme aus dem Off die Zuschauer anschrie: »JAMBA SUCHT DEN KLINGELTONSTAR! HEUTE AM START: SWEETY, DAS KÜKEN! HOL DIR DIESEN KLINGELTON IM JAMBA-SPARABO! SENDE GELB-4, GELB-5 ODER GELB-6 AN FÜNFMAL DIE DREI!!!«

Dann gab es wieder zehn Minuten Serie, ehe das Gesinge und Geschreie von Neuem begann.

Es machte einen hochgradig aggressiv und dennoch vermochte niemand, sich dieser Magie zu entziehen.

Man kam einfach nicht drum herum.

Klingeltöne und Hintergrundbilder waren überall und wurden per Infrarot oder später per Bluetooth verbreitet.

Sie waren Ausdruck absoluter Coolness und Dazugehörigkeit. Ohne ging gar nichts.

Es war ja auch kein Wunder. Denn welcher Teenager, der kein totaler Außenseiter sein wollte, besaß schon die Willensstärke, »Nein, danke« zu sagen, wenn er im Musikfernsehen alle fünf Minuten angebrüllt wurde, er solle nur schnell eine SMS mit »Love« an fünfmal die Drei schicken und schon bekäme er den Love Calculator direkt aufs Handy und könne ganz easy herausfinden, ob sein Schwarm zu ihm passte?

So angesagt das tolle Nokia-Handy in meinem Jahrgang auch sein mochte, die älteren Mädchen konnten darüber nur lachen, denn sie waren selbstverständlich bereits Besitzerinnen neumoderner Klapphandys, die vor Handyanhängern und angeklebten Strasssteinen aus der Bravo nur so klirrten und blitzten.

Es hätte mir egal sein können, da ich mit den Klassen über mir nichts zu schaffen gehabt hätte, wenn nicht die Kinder aus meinem Dorf und Umgebung, sobald sie von der Grundschule aufs Gymnasium wechselten, mit einem privaten Minischulbus abgeholt und zur Schule gefahren worden wären. Da saß ich nun ganz hinten in meiner Ecke und versuchte, die beiden älteren Mädchen zu ignorieren, die nonstop und voll unbeschwerter Sexyness ihre Klapphandys easy-peasy mit dem Zeigefinger aufschnippten, um sie dann lässig an ihren Oberschenkeln wieder zusammenzufalten.

So wollte ich auch sein! *Das* war mein absolutes life goal! Einmal in meinem Leben ein silbernes Klapphandy besitzen und den leichten Druck am Bein verspüren, wenn ich es entspannt mit einer gekonnten Bewegung aus dem Handgelenk und einem leisen, aber doch deutlich vernehmbaren »Klapp« zuschnappen ließ.

Ein Traum! Erfüllte sich nur leider nie.

Als das eine Mädchen irgendwann sogar ein Handy präsentierte, dessen oberen Teil man transformerartig zur Seite schieben konnte, gab ich mich geschlagen.

So etwas würde ich nie im Leben besitzen. Die war einfach zu cool für diese Welt. Tschüss Schulhof-Fame, tschüss Anerkennung. Hallo Bedeutungslosigkeit!

Ich wurde richtig sauer. Sah ich doch meinen Plan schon scheitern.

Überhaupt zwang mich ein Gefühl des allgemeinen Versagens zu Boden.

Die Schule interessierte mich nicht besonders. Ich fühlte mich eingesperrt, konnte mich nicht konzentrieren, träumte vor mich hin, sah aus dem Fenster und verstand die Tragweite der ganzen Sache nicht. In Mathe war ich unglaublich schlecht, Hauptstädte konnte ich mir auch nicht merken, Vorsingen war die Hölle. Ich verbrachte einen Großteil des Unterrichts damit, meine Hefter anzumalen.

Wenn auf selbigen kein Platz mehr war, machte ich auf dem Tisch weiter. Das verbesserte meine Konzentration deutlich. Mir fiel es wesentlich leichter, dem Gerede der Lehrer zu folgen, wenn ich nebenbei malte.

Natürlich war ich die Einzige, die das wusste, und so wertete man mein Verhalten gemeinhin als Desinteresse und störrische Aufmüpfigkeit, was eine sehr unerfreuliche Mitarbeitszensur zur Folge hatte.

Insgesamt wurde ich völlig zu Unrecht, wie ich fand, ständig fehlinterpretiert.

Zum Beispiel in Physik.

Unser Lehrer, Physik-Schulte, führte an einem Tisch ein Experiment durch, weshalb wir Schüler uns alle im Halbkreis um den Versuchsaufbau versammeln sollten. Negativ durch die Kindergarten- und Grundschulzeit vorbelastet, hegte ich ja eine tiefe Abneigung gegen Kreise, auch gegen Halbkreise.

Dabei war es einerlei, ob man auf Stühlen saß oder eben mitten im Raum um einen Tisch herumstand.

Ich fühlte mich beobachtet. Meine Arme nervten mich. Die hingen einfach herum und ich wusste nicht, wohin damit. Irgendwo hatte sich in meinem Kopf einmal das Wissen festgesetzt, dass es unhöflich sei, die Hände in die Hosentaschen zu stecken. Schade, sonst hätte ich das in diesem Moment gern getan. Stattdessen verschränkte ich schließlich meine Arme vor der Brust, damit ich mich quasi an mir selbst festhalten konnte, wovon ich mir ein sich zeitig einstellendes Gefühl von Sicherheit versprach.

Als Physik-Schulte von seinem Versuch, für den sich niemand interessierte, aufsah und erwartungsvoll in die Runde stierte, fiel sein Blick auf mich.

Seine Miene verfinsterte sich.

Da konnte man es mal wieder sehen, das Fräulein Malina hatte es offenbar nicht nötig, sich am Unterrichtsgeschehen zu beteiligen und aufzupassen.

»Na, guck an!«, rief der Lehrer und fixierte mich grimmig, »langweilt dich das hier so sehr, Malina? Hältst du dich für so was Besonderes, dass du dich nicht mal vernünftig hinstellen kannst, wie alle anderen? Geht dich hier alles nichts an oder wie soll ich deine ablehnende Haltung interpretieren?!«

Ich erschrak richtig, hatte ich doch mit einer derartig heftigen Reaktion nicht gerechnet.

Was hatten bloß immer alle damit, dass ich mich angeblich für etwas Besseres hielt? Wann hatte ich so etwas je geäußert? Zwar brannte ich tatsächlich nicht allzu sehr für die Veranschaulichung der Fliehkraft, aber eigentlich hatte ich das nicht mit meiner Körpersprache ausdrücken wollen.

Verunsichert ob der vielen Augenpaare, die nun auf mir ruhten, zuckte ich mit den Schultern und steckte bekümmert die Hände in die Taschen.

Ächzend schüttelte Physik-Schulte den Kopf, als sei hier Hopfen und Malz verloren, und fuhr mit seinem Schülerexperiment fort.

Am Ende schrieb er *SEX* als Thema der Stunde ins Klassenbuch und kam sich dabei wahnsinnig lustig vor.

Für alle, die nicht ganz so witzig um die Ecke denken, *SEX* war die Schulte-eigene Abkürzung für Schülerexperiment.

Überdies plagte mich zu Beginn eines jeden neuen Schuljahres die entsetzliche Panik, keinen guten Sitzplatz zu ergattern. Und keinen guten Sitznachbarn.

Nichts war beispielsweise schlimmer, als den Tisch vor dem Lehrerpult abzubekommen. Diese Furcht saß tief und beherrschte mich vollkommen. Die schreckliche Vorstellung, ein ganzes Schuljahr – denn einmal festgelegte Sitzplätze ließen sich nahezu unmöglich im Nachhinein ändern – in einer schlechten Position und obendrein noch neben jemandem verbringen zu müssen, den ich nicht leiden konnte, lähmte mich.

Es gab so viele Anforderungen, die ich an einen guten Sitzplatz stellte. Er musste so weit wie möglich vom Lehrertisch entfernt sein, am besten am Fenster, damit ich der Welt draußen näher war. Ferner durfte er sich nicht mittig befinden, weil man sonst erstens von allen Seiten beobachtet werden und sich zweitens nirgends anlehnen konnte.

Die allerletzte Reihe war jedoch auch nicht immer die beste Wahl, denn viele Lehrer hatten diese letzte Reihe ganz besonders auf dem Kieker, da sie schon ahnten, dass sich dort die weniger arbeitswilligen Schüler verkriechen würden. Darüber hinaus durfte man nicht den Platz am Gang abbekommen, denn dann bestand die Gefahr, dass die Lehrer bei ihren Spaziergängen durchs Klassenzimmer neben einem stehen blieben und schauten, was man so aufschrieb – und das war meist nicht allzu viel.

Des Weiteren schadete es nicht, wenn vor einem eine große Person saß, sodass man sich hinter ihr verstecken konnte, sobald der Blick des Lehrers suchend durch den Raum glitt, um ein Opfer für die mündliche Leistungskontrolle auszuwählen.

Kurzum, man musste die räumlichen Gegebenheiten bereits im Vorfeld genau kennen, damit es ein Leichtes war, auf Anhieb zum richtigen Platz zu hechten und ihn für ein ganzes Schuljahr in Beschlag zu nehmen.

Leicht war das nicht unbedingt, klappte aber aufgrund meines immensen Ehrgeizes trotzdem in achtzig Prozent der Fälle.

Wenn es misslang, blieb nur die Hoffnung, ein Meteorit würde in die Schule einschlagen, wie das manchmal bei meinem Lieblingscomputerspiel, ›Die Sims‹, passierte. Oder die Aussicht auf einen langen, kalten Winter (damals gab es so etwas auch in unseren Breitengraden noch), denn dann standen die Chancen nicht schlecht, dass bei vereisten Straßen die Schulbusse nicht fuhren.

Das Beste an der Schule waren im Grunde die Pausen.

Ich vermisse sie noch heute. So sehr, dass ich beinahe bereit wäre, dafür wieder die Schulbank des Geschwister-Scholl-Gymnasiums zu drücken.

Denn diese freien Minuten boten viel Zeit, um haufenweise Blödsinn zu reden, herumzudödeln, ausgiebig zu lachen, zu lästern, zu flirten und mitunter auch neue Bekanntschaften zu schließen.

Pläne wurden geschmiedet, Schneebälle hin- und hergeworfen und geheimnisvolle SMS verschickt, während man den Empfänger aus sicherer Entfernung dabei beobachtete, wie er sein Mobiltelefon zückte und kopfschüttelnd die eingegangene Nachricht las.

Ich glaube, ich habe in meinem Leben nie mehr so viel gelacht wie in jenen Schulpausen.

Die mit Abstand beste Unterhaltung im Bereich Über-andere-Leute-Reden bot sich jedoch nach den Sommerferien.

Diese schulfreie Zeit setzte einen nahezu imposanten Effekt überbordender Experimentierfreudigkeit vor allem bei den jungen Mädchen frei.

Abseits des permanenten Drucks ihrer Mitschüler blühten sie förmlich auf und erprobten extraordinäre Frisuren, individuelle Outfits und erstaunliche Make-up-Kreationen.

Manche waren nach sechs Wochen Freiheit schier nicht wiederzuerkennen.

Insgeheim freute man sich wie ein Honigkuchenpferd auf den ersten Schultag nach den Ferien, denn das Abchecken der verwandelten Mitschüler war eine der größten Freuden des Teenagerdaseins.

Das Problem hierbei war, dass der Schulalltag aus viel zu wenigen Pausen und viel zu vielen Unterrichtseinheiten bestand.

Wobei das Pausengetratsche selbstverständlich in den Stunden fortgesetzt wurde. Nur leider konnte man sich nicht ungestört unterhalten, wenn man alle fünf Minuten von einem genervten Lehrer mit den Worten »Pssssssssst! Ruhe jetzt oder es gibt einen Eintrag ins Klassenbuch!« unterbrochen wurde.

Wenn ich abends nach Hause kam – denn wir hatten Nachmittagsunterricht und der Bus brauchte eine gute

Stunde bis ins entlegene Hinterelbe –, aß ich wortkarg mein Essen und zog mich anschließend in mein Zimmer zurück.

Noch immer war mein Privatleben getrübt von einer Melancholie, die tief in meinem Herzen lauerte und immer dann in Erscheinung trat, wenn ich zur Ruhe kam.

Es klingt komisch, doch die Schule wurde tatsächlich mein Zufluchtsort.

In Hinterelbe hatte ich jetzt eigentlich keine Freunde mehr. Nur noch Bekannte, mit denen ich mich aber nicht verabredete. Auch der Kontakt zu meiner eigentlich besten Freundin Mandy war, nachdem wir getrennte Schulen besuchen mussten, im Sande verlaufen.

Im Nachbardorf indes wohnte ein älterer Junge namens Malte. Und dieser junge Mann mochte mich offenbar ganz gerne leiden.

Anfangs hatte ich davon keinen blassen Schimmer, doch als er mich immer öfter bei ICQ anschrieb, nach meiner Nummer fragte und mich eines Tages mit dem Auto abholte, damit ich ihn auf einen Berlin-Ausflug begleiten sollte, dämmerte es mir allmählich.

Je mehr ich darüber nachdachte, desto weniger wusste ich eigentlich, woher ich ihn kannte.

Irgendwann hatte er mit einem Kumpel und zwei Mopeds vor unserer Tür gestanden und gefragt, ob ich nicht eine Runde mitfahren wolle.

Wollte ich nicht. Mopeds waren mir unheimlich.

In die entstandene Peinlichkeit hinein stellte der Kumpel von Malte die Frage in den Raum: »Deine Eltern sind doch Hippies, oder?«

Ich: »Wieso?«

Er: »Na, weil euer Haus so viele Fenster hat.«

Mit diesem Statement verabschiedeten sich die beiden und knatterten davon.

Jahrelang blieb mir der Sinn dieser Aussage vollständig verborgen.

Bis ich es eines Tages nicht mehr aushielt, ihn anschrieb und fragte, wie er das denn damals eigentlich gemeint habe. Erstaunlicherweise erinnerte er sich noch genau und konnte es mir erklären. Er war nämlich davon ausgegangen, dass Hippies grundsätzlich sehr viel kifften und dementsprechend viele Fenster bräuchten, um den Rauch aus dem Haus zu schaffen.

So einfach war das.

Und es leuchtete ja auch ein.

In Berlin jedenfalls war Malte Mieter einer Studentenwohnung gewesen, die er nun aufzulösen gedachte. Irgendetwas war da los mit der Schlüsselübergabe und/oder seinem Mitbewohner. So genau wusste ich es nicht, was vielleicht auch daran lag, dass ich Schwierigkeiten hatte, Gesprächen zu folgen, da ich mittendrin den Faden verlor und stattdessen meinen eigenen Gedanken nachhing.

Während der Fahrt in die Hauptstadt sprach ich kaum ein Wort und sah unentwegt aus dem Fenster.

Schöne Landschaft.

Malte veranlasste das dazu, die bedrückende Stille mit Musik vertreiben zu wollen. Er fischte einen Stapel CDs hervor und sagte, ich solle da mal etwas Cooles raussuchen. Da ich erstens eigentlich gar keine Lust auf Musik hatte, es ihm aber nicht vermiesen wollte und zweitens keinen einzigen der Bandnamen auf den Covern je gehört hatte, trug es sich schließlich zu, dass wir die 200 Kilometer von Hinterelbe nach Berlin Take That hörten, weil ich blind eine CD gegriffen und behauptet hatte, dass es sich hierbei um Spitzenmusik handle.

Darüber, dass Malte daraufhin alle paar Kilometer beteuerte, die CD müsse irgendwem anders gehören, nur nicht ihm, und er müsse die unbedingt bald wieder diesem Jemand zurückgeben, er wisse ja gar nicht, wie die eigentlich in seinen CD-Stapel gekommen sei, wunderte ich mich angesichts des schnulzigen Gejaules eigentlich nicht.

Na ja, wenigstens kannte ich jetzt eine Band, mit der man definitiv keine Schulhofbeliebtheit erlangen konnte.

Auch nicht schlecht, man konnte das Pferd natürlich auch von hinten aufzäumen.

In der Wohnung angekommen, saß ich stumm am Küchentisch, während Malte verzweifelt versuchte, ein Gespräch in Gang zu bringen. Der Mitbewohner lehnte indes aufmerksam an der Einbauküche und amüsierte sich offenbar prächtig.

Es tat mir durchaus leid, aber da ich nie zuvor in einer derartigen Situation gewesen war und man so etwas leider nicht in der Schule lernte, wusste ich nicht, wie man das machte, Konversation mit jemandem, der einen mochte. Noch dazu, wenn ein unsympathischer Typ keine zwei Meter entfernt rumlümmelt und sehr interessiert daran scheint, zu hören, was man zu sagen hat.

Wie unsensibel konnte ein Mensch eigentlich sein?

Was sollte ich denn mit den beiden reden?

Ich kannte Malte ja im Grunde kaum und der Mitbewohner war mir gelinde ausgedrückt relativ egal. Sicherheitshalber sah ich den auch erst gar nicht richtig an. Am Ende würde noch Blickkontakt entstehen und dann hatte man den Salat. Dann kam man zumindest um Smalltalk nicht mehr herum, und das war noch schlimmer als pein-liche Stille.

Mir war klar, dass sich viele Leute gekonnt passende Oberflächlichkeiten aus dem Ärmel schüttelten, um ein-fach irgendetwas zu sagen.

Na, wie geht's? Was läuft? Tolles Wetter heute! Die Bahn hatte total Verspätung und die Milch ist auch schon wieder teurer geworden, nicht zu glauben, oder?! Solche Dinge.

Das Irritierende daran war, dass gar keine Antwort erwartet wurde, und wenn man doch etwas erwiderte, waren die Leute ganz durcheinander, weil sie überhaupt nicht mit einem richtigen Gespräch gerechnet hatten.

Das war mir eindeutig zu anstrengend. Daher blieb ich große Verfechterin der Auffassung, man solle einfach still sein, wenn man nichts von Bedeutung zu sagen habe. Ich inspizierte also die Ketchup-Flecken auf der Tischplatte und schwieg.

Auch ein Grund übrigens, warum meine Mitarbeits-note in der Schule so katastrophal ausfiel.

Etwas von Bedeutung zu sagen, war oft schwierig. Vor allem, wenn die Fragen der Lehrer vor Bedeutungslosig-keit strotzten und die Antworten einfach derart offen-sichtlich waren, dass selbst die begriffsstutzigsten Schüler sie noch richtig hätte beantworten können.

Wenn Frau Schmidt beispielsweise wissen wollte, was wir glaubten, welches Thema der vorliegende Text be-handle, und die Antwort ganz eindeutig bereits in der Überschrift zu finden war, kam ich mir verarscht vor und hätte es als Beleidigung meiner Intelligenz empfunden, daraufhin den Arm zu heben. Da einige Lehrkräfte die Mitarbeitsnote aber errechneten, indem sie zählten, wie oft sich jemand meldete und darüber Strichliste führten, hatte ich schlechte Karten. Genau wie der arme Malte bei mir.

Die Rückfahrt verlief genauso ereignislos wie der Hinweg. Ich fragte mich später, ob Malte sich etwas anderes erhofft hatte. Wenn ja, was? Wenn nicht, musste er wohl ein extrem genügsamer Mensch sein.

Automatisch beschlich mich wieder das miese Gefühl, versagt zu haben.

Es tat mir alles ziemlich leid. Dass ich keinen Smalltalk konnte, dass ich scheiß Musik ausgesucht und kaum mit ihm geredet hatte. Besonders, weil Malte mir in den nächsten Tagen viele SMS schickte, auf die ich keine Antwort wusste. Auch dass ich nur freundschaftliche Gefühle für ihn empfand, tat mir leid, aber darüber wollte ich nicht so detailliert nachdenken, denn ich weigerte mich, diesem Thema Raum in meinem Leben zu geben. Das fehlte gerade noch, dass zu dem ganzen Pubertätsschlamassel was mit Verliebtsein dazukam. Ich war mir da eh nicht so sicher.

Konnte man einfach annehmen, dass jemand auf einen stand? War das nicht irgendwie eingebildet? Ich meine, so super gigantisch toll war ich jetzt nun auch wieder nicht. Vielleicht hatte er einfach bloß nett sein wollen oder suchte Freunde, weil er nicht viele Leute kannte? Womöglich bildete ich mir da etwas ein, was gar nicht so war …? Das nervte ja jetzt schon extrem, dieses Thema! Und das, obwohl ich es doch gar nicht in mein Leben hatte lassen wollen!

Aus Unsicherheit hätte ich mich gar nicht mehr mit Malte getroffen, hätte er mich nicht einfach abgeholt und zum Mathelernen mitgenommen.

Er gab sich wirklich große Mühe. Es half jedoch nichts. Weder in Bezug auf Mathematik noch meine Gefühle betreffend.

Ich war fünfzehn und meine Teenagerzeit drohte gänzlich eskalationslos an mir vorbeizuziehen.

Ich trank noch nicht einmal Alkohol.

Das war nicht das wilde Leben, das ich mir erhofft hatte.

Kapitel 14

Ich existierte also so vor mich hin, als eines Tages völlig unvermittelt Punkrock in mein Leben trat.

Vielleicht war er auch immer schon da gewesen. Schlummernd in meinem Unterbewusstsein.

Still. Angekettet.

Er war die nebulöse Ahnung davon, dass das hier nicht alles sein konnte.

Er war die Rettung, die Erlösung.

Er wartete geduldig, beobachtete meine kläglichen Ersuche nach Aufmerksamkeit, meine trotzigen Gebärden, lachte sich ins Fäustchen angesichts meiner lähmenden Melancholie.

Gebannt wartete er darauf, entfesselt zu werden.

Er sehnte den Moment herbei, an dem ich ihn erkennen und ihm Tür und Tor öffnen würde.

Interessanterweise kam jener Moment schließlich in Form eines Bravo-Posters.

Geraume Zeit vorher hatte mein Vater mir seine alten Nirvana-Alben geschenkt, da auch er offenbar fand, dass es an der Zeit sei, mich auf die richtige Bahn zu lenken.

Jene für mich bis dato unbekannte Musik fand ich recht passabel.

Der Typ, der mit rauchiger Stimme leidenschaftlich

über Entertainment und Drogen sang, hatte zweifellos Talent.

Doch es reichte nicht, um den Käfig, in dem Punkrock gefangen war, zu sprengen.

Erst als meine Mutter mir aus irgendwelchen Gründen ein Poster und eine CD von Avril Lavigne in die Hand drückte, sprang der Funke über.

Ich war sofort Feuer und Flamme.

Vielleicht lag es daran, dass ich mit einem taffen Teenager-Mädchen, das fettige Haare und schwarz geschminkte Augen hatte und Armstulpen trug, mehr anfangen konnte als mit einem Baby, das einem Geldschein hinterherschwamm. Das Cover ist schließlich der erste Eindruck, und der zählte ja bekanntlich.

Hier visualisierte sich mir etwas völlig Neues.

Plötzlich begann ich zu ahnen, dass es da draußen mehr gab als süße Girlbands in High Heels und Feinstrumpfhosen.

Mit einem Mal füllte sich eine tiefe Lücke in meinem Inneren.

War es das, wofür ich bestimmt war? Eine Rebellin zu sein, wie diese Avril?

Ja! Ganz sicher, das musste es sein!

Mit den Sängerinnen von den No Angels hatte ich mich nie identifizieren können, aber hier, diese Frau, das war doch ein ganz anderes Level!

Das hatte doch Stil, das war doch cool, wie die mit ihrem Skateboard durch das Einkaufszentrum düste, Chaos verbreitete und freche Lieder sang. Ich sah den Esprit der Rebellion förmlich aus dem glänzenden Poster aufsteigen.

Genau so wollte ich sein! Taff und unangepasst. Vorlaut und aufständisch.

Was das bedeutete, war offensichtlich: Ich musste Skateboardfahren lernen!

Nach zwei Tagen endete meine Skaterkarriere, bevor sie überhaupt richtig beginnen konnte.

So super, wie ich es mir ausgemalt hatte, war das gar nicht. Da ein *Ollie* der einzige Trick war, den ich kannte – und zwar aus einer Bravo-Fotolovestory – und mir dessen Umsetzung auch nach intensiver halbstündiger Übung ein Rätsel blieb, beschloss ich, dass dies nicht der ausschlaggebende Punkt sein konnte.

Vielmehr kam mir alsbald die Erleuchtung, dass ich die besten Voraussetzungen bereits mitbrachte.

Unangepasst war ich ja schon seit meiner Kindheit. Zwar nicht ganz freiwillig, aber das brauchte ja niemand zu wissen.

Und so begann sich das Blatt zu wenden.

Teil 2

Kapitel 15

In den folgenden Jahren brachte ich Schwung in mein eingeschlafenes Teenagerdasein.

Endlich schnallte ich, dass die Jugend dazu da ist, mal so richtig auf den Putz zu hauen und die revolutionäre Kraft zu entfalten, die jeder Mensch in seinem Herzen trägt.

Wenn man es richtig anstellte, konnte man die Weichen so einstellen, dass einen ein freies, alternatives Leben erwartete, wenn man mit neunzehn, zwanzig am Bahnhof »Erwachsenenleben« ausstieg.

Man musste nur die Kurve kriegen und vom konventionellen Weg abkommen, alles andere ergab sich schon irgendwie.

Koffer packen, losziehen, mal sehen, was bei rumkommt. Keine Zukunftspläne schmieden, Erwachsensein nicht so ernst nehmen, einfach leben.

Das Ziel war es, davon war ich überzeugt, seine Kindheit und Jugend mitzunehmen und niemals das unbeschwerte Gefühl zu vergessen, das sich einstellt, wenn man betrunken nachts am See sitzt oder barfuß durch Pfützen tanzt.

Ich wollte ein Leben voller Widerstände, voller Ecken und Kanten, an denen man sich zwar ständig die Birne anhaute, hinfiel, Narben behielt, aber doch immer wieder aufstehen und weitermachen konnte, weil man brannte für starke Emotionen, noch so vieles erwartete und gar nicht genug bekommen konnte vom Sammeln der Erinnerungen.

Ein Leben, unglaublich aufregend und wahnsinnig intensiv. Ein Leben fernab des Mainstreams, wild und frei und anders.

Auf der Suche nach meinem Selbst durchlief ich nun mehrere Phasen und diverse alternative Subkulturen. Ich testete, welche ich am meisten in mir *spürte*, welche ich wirklich *lebte* und vor allem, mit welcher ich am besten provozieren konnte.

Denn darum ging es ja auch.

Provozieren, aufmucken, auffallen, anders sein, den Spießern ans Bein pissen.

Weil es gerade in war und ich die passenden Klamotten schon zu Hause hatte, rutschte ich schwuppdiwupp als Erstes in die Emo-Schiene hinein.

Heute weitestgehend ausgestorben oder von den Gothics verdrängt, waren Emos damals eine große Sache.

Plötzlich wimmelte es im Internet und in den Jugendmagazinen nur so von Kids mit tiefschwarz geschminkten Augen und Friedhof-Outfits.

Allgemeines Erkennungsmerkmal: schwarzbunte Haare, die mit zwei Kannen Haarspray bis zum Kinn ins Gesicht geklatscht waren – der umgekehrte Iro quasi.

Damit der Wind ihnen die Fransen nicht doch wieder aus dem Gesicht wehte, mussten sie permanent mit gesenktem Kopf gehen, wodurch der Eindruck entstand, sie seien ständig niedergeschlagen und traurig. Um wegen des haarverschleierten Blicks nicht gegen die nächste

Hauswand zu rennen, konnte man als weitere Besonderheit ein permanentes Zur-Seite-Zucken des Kopfes wahrnehmen, wobei die Haare mehr oder weniger elegant aus dem Blickfeld geschleudert wurden.

Im Nachhinein kommt es mir auch so vor, als seien Emos die Avantgarde der Selfie-Fraktion gewesen, denn auf einmal kursierten überall Fotos, die mit einer umgedrehten Digicam von rechts oben aufgenommen worden waren. Dabei schaute die fotografierte Person meist scheinbar deprimiert nach schräg unten, wodurch das Portrait im Wesentlichen aus toupierter Frisur bestand.

Beliebt waren auch Bilder mit Skateboards, gruseligen Puppen, niedlichen Kuscheltieren oder Küchenmessern.

Es war wie mit Tokio Hotel. Offiziell hasste man Emos und verspottete sie. Heimlich bewunderte man ihren Mut zur Andersartigkeit.

Waren Tokio Hotel am Ende gar eine Emo-Band?

So gut kannte ich mich da nicht aus; ich wusste nur: Wenn alle gegen Emos waren, musste ich einer werden!

Zwar wurde sich in einschlägigen Foren heftig darüber echauffiert, dass »irgendwelche Kinder« meinten, sie könnten einfach Emo werden, denn Emo wurde man nicht, Emo *war* man! Doch das war mit herzlichst egal. Erst mal Emo sein, danach könnte ich so tun, als wäre ich genau derselben Meinung und schon mit Haarspray-Frisur und Panda-Augen aus dem Mutterleib gekrochen.

Natürlich stritt man auch leidenschaftlich darüber, was genau Emosein ausmachte. Manche hielten es für einen kurzweiligen Jugendtrend, einige für eine Stilrichtung mit bestimmten äußerlichen Merkmalen, andere hingegen ärgerten sich riesig über solche, ihrer Meinung nach unqualifizierten Darstellungen, denn sie waren inbrünstig davon überzeugt, dass Emo eine Lebenseinstellung war.

Für sie ging es tatsächlich um das, was das Wort schon andeutete: Emotionalität.

Weinen, verletzlich sein, Gefühle zeigen. Was es auch war, ich wollte mitmachen!

Wie in jeder anderen Szene gab es Leute, die »schon immer dabei gewesen waren«, und solche, die neu dazukamen und erst mal kritisch als Wannabes beäugt wurden.

Weil ich Letzteres vermeiden und so tun wollte, als gehörte ich zu Ersteren, musste ich eine Menge lernen.

Einschlägige Bands zu kennen, war besonders wichtig.

My Chemical Romance, Jimmy Eat World, Kill Hannah, Funeral for a Friend, solche halt.

Was all diese Musikgruppen gemeinsam hatten, war, dass es sich um Vereinigungen schwarz gekleideter Männer handelte, die tiefgreifende Gefühle besangen.

Das ging jetzt nämlich, denn im Grunde war Emo ein Tabubruch.

Endlich durften auch Männer weinen, über Liebeskummer sprechen und Röhrenjeans tragen. Dafür wurden sie verspottet, aber das machte ihnen nichts aus. Respekt.

Endlich ergab meine ganze Melancholie einen Sinn und die bemitleidenswerten Tagebucheinträge über die Ungerechtigkeiten des Lebens erschienen nicht mehr ganz so peinlich. Weltschmerz war plötzlich okay, ja sogar cool – innerhalb der Szene zumindest.

Emotional war ich ja schon immer gewesen, und zwar sehr, außerdem fand ich es recht praktisch, dass meine bunten Kinderstrumpfhosen auf diese Art einen neuen Verwendungszweck fanden.

Konnte doch auch nicht so schwierig sein, so ein

Emo-Outfit. Anregungen holte ich mir im Internet, wo ich mich bereits bei Emotreff.net registriert hatte, um erste Erkundigungen einzuholen und Kontakte in die Szene zu knüpfen. Bis auf eine Gleichgesinnte, die schon vor mir auf den Zug aufgesprungen war, sah es in meiner Schule zu dieser Zeit nämlich eher mau aus, was Subkulturen anbelangte. Ein, zwei Punks, ein Gothic-Mädchen, alle viel älter als ich.

Jene szenebezogene Einsamkeit gedachte ich wie folgt zu beheben: Jeden Freitag und Samstag gab es damals große Emo-Treffen am Berliner Alexanderplatz. Hatte ich zumindest in einem Forum gelesen. Da passte es nur zu gut, dass mein Vater mittlerweile bei seiner neuen Frau und deren vier Kindern in Berlin lebte. Vorsichtshalber gab ich vor, shoppen zu wollen, als ich an einem verheißungsvollen Samstagmittag das Reihenhaus in Zehlendorf verließ, um zu meinem ersten Emo-Treff zu gehen.

Keinesfalls war ich Fan von Gruppenveranstaltungen und von Menschen im Allgemeinen auch eher nicht, aber aus Gründen, die nur meinem Vergangenheits-Ich bekannt sind, war ich überzeugt, es müsse sich hierbei um eine durchaus besuchenswerte Veranstaltung handeln, die bestens geeignet wäre, um ein engmaschiges Netz an Bekanntschaften zu knüpfen. Voller Erwartung und melancholischem Glamour begab ich mich also zur angegebenen Uhrzeit zum angegebenen Treffpunkt.

Als ich hinter dem Fernsehturm auf den Platz mit den Springbrunnen trat, erblickte ich jedoch Dinge, die ich so nicht für möglich gehalten hätte. Vielleicht hatte ich mir einen bunten Massenauflauf vorgestellt, bei welchem alle Teilnehmenden ausgelassener Stimmung waren – zumindest, soweit dies im Rahmen der Emo-

Attitüde möglich war – und alle Neuankömmlinge mit offenen Armen empfangen wurden. Man hätte zusammen herumgestanden, über Bands geredet, Kuscheltiere getauscht oder was auch immer.

Da hatte ich mich allerdings gründlich geirrt.

Zwar standen ziemlich viele Emos in kleinen Grüppchen herum, jedoch waren sie allesamt vollauf damit beschäftigt, befremdliche, sehr schnelle und mir gänzlich unbekannte Musik zu hören und dazu mit den Füßen merkwürdige Tretbewegungen ausführend auf der Stelle zu springen, wobei sie sich gegenseitig in der Absurdität der eigenen Vorstellung zu überbieten schienen. Es sah aus, als wollten die Springenden in der Luft auf der Stelle laufen und dabei auf einen unsichtbaren Gegner einprügeln.

Ich war entsetzt. Was zum Geier war das denn? Machte man so etwas als Großstadt-Emo? Oder hatte ich mich im Tag geirrt? Schnell überprüfte ich noch einmal die Eckdaten, doch Ort und Zeit stimmten mit den Angaben aus dem Internet überein. Konnte es vielleicht sein, dass diese abenteuerlichen Gebärden in Wahrheit DER ganz neue Hit und nur noch nicht bei uns auf dem Dorf angekommen waren? Wenn ja, dann Gott sei Dank, dachte ich. Mit so etwas konnte ich mich beim besten Willen nicht identifizieren. Wenn ich komplett sinnlos herumhüpfen wollte, dann tat ich das, aber nicht zu solch unerträglicher Wummermusik!

Die vorbeilaufenden Passanten schienen meine Meinung zu teilen, denn auch sie schüttelten die Köpfe oder starrten ungläubig die exotischen Hampelmänner an, die sich da zusammengerottet hatten, um ihre Mangafrisuren im Takt des ohrenbetäubenden Krachs hin- und herzuschwenken.

Da ich nicht unverrichteter Dinge den Rückzug antreten wollte, setzte ich mich in einer Entfernung, die andeuten sollte, dass ich nicht 100 Prozent mit dem, was dort vor sich ging, übereinstimmte, aber auch nicht zur Gänze abgeneigt war, auf eine Bank und wartete, dass mich jemand ansprach.

Leider sprach mich niemand an.

Während der vielen Male, die ich jene Treffen besuchte und abseits herumlungerte, waren die einzigen Menschen, die mit mir Kontakt aufzunehmen versuchten, Bettler, die nach einem Euro fragten, Polizisten, die mich nach meinem Befinden fragten, und zwei Leute von RTL, die mich überhaupt nichts fragten, sondern mich ohne Umschweife für eine ihrer Idiotensendungen rekrutieren wollten. Irgendwas mit einem Gefängnis. Sie meinten, ich würde super in ihr Konzept passen, so wie ich aussähe.

Was soll's, dachte ich irgendwann resigniert. Für Menschen wie mich gab es zum Glück das Internet.

Mit dieser Einsicht hatten sich meine Alexanderplatz-Eskapaden erledigt und ich wandte meine Aufmerksamkeit wieder Emotreff.net zu.

Dort gestaltete sich die Kontaktaufnahme wesentlich leichter. Nämlich meist in Form von Fotokommentaren, wie ich recht schnell durchschaute.

Man ging auf ein Profil und postete unter ein beliebiges Bild ganz viele Herzchen und schrieb Sachen wie »Ooohh *-* voll sweet <33« oder »^^ aaawww kawaii <33333 (ᴖ‿ᴖᴖ✿«.

Daraufhin antwortete die betreffende Person meistens »(≧‿≦) dankiii｡.:☆*:･'(*⌒ — ⌒*)))« und man schrieb sich eine erste private Nachricht.

In der Regel total verrücktes Zeug, das keinen Sinn ergab und völlig unverständliche japanische Schriftzeichen enthielt.

Doch nicht nur Emotreff.net inspirierte mich. Sowohl die Bravo als auch die Mädchen und die Bravo Girl widmeten dem Thema des Öfteren mehrere Seiten, hauptsächlich mit Style-Anleitungen.

Über das, was ich in Berlin gesehen hatte, konnte ich allerdings nirgendwo etwas entdecken. Es dauerte noch eine Weile, bis Jumpstyle auch bei uns in der Provinz ankam – und dann war er eigentlich auch schon längst wieder tot.

Natürlich musste ich mich als echtes Emo-Girl, das ich jetzt nun einmal war, maßlos über die Schreiberlinge der Jugendzeitschriften empören.

Es war aber auch zu traurig, wie absolut keine Ahnung die von der Materie hatten. Die verstanden gar nicht, worum es beim Emosein tatsächlich ging, dachten nur oberflächlich und stellten es so dar, als wären alle Emos permanent am Heulen und würden sich in einer dunklen Kellerecke ritzen. Letzteres ärgerte mich tatsächlich sehr.

Statt dieses äußerst ernste und sensible Thema sachgemäß zu behandeln und über die Gefahren aufzuklären, die Selbstverletzung mit sich brachte, wurde das Ganze mehr oder weniger ins Lächerliche gezogen und als absurder Trend dargestellt.

Tatsächlich fanden sich vermehrt Bilder mit Blut und Rasierklingen in Emo-Foren, doch nur umso mehr wäre dies Grund für ernsthafte Aufklärung gewesen.

Aus Erfahrung wusste ich, dass ich durchaus auch einen Hang zu selbstverletzendem Verhalten hatte, wollte aber mit diesem Rasierklingengedöns nichts zu tun haben.

Das ging dann doch zu weit.

Was die Suche nach Gleichgesinnten anging, verhielten sich nicht alle so diskret wie ich.

Beispielsweise hielt es ein Emo-Mädchen aus Grimma für eine gute Idee, ein YouTube-Video zu drehen, in dem sie einen »süßen Emo-Boy zwischen vierzehn und achtzehn Jahren und eine ganz, ganz gute BFF, die auch Emo ist«, für sich suchte, weil sie, wie sie angab, »gar keine Freunde« habe und auch »ganz brav und lieb« sei. Die Reaktionen waren vernichtend. Es regnete massenweise Kommentare à la »Geh dich umbringen, du Emo-Opfer!« und erstmals verstand ich, was Mobbing wirklich bedeutete.

Als Klarstellung, dass sie doch Freunde habe und lediglich eine *allerbeste* Freundin und einen Freund suche, lud sie kurz darauf ein weiteres Video hoch, was vielleicht nicht die beste Idee gewesen war.

Womöglich sollte ich da gar nicht so tief reinrutschen in diese Szene. Lieber ein bisschen oberflächlich mitmachen, aber trotzdem so tun, als hätte ich es voll drauf.

Haare toupieren, mit Sprühkleber versiegeln, Augen schwarz anmalen, pinke Kinderstrumpfhose, Nietenarmbänder und fertig war die Laube.

Jetzt rechnete es sich, dass ich mir schon vor einiger Zeit auf Klassenfahrt an der Ostsee ein Palituch zugelegt hatte. Damals waren die auch schon in gewesen und lebten nun in Emo-Kreisen nochmal so richtig auf.

Sogar das Skateboard, mit dem ich quasi in den alternativen Lebensstil hineingerollert war, kam noch einmal zum Einsatz. Ich posierte damit vor dem großen Spiegel im Flur und knipste Selbstporträts, die ich bei Emotreff. net zu verwenden gedachte.

Für Emo-Outfit-Verhältnisse sah es echt scharf aus.

Kam auch sehr gut an.

Im Internet zumindest.

In der Schule eher nicht so, glaube ich.

Jedenfalls nicht bei den Lehrern, was aber natürlich auch gar nicht Sinn der Sache war.

Vielleicht wurde ich sogar von einigen Mitschülern für meinen Mut bewundert, so dermaßen aberwitzig herumzurennen, wer weiß.

Ich tat einfach so, als sei es das Normalste der Welt, mit Augen, die man vor lauter schwarzem Kajal nur noch erahnen konnte, zur Schule zu gehen.

Mein Lidschatten war der schwärzeste, der zu dieser Zeit zu haben war. Dunkler ging nicht.

Wobei Lidschatten vielleicht nicht gerade das Wort der Wahl ist, denn ich pinselte nicht nur die Lidfalte an, sondern schmierte mir den ganzen Kram großflächig oben und unten um die Augen, sodass es aussah wie die Sonnenbrille von Karl Lagerfeld.

Trixi aus meiner Klasse, die eher metalmäßig unterwegs war, fragte mich einmal zu meiner großen Freude interessiert, wie ich das denn nur so schwarz hinkriegen würde. Sie hätte da leider noch keine vergleichbare Technik gefunden.

Stolz erläuterte ich im Detail, in welcher Reihenfolge ich welche Schminkprodukte in meinem Gesicht übereinanderlagerte, und erntete allseitige Bewunderung.

Ich Stilikone!

Was damals nicht über Emotreff.net lief, wurde über den Plauderkasten von SchülerVZ geregelt. Das ging immer, da waren alle.

Es war die Zeit, in der Schülerprofile schon wieder out war.

Myspace gab es natürlich auch noch, aber das hatten wirklich nur die richtig coolen Typen.

SchülerVZ war unsere Freizeitgestaltung.

Ob zu Hause nach der Schule oder im Informatikunterricht, wenn Herr Holger gerade nicht so genau hinsah oder sich mit den Worten »Oh, na hoppala!« nach einem heruntergefallenen Stift bückte – schnell mal schauen, was wer gerade in den Buschfunk geschrieben hatte, und die älteren Jungs in den höheren Klassen stalken. Tatsächlich wurde uns das Glück zuteil, einen echten Emo-Boy an der Schule zu haben. Zwar gab er vor, keiner zu sein, aber das war uns egal. Er hieß Ronny und bei genauerer Betrachtung ließ sich zweifellos eine gewisse Ähnlichkeit mit Oli, dem Sänger von Bring Me the Horizon, einer in Emo-Kreisen vergötterten Band, nicht leugnen. Alle standen auf ihn, also auf Ronny. Leider war er bereits in der Zwölften und verließ alsbald die Schule, um zu neuen Horizonten aufzubrechen.

Da wir wussten, dass er einer der coolen Typen war, die Myspace nutzten, war es keine Frage, dass meine Freundinnen und ich uns dort ebenfalls ein Profil zulegen mussten.

Erfreulich für uns, nervig für Ronny.

Er nahm unsere Freundschaftsanfrage auch erst gar nicht an. Schade. Wären wir eine Band gewesen, hätten wir sicher einen traurigen Song über diese unerwiderte Liebe geschrieben. Da dem aber nicht so war, sahen wir nach vorn und standen stattdessen halt auf Jared Leto, den Sänger von 30 Seconds to Mars. Der sah sowieso ähnlich aus.

Nachdem wir nun in den Myspace-Kosmos eingetaucht waren und keine sonderlich positiven Erfahrungen damit verbanden, da unverständlicherweise auch diverse andere ältere Jungs uns nicht als Freunde haben wollten, kehrten wir bald zu SchülerVZ zurück.

Zwar konnte man dort in seinem Steckbrief eine ganze Menge Infos über sich selbst preisgeben, was einige auch bis zum Exzess praktizierten, doch im Grunde war das gar nicht nötig. Es gab schließlich die Gruppen.

Die Gruppen mit ihren aussagekräftigen Titeln waren der pure Seelenstriptease. Man ging auf ein Profil, las sich die Gruppen durch und, zack, wusste man alles über die betreffende Person, was es zu wissen gab.

Wenn man beispielsweise eher der risikofreudige Typ war, trat man der Gruppe »Abends ARONAL-Morgens ELMEX ... mal was riskieren!« bei.

Wollte man andere an tiefgründigen Lebensweisheiten teilhaben lassen, bot sich die Gruppe »Meine Freunde sind wie Kartoffeln, wenn man sie isst, sterben sie« hervorragend an.

Am meisten Persönliches herausfinden konnte man allerdings mittels der »Ich«-Gruppen.

»Ich glühe härter vor als Du Party machst«, »Ich singe bei Liedern auch die Instrumente mit« oder »Ich drück die Fernbedienung fester, wenn die Batterien leer sind«, um nur einige Beispiele zu nennen.

Ja, die Welt der sozialen Medien war schon damals eine sehr verlockende.

Da mir meine klamottentechnische Veränderung noch nicht weit genug ging, kam ich nach kurzer Überlegung zu dem Schluss, mir die Haare färben zu müssen.

Aus blond wurde im Handumdrehen dunkelbraun mit Grünstich. Störte mich aber nicht, der Grünstich. Musste nur so tun, als sei das pure Absicht, dann war alles im Lot.

Ich hatte niemanden in meinen Plan eingeweiht. Meine

Familie und Frank saßen am Tisch, als ich mit frisch geföhnten, toupierten Haaren aus dem Bad kam. Wie selbstverständlich und als wüsste ich nicht, warum alle so doof glotzten, setzte ich mich dazu und fing an zu essen. Nach dem ersten Schock lachte Frank mich aus, was ich zufrieden als Bestätigung auffasste.

Ihr lacht über mich, weil ich anders bin, ich lache über euch, denn ihr seid alle gleich, rief ich mir einen Spruch in Erinnerung, den ich mal auf einem T-Shirt gelesen hatte, und schaffte es, meine Verunsicherung auf ein Minimum zu beschränken.

Abends, wenn man sich in den dunklen Fensterscheiben spiegeln konnte, hörte ich Avril Lavigne und tat das, was ich unter Tanzen verstand.

Mich irrwitzig verrenkend, hüpfte ich herum und hoffte, dass mich von der Straße aus niemand sehen konnte.

Dass mein Gezappel vermutlich weitaus weniger peinlich war als meine Outfits, kam mir nicht in den Sinn.

Im Gegenteil: Ich setzte noch einen drauf.

Im Vergleich zu dem, was als Nächstes kam, hätte man die Emo-Klamotten fast schon als schlicht bezeichnen können. Meine neue Passion lautete: Japan! Dieses Land war einfach zu abgedreht, genau das, was ich brauchte.

Damit einher gingen so verrückte Styles, dass ich heute kaum fassen kann, so außerhalb eines Festivalgeländes oder eines Karnevalvereins unter Leute gegangen zu sein.

Ich bin immer noch stolz auf dieses gigantische Selbstbewusstsein.

Selbstbewusstsein? War es das – oder vielmehr die Abwesenheit von Gedanken wie: »Geht das denn? Kann man das machen? Was werden bloß die anderen von mir denken?«

Es war überhaupt kein Thema, ich zog diese crazy Textilien an, weil ich das cool fand, und fertig. Na ja, und weil ich auffallen wollte natürlich.

Mir Gedanken darüber zu machen, ob das jetzt angemessen war oder nicht, kam mir gar nicht in den Sinn.

Ich sah aus, wie geradewegs der irren Fantasie eines total durchgeknallten My-Little-Pony-Fetischisten auf Ecstasy entstiegen. Eine Mangafigur war nichts gegen mich!

Außerdem aß ich nur noch Reis zum Frühstück.

Das bedeutete zwar, dass ich noch früher aufstehen musste, um den zu kochen, aber gut.

Man muss halt Opfer bringen.

Über und über war ich bedeckt mit knallbunten Stoffen, die ich in Erinnerung an meine gewagten papageiähnlichen Farbkombis aus der Grundschule wahllos drauflos kombinierte. Pink, orange, gelb, blau, rot, bunte Ringelsocken. Wo man nur hinschaute, farbenfrohe Buttons, Anstecker und Klammern. Teddybärenköpfe, Ponys, Einhörner, Hello Kitty. Ich kramte aus den Kinderschmuckkästchen meiner beiden kleinen Schwestern alles an Püppchenkram, Klemmen und Klammern hervor, was ich nur finden konnte, und bamselte es an mir fest. Vorausgesetzt, es fand sich noch ein freier Platz. Meine Haare, die ich mit pinken Extensions verlängert und zu zwei Zöpfen geflochten trug, sah man vor lauter rosa Haarspangen kaum noch. Meine Füße steckten nun in weißen Fake-Dr.-Martens in Lackoptik, über denen etwas weiter oben ein bauschiger weißrosa Rock wippte.

Allergrößte Achtung geht an dieser Stelle an meine Eltern, die mich nicht in meinem Zimmer einsperrten, um zu verhindern, dass ich so nach draußen ging, sondern mich diese Phase meiner Persönlichkeitsfindung ungestört durchlaufen ließen.

Enttäuschenderweise hielten sich die Schockreaktionen in Grenzen. Tatsächlich waren alle total nett zu mir und behandelten mich wie immer. Niemand mobbte mich aufgrund meines Aussehens, was ich fast schon als Niederlage werten musste. Das Krasseste, das passierte, war tatsächlich, dass sich ein etwa fünf Jahre jüngeres Mädchen weigerte, im Schulbus neben mir zu sitzen, da sie fand, ich würde nach Knete stinken.

Gut, angenehm roch der Sprühkleber, mit dem ich meine »Frisur« modellierte, nicht gerade. Aber Knete? Das war doch etwas sehr weit hergeholt.

Außerdem war da noch unser Musiklehrer, der meine grellbunte Erscheinung im Beisein all meiner Mitschüler von Kopf bis Fuß musterte und sich schließlich erkundigte, was mich denn geritten hätte. Mehr war aber nicht.

Souverän zuckte ich mit den Schultern und sah auf den dreckig grünen Linoleumboden. An meiner Schlagfertigkeit musste ich dringend arbeiten, aber eins nach dem anderen. Woran ich aber tatsächlich arbeitete, und zwar mit einer Ausdauer, die ich mir selbst nicht zugetraut hätte, war erstens das selbstständige Erlernen der japanischen Sprache, zweitens das stundenlange Schauen von japanischen und koreanischen Dramen mit englischen Untertiteln und drittens das Ausklügeln neuer Outfits.

Das Internet gab einiges her, wenn man danach suchte. So entdeckte ich bald ein neues Ding nach dem anderen. Es gab so vieles, von dem ich keinen blassen Schimmer gehabt hatte! So viele sich von Emo abspaltende Bewegungen, die die japanischen Jugendkulturen nachahmten.

Wochenlang las ich alles, was ich finden konnte, über die verrückten Stadtteile Tokios, in denen es offenbar Standard war, dass die jungen Leute so herumrannten, als würden sie hauptberuflich im Zirkus arbeiten.

Während meiner regelmäßigen Berlinbesuche nutzte ich die Gelegenheit, um mir jedes Mal am Bahnhofskiosk einen neuen Manga zu kaufen. Ich dachte, es käme sicher cool, wenn ich mir eine riesige Sammlung anlegen würde. Klappte leider nicht ganz so gut. Wegen chronischer Taschengeldknappheit besaß ich am Ende meiner Japan-Episode nur fünf Exemplare, was garantiert die wohl mickrigste und bemitleidenswerteste Sammlung der Welt darstellte. Der Allgemeinheit gegenüber tat ich allerdings trotzdem so, als quelle mein Zimmer förmlich über vor Mangas und Animes; ja scheinbar besaß ich so viele davon, dass ich quasi gar nicht mehr wusste, wohin mit dem ganzen Krempel. Um mitreden zu können, googelte ich bekannte Mangas und las die Inhaltsangaben auf Wikipedia, was ziemlich viel Zeit in Anspruch nahm, sich aber hoffentlich auszahlen würde.

Sehr angetan hatte es mir *Death Note* im Allgemeinen und die Hauptfigur namens L im Besonderen. Meine Begeisterung ging so weit, dass ich diese Figur kopierte. Ich wollte sein wie sie.

Das bedeutete, dass ich nur noch hellblaue Jeans und weiße Pullis trug, immer einen Lolli in der Hosentasche hatte, in einer seltsamen Haltung, die alle irritierte, auf Stühlen saß und Gegenstände, wie zum Beispiel Stifte, nur noch mit zwei spitzen Fingern hielt, was einen dramatischen Qualitätsverlust meiner Handschrift nach sich zog.

Echt anstrengend, dieser Japanfetischismus. Hielt aber zum Glück auch nicht lange an.

Kapitel 16

Bekleidet mit zwei Kapuzenpullovern, die ich anstatt einer Winterjacke übereinander trug, einem zerfledderten Bundeswehrrucksack auf dem Rücken und Punkrock auf den Ohren, stratzte ich durch die menschenleere Winterlandschaft, kickte mit meinen nagelneuen Springerstiefeln den Schnee zur Seite und fühlte mich wild und frei und unbezwingbar.

In jugendlicher Zeitvergessenheit dachte ich weder an morgen noch übermorgen oder nächstes Jahr. Ich lebte im Moment und genoss einfach das grandiose Gefühl, sich von niemandem etwas sagen zu lassen. Beziehungsweise einfach darauf zu scheißen, wenn doch mal jemand auf die sinnlose Idee kam, Einwände gegen meine Attitüde vorzubringen. War mir doch egal. Ich konnte tun und lassen, was ich wollte, denn ich war fünfzehn Jahre alt und hatte soeben die Emo-Phase zu Gunsten des Punkseins hinter mir gelassen. Während ich so dahin stapfte, malte ich ab und an mit einer pinken Spraydose, die ich irgendwo geklaut oder gefunden hatte, Anarchie-As auf die verschneite Straße.

Bei dem kleinen Bach, den meine schwäbische Familie liebevoll *das Bächle* nannte, angekommen, rutschte ich die Böschung hinunter und krabbelte unter die Brücke.

Hier konnte man windgeschützt und herrlich ungestört auf einem Steinvorsprung sitzen.

Dort tat ich so, als würde ich Biertrinken, fror mir die Finger ab und versuchte schließlich ein Feuer zu entzünden. Da das überraschenderweise mit den nassen Stöcken nicht funktionierte, gab ich frustriert auf und sprühte »No future« an die Wand.

Das war ja eh so ein richtiges Punkding, dieses »No future«. Seit ich keine langweiligen Mangas mehr kaufte, sondern mein Taschengeld für Fanzines wie Taugenix oder Plastic Bomb zum Fenster herausschmiss, war ich immer auf dem neuesten Stand, also punktechnisch gesehen. Auch, was Musik betraf. Denn in diesen Zeitschriften gab es jedes Mal eine Gratis-CD dazu, auf der Bands mit beknackten Namen wohl die einzige Chance zur Veröffentlichung ihrer Lieder mit Titeln wie »Pissrinne«, »Immer bis ich reier« und »Punkrocksongtextautomat« ganz richtig vermuteten. Während dieser Zeit war ich außerdem total auf dem Graffititrip. Nicht, dass ich diese Kunst beherrschte und bewundernswerte Bilder hätte erschaffen können, nein, ich schrieb und sprühte nur andauernd irgendwo meine Botschaften hin; und immer war es der größte Quatsch. Leider wollte mir im betreffenden Moment partout nichts Sinnvolles einfallen und vorher machte ich mir über derartige Belanglosigkeiten keinen Kopf.

Besser wäre es vielleicht gewesen, dann wäre dabei nicht so ein Humbug herausgekommen, wie damals, als ich und Komplizen eines Abends spontan über den Zaun unseres Gymnasiums kletterten und in Ermangelung eines geistreicheren Einfalls »Power to the people« an die Turnhallenwand schrieben.

Gepackt von einem rebellischen Feuereifer, malte ich außerdem noch schnell ein rotes Hakenkreuz an die Tür und strich es fett mit Schwarz durch.

Dumm war nur, dass mir in jenem euphorischen Moment höchsten politischen Engagements die genaue Darstellung dieses schändlichen Symbols entfallen war, weshalb es letztendlich nicht ganz korrekt geriet. Es war ein bisschen so wie in der Nacht, in der ich »Eat yourself« nebst eines abstrahierten Schweines an die Hauswand eines Metzgers malen wollte und mich plötzlich nicht mehr daran erinnern konnte, wie man ein y schrieb.

Egal, der tiefere Sinn hinter der Sache kam ja trotzdem durch.

Der nächste Morgen auf dem Schulhof: die helle Aufregung. Die Schüler waren außer sich vor Begeisterung, da endlich einmal etwas Spannendes passierte, die Lehrer waren außer sich vor Entrüstung, weil so etwas Grauenvolles in ihrer Schule geschehen war. Umgehend wurden Spekulationen über die Urheber dieser Schmierereien angestellt.

Doch es war nicht so einfach wie zu der Zeit, als in einer angrenzenden Straße ein riesiges »Nazis aufs Maul«-Graffiti auftauchte und man in gewissen Kreisen sofort mit ziemlicher Sicherheit bestimmen konnte, wer dahintersteckte.

Diesmal kam das Ganze sehr unerwartet und war aufgrund seiner Beschränktheit völlig undurchsichtig.

Als sich Leute aus meiner Schulhofclique vor dem verkehrten Hakenkreuz versammelten und erklärten, sie hätten noch nie so etwas Dummes gesehen, versuchte ich vorsichtig einzuwerfen, dass es sich hierbei doch eventuell möglicherweise um einen gründlich geplanten Akt der

Kunstfreiheit handeln könne, mit welchem der Urheber eine ganz gewisse Aussage unterstreichen wolle.

Es half nichts. Man lachte sich kaputt. Im Kern kam die Aktion aber trotzdem ziemlich gut an und reizte nur umso mehr meine innere Rebellin, die mir zuflüsterte: »Jetzt erst recht!«

Nun war ich also Punk. Hippie aber auch. Hippiepunk also. Das war überhaupt das Nonplusultra, fand ich.

Ich war nämlich auf den Trichter gekommen, dass es gar nicht so cool war, Leute in irgendwelche Schubladen zu stecken. Ich wollte einfach nur ich sein. Und anscheinend vereinte ich alles Mögliche in mir.

So kam es vor, dass ich am Montag und Dienstag mit Blumen im Haar, künstlichen Dreadlocks, Kleidchen und Glöckchenarmbändern durch die Schule klingelte und damit allen den letzten Nerv raubte. Allerdings nur so lange, bis mich meine Mathelehrerin während einer Klausur in der Aula unter aller Augen zwang, die klirrenden Bänder abzulegen, was ich zwar irgendwo nachvollziehen, ihr aber dennoch nie verzeihen konnte.

An den übrigen Tagen der Woche lungerte ich dann trotzig mit zerrissener Hose, zweihundertdreißig angesteckten Buttons, irgendwo unterhalb des Pos hängenden Nietengürteln und Polit-Shirts in den Schulfluren herum. Gelangweilt schlurfte ich durch die Gegend und suchte meine Unterrichtsräume, die ich im Gängegewirr auch nach vier Jahren Schulzeit noch immer nicht auf Anhieb fand.

Auch im Internet taten sich mir nun neue Türen auf. Emotreff.net war Vergangenheit. Ich chattete jetzt mit Gleichgesinnten über *Abgefuckt liebt dich*. Irgendwie schien das aber nicht das ganz große Ding zu sein.

Es stellte sich heraus, dass Punksein offenbar nicht pauschal ein Synonym für Coolsein war, was ich eigentlich wie selbstverständlich angenommen hatte. Auch politisch ging bei vielen wenig.

Nichts, könnte man sagen. Da war Ebbe im Gehirn bei so manchen. In Sachen Sexismus jedenfalls standen die Punks den Proll- und Normalotypen in nichts nach.

Enttäuschung auf der ganzen Linie also.

Bald erlangte ich dann auch tatsächlich anhaltende Bekanntheit als das barfußlaufende Hippiemädchen, was mir außerordentlich schmeichelte, hatte ich doch mein großes Ziel, mit irgendetwas Besonderem in die Annalen des Geschwister-Scholl-Gymnasiums einzugehen, endlich erreicht. Durch das ständige Barfußlaufen handelte ich mir allerdings nicht nur einiges an Hornhaut und Splittern, sondern auch allerhand Ärger mit den Lehrern ein. Irgendetwas wegen der Verantwortung oder Aufsichtspflicht der Schule, bla bla bla, interessierte mich nicht.

Was mich vorrangig interessierte, waren zum Beispiel die beiden Brüder, Frederik und Jan, die vom Gymnasium in Mittensee an unser Gymnasium in Kirchburg gewechselt waren. Zwei ziemliche Exoten unter den überwiegend recht normal anmutenden Jugendlichen unserer Bildungseinrichtung. Das erregte natürlich Aufsehen, und wie eine Vielzahl anderer Mädchen auch, sprang ich sofort darauf an.

Also verhalten natürlich, ist ja klar. Mussten nicht direkt alle wissen, dass ich so etwas wie Interesse für Jungs empfinden konnte.

Aber mal ehrlich, ich hatte gar keine Chance. Wenn da zwei Typen mit Hippieklamotten, Polit-Shirts, Glöckchenfußbändern und Armen voller Festivalbändchen beschwingten Schrittes über den Schulhof schlendern, was sollte man da als alternativ orientiertes Teenagermädchen anderes tun, als sofort hin und weg zu sein?

Rückblickend würde ich behaupten, dass ab diesem Zeitpunkt meine Jugend so richtig loslegte.

Ich war auch reichlich spät dran. Während sich andere schon mit vierzehn ins Koma soffen, jedes Wochenende mit ihren Simsons zu den angesagtesten Partys bretterten, um dort die Sau rauszulassen, fing ich nun mit fünfzehn, sechzehn langsam an, Alkohol zu trinken. Natürlich nicht direkt Pfeffi, Saurer Apfel oder Wodka aus der Flasche wie die coolen Kids, sondern Bier. Sternburg natürlich, was sonst.

Gemäßigt stieg ich allerdings erst einmal mit Diesel in die ganze Sache ein, denn an Export wagte ich mich noch nicht heran.

Es befand sich zwar ein Kasten Astra Rotlicht in meinem Zimmer, aber der stand dort in etwa so bedröppelt herum wie mein Kumpel Danny, als ich versäumte, ihn hereinzubitten, und ihm stattdessen einfach die Tür vor der Nase zumachte, nachdem er den Kasten für mich geschleppt hatte. Im Nachhinein frage ich mich auch, wie begriffsstutzig man eigentlich sein kann. Danny war extra mit dem Fahrrad circa zehn Kilometer gefahren, um dann mit mir nochmals zwölf Kilometer in den nächstgrößeren Ort zu radeln, wo wir eben diesen Kasten Bier kauften und ihn anschließend unter größter Anstrengung irgendwie zu mir nach Hause schaffen, nur damit ich am Ende sagte: »Alles klar, danke, Danny, mach's gut!«, die Tür zuschlug, den bescheuerten Kasten in einer Zimmerecke als

Deko abstellte, wo er noch zwei Jahre später unangetastet stehen sollte, und Danny erst mal keines weiteren Gedankens würdigte.

Der Arme.

Jedenfalls probierte ich auf meinem IKEA-Sofa sitzend einen winzigen Schluck jenes dunkeln Gebräus, befand es für scheußlich und ließ die Flaschen verstauben. Irgendwann, als nach einem Dorffest einige Freunde zu Besuch kamen und jemand skeptisch anmerkte, der Kasten habe doch schon letztes Jahr so dagestanden, beteuerte ich empört, es handle sich selbstverständlich um einen neuen.

Achselzuckend nahm man das zur Kenntnis und endlich verschwanden die Getränke dort, wo sie hingehörten, nämlich in den Mündern trinkwilliger Jugendlicher, was dazu führte, dass jemand A.C.A.B. an meine Wand sprayte, meinen Tisch bemalte, meiner verdutzten Familie, die gerade fernsah, beinahe vor die Füße gekotzt hätte und Rebecca fast aus dem zweiten Stock auf die Straße gefallen wäre.

Das hätte nicht einmal jemand mitbekommen, wenn sie es später nicht selbst erzählt hätte.

Wie alle anderen fand ich solche Eskapaden cool und lustig, doch geheuer war mir die ganze Angelegenheit keineswegs.

Deshalb traute ich mich auch nicht, mehr als ein Bier zu trinken, und weil ich es mich nicht traute, erfuhr ich nicht, was Alkohol mit mir anstellen konnte. Eigentlich hätte mich das schon brennend interessiert. Tatsächlich war mir meine Abstinenz ausgesprochen peinlich, verdeutlichte sie doch ein weiteres Mal, wie hinterher ich in irgendwie allem war.

Und Punk war das ja auch nicht gerade.

Natürlich konnte ich mit keiner Menschenseele darüber reden, logisch, das hätte meinem Image geschadet.

Also tat ich immer so, als wollte ich »heute mal« nichts trinken.

Seit einiger Zeit schrieb ich mit Frederik, ihr wisst schon, der mit den Festivalbändchen und den Polit-Shirts, über ICQ.

Da hatte ich tatsächlich ein bisschen Herzklopfen. Es wunderte mich auch ziemlich, dass er von sich aus mit mir kommunizierte. Komisch. Um nicht zu sagen verdächtig.

Sofort fühlte ich mich an die großen Brüder meiner Grundschulfreundinnen erinnert und fürchtete, er würde mich nur auf den Arm nehmen wollen. Und zwar leider nicht im wörtlichen Sinne.

Dass Frederik sehr interessiert daran schien, herauszufinden, wie ich mich verhielt, wenn ich betrunken war, beruhigte mich nicht unbedingt. Er stellte diese Frage absurd oft und ließ nicht locker, wenn ich ausweichend antwortete. Doch was hätte ich darauf auch erwidern sollen? Ich konnte es ja nicht wissen, wollte das aber natürlich ums Verrecken nicht zugeben.

Schließlich lud er mich sogar in das neue *Autonome Zentrum* ein, welches er mit ein paar anderen Leuten aufgebaut hatte und wo nun Kneipenabende, Konzerte, politische Veranstaltungen und leider auch ziemlich oft Überfälle von Nazis stattfanden. Er gedachte, mir alles zu zeigen und anschließend ein Bierchen zusammen zu trinken, wie er sich ausdrückte. Vielleicht könne ich auch zum Konzert kommen, was ich davon hielte.

Was ich davon hielt?

Nichts! Um Gottes Willen, Hilfe! Bloß nicht!

Aus Filmen, Büchern und Erzählungen war mir natürlich bekannt, was Leute mitunter so taten, wenn sie auf Partys oder Dates Alkohol tranken. Was *ich* dann tun würde, wusste ich jedoch nicht, und es herauszufinden, war ich absolut nicht bereit. Vielleicht verhielt ich mich dermaßen peinlich, dass noch zehn Jahre später die ganze Welt darüber sprechen würde. Ich könnte womöglich sinnloses Zeug palavern, müsste mich übergeben oder Schlimmeres. Ich sah mich schon enthemmt mit Typen herumknutschen oder in meiner eigenen Kotze liegen. Was für viele durchaus den krönenden Abschluss eines gelungenen Abends ausmacht, war für mich ein Horrorszenario. Auf einer Party oder einem Konzert war ich selbst ja noch nie gewesen. Außer als Kind recht oft mit meinen Eltern. Beispielsweise lauschten wir einmal einer Gruppe, die auf der kleinen Wiese eines mit Mama und Papa befreundeten Paares Flöte spielte. Dazu gab es Schmalzbrote, was ich abstoßend fand.

Aus verschiedenen Gründen schien mir jedoch die aktuelle Sache etwas gänzlich anderes zu sein.

Dass ich noch nie einer Party oder einem Konzert beigewohnt hatte, wollte ich Frederik nachvollziehbarerweise ebenso wenig offenbaren wie die Tatsache, dass ich vor dem Einschlafen in Gedanken sämtlichen Familienangehörigen

»Gute Nacht« sagen musste, weil ich der Überzeugung war, dass sie sterben würden, wenn ich es nicht täte. Denn ich wusste: Das war nicht normal. Der Typ würde mich ja für gestört halten.

Das alles schien mir auch total abstrakt. Wieso wollte der mich denn unbedingt einladen? Wieso ausgerechnet mich? Oder lud er vielleicht auch noch andere ein? Und machte das die Sache besser oder schlimmer? Was hätte ich mit ihm reden, wohin meine Hände tun sollen, was machen mit meinen Armen? Wie stehen, wie lange bleiben, wo schlafen? Was, wenn ich zu schweigsam sein würde oder zu schüchtern? Und was war überhaupt der Sinn des Ganzen? Womöglich war alles nur ein gemeiner Scherz und sobald ich zusagte, würde er mich auslachen. Diese Vorgehensweise kannte ich ja so ähnlich schon aus der Grundschule. Oder interessierte sich Frederik für mich? Interessierte ich mich für ihn? Offenbar schon, aber wie sehr? Wohin sollte das führen? Was, wenn Frederik während der Veranstaltung wegginge, beispielsweise aufs Klo, was mit ziemlicher Sicherheit passieren würde, was sollte ich in der Zwischenzeit tun? Mitkommen ging wohl schlecht, das hätte sicher einige Fragen aufgeworfen. Was, wenn sich niemand mit mir unterhielte und ich die ganze Zeit sinnlos herumstünde wie bestellt und nicht abgeholt? Am Ende hätte man bei dem Konzert noch tanzen müssen. Gott bewahre! Ebenso könnte es passieren, dass alle Leute mich ansehen und sich Meinungen über mich bilden würden. Oder sie hätten mir auch noch Bier angeboten, das ich wie die letzte Loserin abgelehnt hätte. Wie man es drehte und wendete, ich konnte nichts Positives an dieser Einladung finden.

Im Grunde hätte ich Straight Edge werden sollen wie Billy aus der Klasse über mir. Das hätte viele Probleme mit einem Schlag gelöst, doch auf die Idee kam ich leider nicht.

Außerdem hatte das mit Punkrock auch nicht mehr viel zu tun. Dachte ich damals. Dabei kenne ich kaum jemanden, der im Herzen und nach außen so sehr Punk geblieben ist, wie Billy.

Tja, einige Zeit später jedenfalls war Frederik dann mit

Lisas Cousine zusammen und die halbe Schule ließ sich darüber aus, wie wenig die beiden zusammenpassten, und schloss Wetten ab, wie lange die Beziehung noch halten würde.

Offenbar hatte Frederik eine Frau gefunden, die seine Einladungen nicht aus fadenscheinigen Gründen ablehnte oder ignorierte.

Dass das mit dem ganzen Pärchen- und Verliebtheitskram so nichts werden würde, leuchtete mir durchaus ein, doch da ich ohnehin gern auf Situationen verzichten wollte, die mit der Annäherung zwischen mir und einem Jungen zu tun hatten, passte das im Grunde ganz gut.

Wie mich die Bravo gelehrt hatte, gab es dabei einfach unendlich viel falsch zu machen. Insbesondere für Mädchen. Warum hätte ich das denn auf mich nehmen sollen?

Kapitel 17

Aus den politisch interessierten Jugendlichen des Geschwister-Scholl-Gymnasiums bildete sich bald eine bunte Truppe heraus, deren Anführer kein Geringerer war als Frederik höchstpersönlich.

Nicht, dass wir ihn aktiv dazu auserkoren hätten. Das brauchten wir gar nicht. Er war einer dieser Menschen, die wie dafür gemacht schienen, eine Horde abenteuerlustiger Teenager an neue Herausforderungen heranzuführen.

Wir diskutierten irre viel, trafen uns in den Pausen im Schülercafé, um die nächste Demo zu planen, druckten Flyer für den Schulstreik und verkauften während der Projekttage zusammen mit unserer Sozialkundelehrerin Fair-Trade-Kaffee. Wir feierten uns total. Auf uns hatte die Welt gewartet!

In den Pausen übten wir direkte Kapitalismuskritik, indem wir uns Süßigkeiten aus den umliegenden Geschäften *organisierten*. So nannten wir das.

Wir klauten wie die Raben. Im *NP* Vita Cola, Nährstangen, Bonbondosen oder den guten Diesdorfer. Im Ihr Platz Kondome (als Luftballonersatz natürlich), Schokoriegel und Regenschirme.

Wir waren flink und absolut unverschämt.

Ich steckte mir am Schmuckständer die Ringe einfach an die Finger, riss unbemerkt das Schildchen ab und spazierte aus dem Laden.

Dreistigkeit siegt.

Die Angst, erwischt zu werden, in Kombination mit dem Adrenalin, das durch unsere Körper schoss, war eine explosive Mischung, die die bodenlosen Ungerechtigkeiten des Teenagerlebens für einen Moment zu kompensieren im Stande war.

Tatsächlich ging das fast immer gut aus. Es dauerte einige Jahre, bis ich in Berlin auf frischer Tat ertappt wurde.

Zwar war's unfassbar peinlich, doch ich ließ mir nichts anmerken. Die Abgeklärtheit, die ich an den Tag legte, als die Angestellten und schließlich auch die dazugerufenen Cops, mich und meine Familie beleidigten, suchte ihresgleichen. Scheinbar völlig ungerührt ließ ich alles über mich ergehen, sah aus dem Fenster, als ginge mich das hier alles nichts an, legte schließlich lässig die 50 Euro Strafe auf den Tisch, nahm unfassbar cool das Hausverbot entgegen und spazierte aus dem Laden, als gehöre eine Anzeige wegen Diebstahls seit Jahren zu meiner normalen Alltagsroutine.

Kurz darauf erhielt ich einen Brief, aus welchem ich mein Strafmaß entnehmen konnte. Als ich die angegebene Nummer anrief, ließ sich die Frau am anderen Ende der Leitung leider nicht dazu überreden, die Sozialstunden in eine Geldstrafe umzuwandeln. So musste ich also losziehen und mir einen Ort suchen, an dem ich die gemeinnützige Arbeit ableisten konnte. Zuerst versuchte ich es im Kindergarten, doch da behandelte man mich wie eine Schwerkriminelle, beeilte sich, die Kinder von mir wegzuscheuchen, und schickte mich umgehend wieder fort. Deutlich entspannter waren die netten Damen vom *Pio*, dem Jugendfreizeitzentrum, in dem ich dann ein bisschen Fenster putzte, den Hof fegte, irgendetwas töpferte und kleine Teddybären auf T-Shirts malte.

Ziemlich entspannte Strafe eigentlich.

Da hatte es sich fast schon gelohnt, erwischt zu werden.

Weil wir langfristig anstrebten, unsere Kapitalismuskritik auf fundiertem Wissen zu begründen, befassten wir uns mit Politik und allem, was wir dafür hielten.

Wir lernten krasse neue Szenewörter, dagegen waren die bisher von uns verwendeten Abkürzungen wie »PGH« und »HDGDL« die reinste Lachnummer.

Eine endlose Reihe von Kürzeln und Verniedlichungen erweiterte jetzt unseren Wortschatz. Das war irgendwie so ein Ding der Linken, Abkürzungen.

Hassi, Heli, Deli, Molli, Lauti, Vokü (was später allerdings in Küfa umbenannt wurde), Transpi und Gesa. Von nun an warfen wir allen, die es hören oder nicht hören wollten, Begriffe wie Imperialismus, Anarchosyndikalismus, Klassengesellschaft und Antiautoritarismus an den Kopf und hofften gleichzeitig insgeheim, dass man uns nicht in eine politische Diskussion darüber verwickeln würde, weil wir dann am Arsch gewesen wären. So viel Durchblick, wie wir vorgaben, hatten wir nämlich noch nicht.

Vokabeln lernen stellte zwar einen guten Anfang dar, reichte aber natürlich bei weitem nicht aus.

Man musste sich immenses Wissen aneignen, um wirklich mitreden zu können.

Es könne jedoch nicht schaden, schon mal lautstark zu

verkünden, dass wir nun keine Lust mehr hätten auf diesen ganzen fragwürdigen Kapitalisten-Mumpitz, dachten wir uns.

Meine Freizeit bestand also fortan darin, Definitionen für politische Begrifflichkeiten auf Anarchopedia nachzulesen und auswendig zu lernen.

Interessanterweise fiel mir dies deutlich leichter als das Pauken von Französischvokabeln oder physikalischen Gesetzen (und dabei hatte ich mit Französisch schon gegenüber denen, die sich für Russisch als zweite Fremdsprache entschieden hatten oder von ihren Eltern dazu genötigt worden waren, einen Vorteil, denn ein neues Alphabet brauchte ich nicht auch noch lernen – hängen blieb leider trotzdem wenig).

Aber klar, es gab da auch einen ganz entscheidenden Unterschied: Für die linke Szene schlug mein Herz, Französisch und Physik gingen mir dezent am Allerwertesten vorbei.

Jede noch so kurze Pause zwischen den Unterrichtsstunden fiel künftig unseren Diskussionen über die Weltrevolution zum Opfer. Für Ivo, der vor Kurzem noch Rassist gewesen war, sah selbige zum Beispiel so aus, dass man alle Kapitalisten umbringen müsse.

Mit dieser Ansicht stand er relativ allein da, denn wir Übrigen wollten die Sache eher etwas gemäßigter angehen. Im Internet sprossen plötzlich politische Diskussionsgruppen aus dem Boden, in denen aufgebracht der Frage nachgegangen wurde, wie es mit der Welt nach einer Revolution weitergehen solle. Manche plädierten für die Errichtung eines Weltstaats ohne Grenzen, was andere wiederum vehement ablehnten, da ein Staat schließlich Herrschaft bedeute und sie es weniger cool fänden, wenn eine Hand voll Leute über die ganze Welt herrschen würde. Jeder Beitrag zur Diskussion wurde mit zahlreichen Fremdwörtern gespickt, die man vorher noch schnell ergoogelt hatte, um möglichst intellektuell zu wirken. Natürlich war für eine baldige Revolution die Aufklärung und Bildung der Bevölkerung unabdingbar.

»Wissen ist Macht«, hatte ja mal jemand gesagt.

Aus diesem Grund bestellte ich enthusiastisch kistenweise Infomaterial und Flyer, die ich in der Schule, in Läden und auf Veranstaltungen zu verteilen gedachte. Dabei handelte es sich querbeet um Broschüren über Fair-Trade-Siegel, Regenwaldabholzung, Klimaschutz, das richtige Verhalten auf Demonstrationen, Anleitungen zum zivilen Ungehorsam, Plastik, Atomkraft, Anarchismus und alles, was man sonst noch kostenlos bestellen konnte.

Leider gab es ebenfalls sehr enthusiastische Lehrer an unserer Schule, die die Heftchen heimlich entsorgten, sobald ich sie ausgelegt hatte.

Schließlich konnten sie linksextremistisches Gedankengut in ihrer Bildungseinrichtung nicht dulden.

Ich ließ nicht locker und ging irgendwann dazu über, kleinere Flyer in Schulbroschüren zu verstecken, die auf eigens dafür aufgestellten Tischen im Flur drapiert worden waren. Ob die jemals jemand gefunden und gelesen hat, weiß ich nicht, denn dafür hätte sich ja jemand für Broschüren über Berufsberatung interessieren müssen. Oder anders betrachtet: Die Leute, deren Herz für Berufsberatung schlug, konnten sich vielleicht nicht so sehr für *5 einfache Taktiken, eine Polizeikette zu durchfließen* erwärmen.

Doch so leicht wollten wir uns nicht geschlagen geben. Wir hatten zwar keine Greta Thunberg, doch wir hatten immerhin Frederik!

Unser »Rädelsführer«, wie er in Lehrerkreisen mittlerweile genannt wurde, hatte indes dafür gesorgt, dass wir eine richtige Einsatzzentrale bekamen.

Zwar war dies lediglich die hinterste Ecke des Schülercafés, in das Frederik, Konrad und ein paar andere zwei rote Kunstledersofas vom Sperrmüll geschleppt hatten, doch es war wundervoll!

Es war unsere Ruhe-Oase, unser Freiraum. Ein Rückzugsort für »das stinkende Assivolk«, wie Richard, ein Klassenkamerad von Frederik, es nannte. Richard war der klassische Schnösel und organisierte hingebungsvoll den Widerstand gegen uns.

Juckte uns null. Erst mit richtigen Feinden stieg doch unsere Bedeutung. Wir waren glücklich.

Die Sofas beschrifteten wir mit allerhand Aufrufen, Zeichnungen und provokanten Sprüchen, während wir die Wände mit Postern und Fahnen dekorierten.

Wir waren irre stolz auf unseren Assi-Ort.

Wann immer ich eine Freistunde hatte oder schwänzte, legte ich meinen in Anti-Atomkraft-Shirts gewandeten Körper auf der Couch ab, hörte den *hardcorebeeinflussten Deutschmetalpunkrockrap* von Zaunpfahl und blätterte wahlweise im neusten Taugenix-Fanzine oder im Nix-Gut-Katalog.

Zu Emo-Zeiten hatte ich noch begeistert bei EMP bestellt. Damit war es jedoch schlagartig vorbei, als die glaubten, Deutschlandfahnen und Frei.Wild-Klamotten ins Sortiment aufzunehmen, sei eine gute Idee. War es nicht. So ein patriotisches Schundblatt wollte niemand von uns auch nur eine Sekunde länger unterstützen. Also ab damit in den Müll und lieber im Nix-Gut gestöbert. Dass sich das im Grunde gar nicht so viel nahm und die Betreiber dieses Mailorders auch nicht gerade die sympathischsten Typen unter der Sonne waren, wusste ich damals leider nicht.

Man musste meist eine Weile Taschengeld sparen, wenn man einen Kapuzi oder Nietengürtel kaufen wollte, doch Buttons, Aufnäher und Sticker kosteten nur ein paar Euro. Was übrigens auch der Grund war, warum wir die Dinger *überall* verteilten. Man bekam ja auch nicht nur *einen* Sticker für zwei Euro, sondern einhundert! Die wollten natürlich verklebt werden. Also nichts wie los und die Laternen, Schulklos, Esstische, Wände, Straßenschilder und Lichtschalter zugestickert. Wir erstellten Listen, auf die alle ihre Wünsche schrieben, und gaben schließlich eine Sammelbestellung auf, um die Versandkosten so gering wie möglich zu halten. Brauchtes wir größere Auswahl, kauften wir auch schon mal online bei Roter Shop, Schwarze-Socke-Mailorder oder dem Impact-Onlineshop ein. Nichts war befriedigender, als das verhasste Geld für Poster, Fahnen und Polit-Shirts rauszuhauen. Denn, klar, eigentlich befürwortete man die Abschaffung des Geldes, doch wenn man schon mal welches hatte, konnte man es ja auch gleich sinnvoll investieren.

Mein Zimmer glich vom optischen Erscheinungsbild her bald dem Vollversammlungsraum eines besetzten Hauses.

Alles bemalt, zugeklebt, besprüht und bunt zusammengewürfelt. Das äußere Chaos als Zeichen meiner inneren Zerrissenheit oder so.

Meine mitunter drastischen Botschaften weitete ich schrittweise auf den Rest unseres Hauses aus und testete vorsichtig, wo die Toleranzgrenzen meiner Mutter lagen. Aus meinen beiden Turmfenstern hingen eine Peace-Fahne sowie eine schwarze Flagge der *Freien Republik Wendland*. Vors Haus stellte ich selbstgebaute gelbe Xe, womit meine Mutter selbstverständlich kein Problem hatte, denn sie und mein Vater waren es ja gewesen, die mich für die Anti-Atomkraft-Bewegung sensibilisiert hatten.

Der *Soldaten sind Mörder*-Aufkleber auf dem Badlichtschalter ging ihr dann aber doch etwas zu weit.

Doch zurück zu unserem Assi-Ort.

Hier trafen wir uns zum Beispiel auch, um die gemeinsame Anreise zur nächsten Großdemo in Magdeburg oder Berlin zu planen.

Anfangs waren wir eine riesige Truppe. Mit unserer Begeisterung konnten wir viele andere Jugendliche anstecken. Nach und nach verließen uns jedoch einige wieder, bis sich ein harter Kern aus etwa zehn Personen herausgebildet hatte.

Als wir eines Tages dort versammelt waren, konnte ich nur mit Mühe die Augen offenhalten, denn am Abend zuvor war ich sehr lange wach gewesen.

Aus verschiedenen Gründen hatte ich bis zur völligen Erschöpfung in meinem Zimmer ein Transparent für den Schulstreik gemalt und mir die größte Mühe gegeben, um es so perfekt wie möglich hinzubekommen.

Plötzlich hörte ich meinen Namen und war mit einem Schlag hellwach!

Frederik brachte mich unerwartet in größte Verlegenheit, denn vor den Augen aller Anwesenden hielt er nun mein Werk in die Höhe, lobte meinen politischen Ehrgeiz und meinte, aus mir würde eines Tages eine große Aktivistin werden.

Wow! Unser Rädelsführer hatte mich gelobt! Wahnsinn! Ich konnte es kaum glauben.

Mission completed. Frederik beeindrucken: check!

Okay, vielleicht mochte ich ihn doch etwas mehr, als ich anfangs zugeben wollte.

Aber ich schwöre, das war nicht mein einziger Gedanke bei dieser Aktion! Vorrangig ging es hier natürlich um die politische Sache, logisch!

Einerseits strengte ich mich tierisch an, Frederiks Erwartungen gerecht zu werden, weil, mal ganz ehrlich: Ein gutaussehender Typ hielt anscheinend große Stücke auf mich und das, was ich tat. Wem hätte das nicht gefallen?

Zum anderen verfolgte ich jedoch auch nach wie vor mein großes Ziel: Ich werde es euch allen zeigen! Was genau ich wem konkret zeigen wollte, war mir selbst nicht ganz klar. Vielleicht wollte ich einfach gesehen werden. Zeigen, dass ich mehr war als das schüchterne graue Außenseitermädchen, das stumm in der Ecke saß, an seinen Ohrringen herumspielte und in Mathe nur Fünfen und Sechsen schrieb. Darum schien es generell bei all meinen Aktionen zu gehen: Sichtbarkeit. All die extravaganten Outfits und Attitüden schrien förmlich: »Hallo, ich bin auch noch da! Nehmt mich wahr, hört mir zu, vergesst mich nicht! Ich bin jemand!«

Außerdem wollte ich etwas bewegen, meinen Beitrag leisten zu einer besseren Welt.

Wollte diese Ohnmacht abschütteln, indem ich nicht tatenlos herumsaß.

Es kam doch darauf an, sich für etwas zu engagieren, was wirklich von Belang war, denn was nützten mir Pythagoras und Periodensystem, wenn wieder Nazis an die Macht kämen oder die Meere leergefischt würden?

Da kam es mir gerade recht, dass plötzlich immer mehr Leute um mich herum vegan wurden.

Das war der radikale Schritt, auf den ich gewartet hatte! Endlich konnte ich etwas tun, mit meinen täglichen Entscheidungen tatsächlich etwas verändern!

Vegetarisch war eh nicht so mein Ding. Das war irgendwie nichts Halbes und nichts Ganzes. Krasser war da schon, von einem Tag auf den anderen nur noch Pflanzen zu essen. Und so traf ich eine der besten Entscheidungen meines Lebens. Auch die Erwachsenen fanden das ziemlich krass und interessierten sich alle urplötzlich brennend für meine Blutwerte. Mehr als ich selbst vermutlich.

Ungeachtet der »Was kannst du denn dann überhaupt noch essen«-Kommentare ging ich voll in meiner neuen Rolle als Tierschützerin auf und kaufte im Netto die Regale leer.

Nicht, dass es da viel Auswahl gegeben hätte. Keine Ahnung, wie das 2009 beispielsweise in Berlin aussah, in ländlichen Gefilden der neuen Bundesländer jedenfalls war nicht gerade Rambazamba im Nachhaltigkeitssektor, sag ich mal. Man konnte froh sein, wenn man statt des Naturtofus, der nach trockener Schuhsohle schmeckte, auch ab und zu eine Packung Räuchertofu abbekam. Wenn man keine Pilze mochte, hatte man eh verloren, denn es gab genau eine Sorte pflanzlichen Brotaufstrich, nämlich Shiitake. Ohne jemals zuvor irgendeine Verbindung zu Pilzen, geschweige denn zu Shiitake gehabt oder je davon gehört zu haben, stopfte ich mir das Zeug broteweise rein. Immerhin roch es nach Leberwurst.

Als der örtliche EDEKA irgendwann aufgrund der hohen Nachfrage an Natursojajoghurt eine zweite Variante mit Vanillegeschmack einführte, rasteten alle komplett aus. Ständig eine leere Stelle im Kühlregal. Die pure Eskalation. Sojajoghurt wurde zum Geschmack meiner Jugend.

In jeder großen Pause stand ich da und löffelte versonnen in meinem Plastikbecher, während die Kinder im Essensraum Rosenkohl mit Sauerbraten und Schnitzel mit Kartoffelbrei vorgesetzt bekamen.

Mit einer veganen Alternative war weder in naher noch in ferner Zukunft zu rechnen.

Zum Glück war ich noch nie fürs Schulessen angemeldet gewesen. Dort konnte man froh sein, wenn man etwas Vegetarisches bekam, das keine Fischstäbchen waren.

Für den Schulstreik verteilte Frederik selbstproduzierte Flyer, deren katastrophalen grammatikalischen sowie rechtschreiblichen Inhalt ich bemängelte. Teils, weil es mir peinlich war, damit in Verbindung gebracht zu werden, teils, weil ich Frederik ein bisschen ärgern wollte. Doch bei dem Thema verstand er keinen Spaß und führte an, dass dies mit voller Absicht so geschehen sei, um die Defizite des deutschen Schulsystems aufzuzeigen.

Okay, gegen diese um die Ecke gedachte Kreativität war schwerlich etwas zu sagen.

Unser Schulleiter, dem es sehr sauer aufstieß, dass einige Kinder sich die Frechheit herausnahmen, von ihrem Recht auf Meinungs- und Demonstrationsfreiheit Gebrauch zu machen, drohte mit Klassenbucheinträgen und Tadeln für alle, die an besagtem Tag der Schule fernzubleiben gedachten.

Es hatte schon nicht gerade Anklang gefunden, als wir einige Stunden geschwänzt hatten, um auf dem Marktplatz bei einer Mahnwache gegen den Besuch der Bundeswehr an Schulen mitzumachen. Oder als wir über die Machenschaften der NPD aufklären wollten, die zu dieser Zeit ihre Schulhof-CDs an Kinder verteilte.

Unser Direktor vertrat die Ansicht: Welt retten, okay, aber wenn überhaupt, dann bitte am Wochenende.

Einen ganzen Tag kein Mathe, Musik und Chemie, nein, das konnte er keinesfalls tolerieren.

Bis zum Streik zogen noch einige Wochen ins Land. Inzwischen bereiteten wir uns auf eine Blockadeaktion in Magdeburg vor. Nazis wollten nach eigener Aussage mit einem Trauermarsch den Opfern der Bombardierung der Stadt gedenken.

Auf diesem Ausflug lernte ich Michi kennen. Er sollte die nächsten Jahre einer meiner besten Kumpels werden, ohne dass wir je besonders viel miteinander geredet hätten.

Meiner Erinnerung nach beschränkten sich unsere inhaltlich anspruchsvolleren Gespräche tatsächlich auf genau einen Abend. Und an dem war er hackevoll und hatte Angst, dass ihn die Bullen verhaften würden, weil er auf einen Heuballen geklettert war. Er war ein interessanter, hochintelligenter Typ, der sehr misanthropisch veranlagt war, und wenn ihn zufällig jemand anstieß, musste er sich die Stelle mit der Hand abreiben, weil er die Berührung nicht ertrug.

Wir wechselten meist nur wenige Sätze, tranken Bier oder Michi rechnete extrem komplexe Matheaufgaben vor, von denen ich ohnehin nicht ein Wort verstand.

Einmal sagte er zu mir: »Milly, du bist das einzige coole Mädchen, das ich kenne«, und das war eines dieser Komplimente, die man sein Leben lang nicht vergisst.

Einige Zeit nach der Magdeburgaktion versammelte sich der harte Kern unserer Gruppe nebst einigen Interessierten im Schülercafé, als plötzlich Richard, der dort in den Pausen Süßkram verkaufte, recht aggressiv gestimmt auf den Plan trat.

Großspurig spielte er sich auf und versuchte, Frederik zu provozieren.

Kurz bevor der ihm eine aufs Maul haute, ging Adrian dazwischen. Zwei Köpfe größer beugte er sich zu Richard hinunter, stieß ihm den Finger vor die Brust und meinte: »Du gehst jetzt sofort zurück in deinen Kaufmannsladen und frisst deine scheiß Gummiwürmer, bevor ich sie dir eigenhändig in deine dumme Fresse stopfe!«

Damit war die Sache geklärt.

Richard drehte ab und ward nicht mehr gesehen.

Allerdings erging es wenige Tage später unseren wundervollen Sofas ähnlich. Wie durch Geisterhand waren sie plötzlich verschwunden. Ebenso wie die Poster und Fahnen, mit denen wir die Wände aufgehübscht hatten.

Dafür tauchte nun ein Zettel auf, der uns »Assivolk« davon in Kenntnis setzte, dass das »versiffte« Mobiliar zum Wohle aller endlich entsorgt und verbrannt worden sei.

Ich war untröstlich. Richard, dieses Schwein! Wie konnte er uns so etwas nur antun? Dahin war unsere politisch korrekte Abschaltoase, unser Rückzugsort, unsere Anti-Erwachsenen-Insel.

Die Einzigen, die sich sonst noch an dieser fiesen Racheaktion erfreuten, waren die Lehrer. Zwar hatten sie unsere Schülercaféannexion stillschweigend geduldet, doch gutgeheißen hatten sie diesen Akt der Aufmüpfigkeit mitnichten.

Überhaupt störten sich viele von ihnen an der politischen Aktivität auf dem Schulgelände.

Besonders das schwarz-rote Logo der *Antifaschistischen Aktion* war den Lehrkräften dabei ein Dorn im Auge.

Einige Wochen lang wurde darüber beraten, ob man dieses »linksextreme« Symbol sowie politische Kleidung im Allgemeinen nicht verbieten sollte. Sogar Schuluniformen standen kurz zur Debatte, bevor die ganze Diskussion langsam verebbte und alles weiterlief wie bisher.

So war das immer. Irgendwer regte eine Neuerung an, es folgten hitzige Diskussionen und dann blieb alles wie gehabt. Praktisch in diesem Fall, in anderen Situationen dem Fortschritt eher abträglich.

Na ja, wie auch immer, war uns egal. Wer konnte Lehrer, die FDP wählten, Ernie und Bert verehrten, in hautengem Gymnastikanzug zur Schule radelten und ständig »Holla, die Waldfee« sagten, schon ernst nehmen?

Als endlich der Tag des Schulstreiks bevorstand, waren wir sehr aufgeregt.

Für viele in der Truppe war es die erste Demo und Frederik wies alle sachgemäß in die Verhaltensregeln ein.

Kein Alkohol, keine Drogen, bei Festnahmen keine Kooperation mit der Polizei, im Ernstfall den Ermittlungsausschuss kontaktieren (Nummer auswendig lernen!), zusammenbleiben, bei Entscheidungsfragen entscheidet die Gruppe im Konsens und schickt eine Vertretungsperson zum Deli-Plenum.

Alle nickten begeistert und legten diese Infos eifrig unter *Überlebenstipps* in den vordersten Schubladen ihrer Gedankenkommode ab. Wusste ich natürlich alles längst.

War ja auf diesem Gebiet immer schon sehr interessiert gewesen. Nachdem nun alle gut von Frederik instruiert worden waren, konnte es also losgehen. Getroffen wurde sich nicht in der Schule, sondern direkt am Bahnhof, wo man nicht fürchten musste, von wütenden Direktoren an der Abreise gehindert zu werden.

Der Zug kam, wir stiegen ein, und als die Fahrkartenkontrolleurin vor uns stand, fiel uns allen auf, dass wir keine Tickets besaßen. Panik breitete sich aus und alle Augen richteten sich erwartungsvoll auf unseren Rädelsführer. Er würde das Ding schon reißen. Dachten wir. Frederik, etwas angepisst davon, dass niemand sonst das Wort ergriff und die ganze Arbeit wieder mal an ihm hängen blieb – wozu hatte er seine Jünger denn tagelang im Führen politischer Diskussionen unterrichtet? –, hob nichtsdestotrotz an, der Kontrolleurin eindringlich unser Anliegen zu schildern. Er redete sich um Kopf und Kragen, während sein Gefolge gebannt lauschte und nur die Hälfte begriff.

Die Kontrolleurin hörte sich alles ruhig an und warf uns dann am nächsten Bahnhof aus dem Zug.

Kurze Schockstarre. Was war passiert, warum hatte Frederik uns nicht gerettet?

Letztendlich klärte sich die Sache allerdings recht schnell. Einige unserer Gangmitglieder verschwanden kurz, und als sie wiederkamen, berichteten sie, dass zufällig gerade der Fahrkartenautomat kaputtgegangen sei und sie leider keine Tickets mehr hatten kaufen können.

Ach guck, so ein Zufall. Glückspilze, wir!

Also gleich in den nächsten Zug und ab nach Berlin.

Die Demo ging recht ereignislos vonstatten. Wir liefen uns die Füße wund, grölten mit tausend anderen Kids Parolen und hielten stolz unser Transpi in die Höhe, bis uns fast die Arme abfielen.

Das eigentlich Besondere an diesem Tag im Jahr 2009 war, dass ich Jonas kennenlernte.

Er war in meinem Alter, aber irgendwann sitzengeblieben und daher nun eine Klasse unter mir.

Von seiner Existenz hatte ich bis dato nichts geahnt, doch seit er im Zug neben mir auf seinem Gameboy Tetris gespielt und mir am Bahnsteig meine Haarspange geklaut hatte, war ich in ihn verliebt.

Oder verknallt oder ich stand auf ihn, vielleicht war er auch mein Schwarm, woher sollte ich das wissen? Die Abschnitte zu diesem Themenkomplex hatte ich in der Bravo Girl in der Annahme, ich hätte mit ihnen nichts am Hut, stets geflissentlich überlesen. Das rächte sich jetzt.

Überhaupt fand ich mit einem Mal ziemlich viele Jungs ziemlich gut, wie ich mir leider eingestehen musste. Mein verrückt gewordener Verstand tanzte mir auf der Nase herum und veranlasste, dass ich quasi dauerverknallt war.

Lars, Finn, Noah, Julian, es gab überhaupt kein Halten mehr. Was gefühlstechnisch bis zu diesem Zeitpunkt eher nicht existent gewesen war, musste nun offenbar doppelt so intensiv zum Vorschein kommen.

War ich nicht im Geringsten mit einverstanden! Doch bedauerlicherweise hatte ich da gar kein Mitspracherecht. Es war eine sehr anstrengende Zeit.

Kapitel 18

Meine Freundin Lisa und ich fuhren öfter zusammen nach Berlin.

Einerseits, um meine Familie zu besuchen, andererseits, um Nazis den Kampf anzusagen.

Die Demos, an denen wir teilnahmen, waren krass intensiv. Wir erlebten ein nie gekanntes Zusammengehörigkeitsgefühl, das uns total überwältigte.

Dieses Gefühl, das einen überkommt, wenn man mit tausenden Menschen für die gleiche Sache einsteht und nur zu gern bereit ist, dafür die Grenze der Legalität zu überschreiten. Ehrfurcht. Gänsehautmoment. Irre!

Alles war so gänzlich anders als das, was ich von den ruhigen, bunten Anti-Atomkraft-Protesten im Wendland kannte. Damit hatte ich ja schon viele Erfahrungen sammeln können.

Meinen Eltern sei Dank. Mit zarten zwei Jahren hatten sie mich auf meine erste Massenkundgebung mitgenommen. Sie protestierten gegen Atomkraft im Allgemeinen und gegen ein Zwischenlager im niedersächsischen Gorleben im Speziellen. Sowieso eine Pflichtveranstaltung, wenn man zur Hälfte im Wendland beheimatet war.

Der gesamte Landkreis und viele Leute von anderswo standen auf der Matte, wenn der Zug mit dem schwach-

bis mittelradioaktivem Müll angerollt kam, um mittels Pappschildern, Menschenketten, Rasseln und Laternen ihren Ärger auszudrücken. Mag naiv klingen, hat letztendlich aber funktioniert.

Fand ich als Zweijährige alles nicht so gut.

Tausende Menschen, Sirenen, laute Mikrofondurchsagen und über allem kreisten sehr tief die Polizeihubschrauber.

Meinem ganz persönlichen Unmut über die Lage machte ich Luft, indem ich auf den Schultern meines Papas sitzend in die Kamera eines ARD-Reporters jammerte: »Wann gehen wir endlich heim?!«

Wir gingen, kamen aber beständig Jahr für Jahr wieder. Dieser Castor schien einfach nicht aufgeben zu wollen. Jedes Mal, wenn es hieß, der Castor käme diesen November wieder nach Gorleben und man solle sich auf den Tag X vorbereiten, machte sich eine diffuse Angst in mir breit. Was sollte ich tun, wenn ich ihm eines Tages gegenüberstand? Das sagte einem niemand. Castor, was war das überhaupt konkret? Lange Zeit fragte ich mich, ob dieser Castro, den es ja auch noch gab, etwas damit zu tun hatte. Vom Namen her auf jeden Fall.

Es dauerte ein paar Jahre, bis ich wirklich dahinterkam. Die *Castor-Tage* waren *das* Event, das den Landkreis zusammenschweißte wie kein anderes. Tage und Wochen herrschte Ausnahmezustand. Trotz des beschissenen Anlasses zog man Kraft aus dem gemeinsamen Blockieren der Straße, aus der Großdemo mit Musik und Tanz, den Sprechchören und den monatelangen Vorbereitungen.

Ich war stolz darauf, dabei zu sein. Das waren doch Geschichten, die ich später meinen Kindern würde erzählen können!

Auch einige meiner Freunde nahmen an den Protestaktionen teil. Meist durften sie nicht lange bleiben, doch Malte, Jonas und ich lagen über Nacht mit Stroh und Schlafsäcken auf der Straße und blockierten die Zufahrt zum Zwischenlager, in das die Atommüllbehälter gebracht werden sollten.

Das war wirklich eine tolle Erfahrung. Gut, zugegeben, vor allem auch, weil Jonas dabei war und ich neben ihm liegen konnte. Aber meine wesentliche Aufmerksamkeit galt selbstverständlich der Aktion! Erst der Castor, dann Jonas. Ich hatte da auch Prioritäten.

Trotzdem wollte ich diese wertvolle Gelegenheit nicht einfach ungenutzt verstreichen lassen.

Daher tat ich manchmal so, als würde ich schon schlafen. Sich schlafend zu stellen, war cool. Man konnte dann nämlich Leute Dinge über einen sagen hören, die sie sonst nicht gesagt hätten, weil sie ja überzeugt waren, man würde schlafen und nichts mitbekommen. Ein bisschen wie Gedankenlesen, nur ganz anders.

Das Einzige, was ich in dieser Nacht mitbekam, war allerdings, dass Malte aufs Klo musste, Jonas Hunger hatte und beiden kalt war. Mäßiger Erfolg, ich gebe es zu.

Am nächsten Tag kam meine Freundin Tina. Natürlich schwänzten wir alle dafür die Schule, und das machte die Sache nur noch besser.

Wir tanzten barfuß auf der Straße, obwohl ich nicht wusste, wie das ging, weil ich bis dato nur Pogo getanzt hatte, was aber nun egal war, denn es spielte keine Rolle, wie man dabei aussah, weil einzig und allein das Freiheitsgefühl und die Verbundenheit mit den vielen anderen Menschen um einen herum zählte, die alle ebenfalls ihre Körper für den Widerstand verrenkten und ihre Gliedmaßen im Takt der Musik aus dem Lautsprecherwagen gegen die Atomkraft in die Luft warfen. Mein Glöckchenfußband schepperte wie irre, während die Zipfelkapuze meiner orangefarbenen Strickjacke mit dem großen Peace-Zeichen-Aufnäher im Wind flatterte.

Was für ein Gefühl! Es war nur bedauerlicherweise damit zu rechnen, dass es nicht lange vorhalten würde. Spätestens wenn wir wieder in die Schule mussten, war Schluss mit Freiheit. Man musste das Ganze also auskosten bis zum Gehtnichtmehr. Und das taten wir auch.

Als nach über dreißig Jahren des Widerstandes irgendwann tatsächlich das Ziel erreicht war und keine Züge mit Atommüll mehr ins Wendland rollten, brach mit einem Mal für viele Althippies und Engagierte ein Stück Lebensinhalt weg. Auch mir war trotz der Freude über den Erfolg ein Kloß in den Hals gerutscht. Es fehlte einfach etwas.

Im kompletten Gegenteil dazu hielt man auf den kämpferischen Berliner Demos die Fäuste in die Luft statt Trillerpfeifen an den Mund und niemand kam auf die Idee, im Kreis sitzend Lieder zu singen.

Besonders Letzteres begrüßte ich sehr, da ich seit der Grundschule nicht mehr vor Publikum singen konnte. Als Kind liebte ich Singen und kannte sehr viele Lieder auswendig.

Doch wenn einem eine Lehrerin vor versammelter Klasse sagt, man würde sich dabei grauenvoll anhören, und einem eine Fünf einträgt, kommt das irgendwie nicht so gut.

Ich fand jedenfalls beide Protestformen toll und legitim und weil es auf beiden Seiten Leute gab, die mir gehörig auf die Nerven gingen, beschloss ich, wie immer einfach mein eigenes Ding zu machen und Inhalte aus beiden Strömungen zu kombinieren. Passte ja ganz gut, schließlich war ich eh Hippie-Punk.

Während ich dem bunten Rauch der Bengalos nachsah, spürte ich zum ersten Mal das Potential, das in meinem Zorn steckte. Ich erkannte, dass meine Wut auf die Ungerechtigkeiten dieser Welt ein Antrieb zur Veränderung sein konnte. Ich musste sie nur kanalisieren und konstruktiv nutzen.

Von da an wusste ich, dass Wut kein schlechtes Gefühl ist.

Meine Freunde und ich fühlten uns sehr engagiert mit unserer selbstgemalten Fahne und den Polit-Shirts.

Jetzt waren wir voll drin in der Aktivistenszene oder wo auch immer man da so drin sein konnte. Wir hatten ja keine Ahnung. Um uns Einblicke zu verschaffen, nahmen wir an Infoveranstaltungen und Demotrainings teil, die in der Aula einer Uni stattfanden und überraschend viele Interessierte anzogen. Unter anderem auch die Cops, aber das war gut, denn so konnten wir direkt noch einmal üben, wie man richtig eine Polizeikette durchfloss.

Unsere Fahne war übrigens gelb.

Gelb mit einem schwarzen, von uns selbst ersonnenen Zeichen darauf. Eine Art Viereck mit Zipfelmütze und drei Ausrufezeichen in der Mitte. Kann man sich schwer vorstellen, sah aber tatsächlich sehr … innovativ aus.

Die Bedeutung dieses Symbols erschloss sich uns selbst nicht vollständig, war dadurch aber nur umso geheimnisvoller. Genau wie die von uns selbst gegründete Partei, die sich dahinter verbarg.

In einem Anflug von Größenwahn und Einfallslosigkeit tauften wir sie LUMP, was eine ganz unspektakuläre Zusammensetzung unserer Spitznahmen darstellte. Finde mal einen kreativen Namen für eine Partei. Einfach ist das nicht.

Beflügelt durch die Worte unseres Sozialkundelehrers, jeder könne in Deutschland eine Partei gründen, hatten wir genau das getan. Nicht offiziell natürlich, aber inoffiziell, und das war schon mal die halbe Miete. Zwar sah ich mich als großer Fan der *APPD*, doch etwas Eigenes zu haben, war auch nicht schlecht.

Schnell sprach sich herum, dass die zwei Dödel aus der Zehnten nun in die Politik gehen wollten. Es herrschte eine diffuse Sorge, wir könnten tatsächlich ernsthaft das Ziel verfolgen, Politikerinnen zu werden.

Niemand, uns eingeschlossen, wusste so recht, ob wir die Sache ernst meinten oder nicht.

Es kam schon echt ernst rüber, denn wir schrieben ein immens umfangreiches Parteiprogramm, hatten sogar eine total professionelle Homepage, ließen Buttons und Spuckies drucken und eine Fahne hatten wir ja auch. Wie die Profis. Spuckies waren übrigens diese Sticker aus Papier, die man mit der Zunge auf der Kleberückseite anschlontzen und dann dem Sitznachbarn aufs Hausaufgabenheft kleben konnte. Wie Briefmarken quasi, nur politischer. Man steht nicht mehr hundert Jahre vor der Straßenlaterne und pult stundenlang die Plastikfolie des Aufklebers ab, während die Passanten schon stehenbleiben, einen argwöhnisch beobachten und nur darauf warten, wegen Sachbeschädigung die Bullen zu rufen – nein! Man verteilt einfach ganz gemütlich im Gehen schon mal schön etwas Spucke auf dem Papierfetzen, sodass alle Vorbeilaufenden bloß denken, ach wie schön, da gönnt sich ein nettes Kind ein Stück Esspapier und, ZACK, da klatscht man auch schon ganz lässig einmal kurz gegen den Pfahl, als wollte man seiner jugendlichen Lebensfreude Ausdruck verleihen, und schon klebt der Sticker. Nicht mal stehenbleiben muss man dafür!

Wahnsinnserfindung.

War aber alles nicht genug; das wussten wir selbstverständlich. Man musste seine Unterstützer auch mit immer neuen Ideen bei Laune halten. Bislang hatten wir lediglich im Französischunterricht Listen herumgereicht, wo sich alle eintragen sollten, die Mitglied in der LUMP werden wollten. Überraschenderweise summierte sich die Anzahl derer, die mit uns sympathisierten, in einem Maße, mit dem wir nicht gerechnet hatten. Das setzte natürlich schon sehr unter Druck.

Irgendwann kam uns zum Glück ein rettender Einfall. Er sollte unserer Mitglieder bei Laune halten und uns obendrein Informationen über selbige verschaffen, die wir wiederum nutzen wollten, um unsere Inhalte zu verbessern und genauer anzupassen.

Wir designten also aus rotem Pappkarton und Papier, das wir aus dem Kopierer klauten, ein Parteibuch. Am Ende erinnerte es inhaltlich verdächtig an mein Freundschaftsbuch aus der Grundschule, komischer Zufall.

Wir hatten uns für eine Mischung aus Multiple Choice und selbst beschreibbaren Zeilen entschieden, um maximale Erkenntnisse über unsere Mitglieder einzuholen.

War ja wichtig, wir mussten schließlich wissen, was die so dachten und vertraten. Daher gab es auch Fragen wie:

»Wenn ich Bundeskanzler/-in wäre, würde ich …«
oder
»Welche politische Einstellung hast du? Bitte ankreuzen:

☐ Anarchist ☐ Kommunist ☐ Grün ☐ Sozialdemokratisch ☐ Linksextrem ☐ Linksradikal«

und so weiter. Wir führten so viele Begriffe wie möglich auf, um irgendwie allem gerecht zu werden und alle anzusprechen. Nur weiter mittig als bis zur Sozialdemokratie ging's dann doch nicht. Hätte einfach nicht mehr in unser Konzept gepasst.

Anfangs gab's allerdings erst mal die Standardfragen nach Name, Alter, Schuhgröße, Gewicht, Haarfarbe, Schulschwarm, Wohnort, Lieblingsbands und so weiter.

Wunderte mich bloß, dass immer so viele Felder offenblieben, wenn wir das Heft von einer Person zurückbekamen. Besonders aufgeregt war ich logischerweise, als ich Frederik unser Buch zum Eintragen gab. Endlich würde ich etwas mehr über ihn erfahren!

Lief dann aber nicht so dolle. Zunächst beschwerte er sich darüber, dass die Pappe rot und nicht schwarz sei, weil er als Anarchist keinesfalls mit Kommunisten in Verbindung gebracht werden wolle.

Erschwerend kam hinzu, dass er fast alle Felder frei ließ und stattdessen in Anspielung auf eine immer noch aktuelle Kampagne der autonomen Bewegung aus dem Jahre 1987 »Anna und Arthur halten's Maul!« darunterschrieb. Lediglich die Bundeskanzlerfrage füllte er gewissenhaft aus. Und zwar erläuterte er ausführlich, dass er diese Frage nicht beantworten könne, weil sie sich ihm gar nicht stelle, denn als Anarchist lehne er jede staatliche Institution ab, es könne also niemals passieren, dass er zufällig Bundeskanzler werde, und selbst wenn, dann würde er dafür sorgen, seinen eigenen Staat zu zerschlagen.

Irgendwie hatte er sehr viel genauere politische Vorstellungen als alle anderen. Uns eingeschlossen.

Das frustrierte mich derart, dass ich die Einstellung des Parteibuchprojekts veranlasste.

Ein paar Mal steckten wir uns noch unsere Buttons an, doch die Luft war raus.

Andere gründeten in ihrer Jugend eine Band, wir eine Partei.

Doch noch ehe wir offiziell unseren Rücktritt aus der Politik bekanntgeben konnten, hatte sich das Ganze auch schon im Nebel seiner Bedeutungslosigkeit aufgelöst.

Kapitel 19

Im Leben der meisten Teenager kommt irgendwann der Punkt, an dem sie sich gegen aufkeimende Sexualität nicht mehr wehren können.

Wie wir wissen, blieb auch ich nicht davon verschont. Leider, denn während alles um mich herum knutschte, kuschelte, den Jamba Love Calculator befragte und in Beziehungen geriet, fand ich die ganze Angelegenheit mehr als unangenehm.

Bei ›Die Sims‹ spielte ich zwar gerne tragische Liebesgeschichten nach – bei denen am Ende leider immer jemand im Pool ertrinken musste – oder ließ ein Paar Techtelmechtel in der Umkleidekabine machen, aber das war doch nur ein Spiel! Was auf dem Computerbildschirm passierte, sollte auch auf dem Computerbildschirm bleiben! Im echten Leben wollte ich Playmobilstädte bauen, barfuß durch Schlamm laufen und Freundschaftsarmbänder flechten, nicht abends stundenlang wach liegen und mir den Kopf über einen Jungen zerbrechen. Oh, Gott, wo war ich da nur hineingeraten?

Ständig beschäftigten mich Fragen wie: Was dachte er wohl von mir, als ich gestern auf dem Schulhof Fußball mit einem Stock spielte? Hoffentlich hat er nicht gesehen, wie ich beim Versuch, über den Zaun zu springen, volle Kanne dagegen geknallt bin! Fand er meine neue Peace-Zeichen-Jacke cool oder eher schräg? Ist sie ihm überhaupt aufgefallen? Findet er auch, dass meine Haare aussehen, als hätte ich in einer Steckdose geschlafen? Mag er mich? Mag er mich vielleicht sogar ein bisschen mehr? Wenn ja, wie geht es dann weiter? Was macht man da? Hat das einen tieferen, möglicherweise annäherungs-versuchsartigen Sinn, dass er mich in den Pausen immer ärgert, mich hochhebt und herumträgt oder mir meine Sachen wegnimmt?

Dann regte ich mich furchtbar darüber auf, dass ich nicht die Fähigkeit des Gedankenlesens beherrschte, und kam schließlich zu dem Schluss: Nein, Quatsch, der schenkt mir nur total süße Kleinigkeiten und ärgert mich nur, weil ihm langweilig ist. Niemals würde er was von mir wollen, was denn und warum denn auch? Dieses ständige zweifelnde Gefrage führte letzten Endes zu der Überzeugung, er könne gar nicht auf mich stehen, wenn ich selbst so ein angeknackstes Selbstbewusstsein hatte, schließlich stand in jeder verdammten Jugendzeitschrift, dass Jungs nur auf selbstsichere Frauen fliegen, die wis-sen, was sie wollen.

Und das tat ich ganz sicher nicht.

Dank meines für solche Situationen nicht vorhan-denen Feingefühls gelang es mir ziemlich gut, Annähe-rungsversuche von Typen, die mich romantiktechnisch nicht interessierten, abzuschmettern. Oft nicht besonders nett, das muss man leider sagen.

Ein Junge strich mir neckisch mit einer Vogelfeder, die er im Gras gefunden hatte, über den Arm. Wir saßen auf einer idyllischen Waldlichtung, um uns herum lachende, fröhliche Menschen, alles voll romantisch, doch ich stieß ihn komplett genervt weg, guckte böse und fragte, was der Scheiß sollte.

Ein Typ sprach mich im Gewirr der Berliner Straßen an, sagte, dass ich ihm aufgefallen sei und ob ich nicht Lust hätte, mich zu unterhalten. Ich völlig gestresst so: »Nee, Mann, keinen Bock, keine Zeit, muss weiter, hauste rein, Digger, ciao!«, und klopfte ihm im Weggehen noch kumpelhaft auf die Schulter.

Tja, so war das damals.

Meist lief aber alles über ICQ, weil das gerade in war und ich eh nie auf Partys ging oder was weiß ich, wo die anderen immer ihre Teenie-Liebschaften aufgabelten.

Klar, es machte natürlich Spaß, im Chat zu flirten, doch ich war stets darauf bedacht, das Ganze ins Leere laufen zu lassen.

Irgendwie war's mir nicht geheuer.

Als meine Gedanken an diesen bestimmten Jungen namens Jonas mit der Zeit beunruhigend viel Raum einnahmen, dämmerte mir schließlich, dass ich wohl tatsächlich gegen meinen Willen ernsthafte Verliebtheitsgefühle entwickelte.

Was sollte ich jetzt damit?

Hatte ich gesagt: »Oh, super, tolle Idee, da könnte ich mich auch mal einreihen, in die beschämende Parade der schmachtenden, sabbernden Herzchen-ins-Hausaufgabenheft-Maler!«? Mitnichten!

In der Grundschule war das vielleicht für manche noch lustig gewesen, aber ich dachte, diesen Quatsch hätten wir längst hinter uns gelassen! So etwas hörte doch auf, wenn man erwachsen und vernünftig wurde oder etwa nicht?

Ich irrte gewaltig. Das zu bemerken, kam ich nicht umhin, denn bald gab es keine anderen Themen mehr.

Sollte dies am Ende der Grund sein, warum unser politisches Engagement langsam im Sande verlief?

Der Punkt, an dem romantische Experimente auch in meinem Leben Einzug hielten, hatte dann leider tatsächlich gar nichts mit Jonas zu tun.

Diese Gelegenheit hatte ich einfach gnadenlos verpasst. Und das, obwohl er doch schon neben mir im Einzelbett gelegen, mich stundenlang gekitzelt, mir spielerisch in Ohren und Nase gebissen und mich schließlich sogar halb geküsst hatte. Das war allerdings so dermaßen positiv schockierend gewesen, dass ich nichts getan hatte, außer wie gelähmt stocksteif liegen zu bleiben.

Da wünschte man sich ewig diese Situation herbei, und wenn sie dann tatsächlich eintraf, lag man nur bewegungslos herum wie die allergrößte Idiotin auf Erden. Es war einfach nicht mehr lustig.

Für Danny, der während der ganzen Angelegenheit auf einer Matratze neben unserem Bett gelegen und so getan hatte, als würde er schlafen, sich aber nichtsdestotrotz unser Rumgeschäkere hatte reinziehen müssen, obwohl er zu der Zeit in mich verliebt gewesen war, sicher auch nicht allzu sehr.

Am nächsten Tag war alles irgendwie komisch. Ich hatte das Gefühl, als ginge ich Jonas auf die Nerven. Mochte er mich vielleicht doch nicht so doll?

Hatte ich alles wirklich so dermaßen falsch eingeschätzt?

Offenbar schon, denn keine vier Wochen später kam Jonas mit Klara zusammen.

Ich musste zugeben, dass die Situation geringfügig vom Optimum abgewichen war.

Blöde Klara. Nein, stimmte ja nicht, im Grunde mochte

ich sie ganz gerne. Sie war ziemlich niedlich mit ihren Dreadlocks.

Nur, dass sie mich ständig so böse anguckte, machte mich echt fertig. Zum Glück ging sie nicht an unsere Schule. Alles in allem war ich sehr traurig darüber, dass meine einzige Chance einfach an mir vorbeigerauscht war, ohne dass ich sie richtig hatte festhalten können. Trauriger, als ich es mir eingestehen wollte.

Meine Gedanken drehten sich nunmehr häufig um die Frage, warum Jonas Klara lieber mochte als mich.

Ich ließ mir nichts anmerken und lud die beiden noch schön ein, zusammen mit Clemens, Lisa und mir nach Berlin zu fahren.

Das taten sie dann auch. Ich litt wie bekloppt. Hatte ich mir jetzt aber auch irgendwie selbst eingebrockt. Was musste ich denn immer einen auf cool machen? Hätte ja auch sagen können: »Ey, sorry Leute, könnt ihr mal bitte woanders hingehen? Nur so ein Stück weg von mir, nur so ans andere Ende der Welt vielleicht ... WEIL ICH NÄMLICH EURE VERLIEBTEN FRESSEN LEIDER EINFACH NICHT ERTRAGEN KANN!«

Hab ich aber nicht gesagt. Stattdessen war ich sauer. Richtig wütend war ich. Auf Jonas, weil er sich einfach so in ein Mädchen verliebt hatte, das nicht ich war. Auf Klara, weil sie einfach so diese Liebe erwiderte. Und auf mich, weil ich in Jonas verliebt war, ohne es zu wollen.

Besonders wütend war ich allerdings auf Hannes, einen Kumpel von Jonas, der auf Klassenfahrt in London neben mir herlief und sagte: »Kennst du eigentlich schon Klara, Jonas' neue Freundin? Die ist genau wie du, nur noch verrückter!«

Das tat weh.

»Haha … ah ja? Echt? Hahaha … cool, nee, kenn' ich nicht …«, erwiderte ich, bemüht, Desinteresse zu signalisieren, um dieses Gespräch nicht vertiefen zu müssen.

»So wie ich, nur verrückter«. Das war ja wohl die Höhe! Da hatte ich also die Antwort auf meine Frage, was Klara haben mochte, das ich nicht hatte.

Ich war nicht verrückt genug!

Das konnte doch alles nicht wahr sein!

»Liebes Universum, ich hab es mir anders überlegt! Wenn Jungsein solche Qualen mit sich bringt, dann möchte ich doch ganz schnell erwachsen werden, geht das? Scheiß auf Pippi Langstrumpf und kindliche Selbstvergessenheit, brauche ich alles nicht, wenn ich nur diesen Humbug hier nicht länger mitmachen muss!«, so dachte ich bei mir.

Leider wurden meine Bitten nicht erhört. Weder Gott noch das Universum hatten offenbar Lust, den Menschen ihre Wünsche zu erfüllen.

Zwar war dies eine schmerzliche Erkenntnis, sie brachte mich allerdings auch dazu, mein Schicksal künftig selbst in die Hand zu nehmen.

Indem ich mich, ohne groß darüber nachzudenken, mit einem Jungen aus Rostock traf, den ich von SchülerVZ kannte, fing ich gleich mal damit an.

Er hieß Hanno, was eindeutig für ihn sprach. Ohne große Erwartungen an dieses Unterfangen zu haben, saß ich auf dem speckigen Boden des Berliner Alexanderplatzes, las ein Buch und wartete darauf, dass eine mir vage bekannte Person auftauchen und sich als meine Internetbekanntschaft vorstellen würde.

Als es dann so weit war, begrüßte mich ein Junge mit riesigem frechem Grinsen und Sommersprossen. Seine wuscheligen Haare steckten unter einer Seemannsmütze und damit hatte er mich sofort.

Auf Anhieb waren wir die besten Kumpels. Mit ihm konnte man super albern sein, dummes Zeug reden und auf dem Boden herumsitzen. Was ich halt immer so machte mit meinen Homies. Mehr wollte ich ja im Grunde gar nicht.

Den ganzen Tag und den gesamten Abend über hockten wir etwas abseits des Alexanderplatzes herum, tranken Sterni, unterhielten uns gemäß dem Motto »Haste Bier, haste Freunde« mit irgendwelchen Punks namens »Hacki« und »Druffi« und spielten das gute alte Kronkorken-in-einen-Pappbecher-werfen-Spiel.

Als uns kalt wurde, gingen wir spontan ins Kino.

Wir schauten einen Film, von dem ich nicht viel mitbekam, weil ich die ganze Zeit Hanno angucken musste, da er wiederum die ganze Zeit mich anguckte, und zwar von der Seite, und das konnte ich nicht ab, weil ich ja total die Komplexe wegen meiner Huckelnase hatte. Was gab es denn da zu sehen? Ich geh doch nicht ins Kino, um mir meinen Platznachbarn anzugucken. Ich mein, das hätten wir auch draußen spielen können, dieses seltsame Spiel. Wäre obendrein auch noch kostenlos gewesen.

Super anstrengend, dieses ewige Kopf-hin-und-her-Gedrehe. Zur Leinwand hin, Film gucken, ach nee, jetzt guckt er mich schon wieder an, also schnell Kopf zu ihm drehen, dann wieder Leinwand, ach nee, doch nicht, Kopf wieder zur Seite ... Richtig schwindelig wurde mir mit der Zeit.

Draußen saßen wir wieder herum und tranken wieder Bier. Irgendwann legte Hanno den Arm um mich und wir kuschelten uns eng aneinander, was uns den

Anschein von Obdachlosen verlieh, da auf dem Boden kauernd.

Auf einmal, ich weiß nicht, wie es dazu kam, waren wir uns so nahe, dass wir uns jeden Moment geküsst hätten.

Anscheinend doch nicht nur beste Freunde forever. Tja, das gehörte wohl einfach dazu und er war ja auch sehr süß, konnte man ja mal machen. Warum eigentlich nicht? Immerhin war ich alt genug und der, den ich eigentlich ganz gern hätte küssen wollen, knutschte mit einer Verrückten.

Ich schwöre, es ist keine dramatische Übertreibung, wenn ich sage, dass genau in jenem Moment, als unsere Lippen nur noch Millimeter voneinander entfernt waren, mein Papa anrief und sich erkundigte, ob ich in guten Händen sei.

Seine Worte.

Um unangenehmen Fragen vorzubeugen, hatte ich niemandem von meinen Plänen, mich mit einem wildfremden jungen Mann nachts in den Straßen Berlins herumzutreiben, erzählt.

Nicht ganz so clever, im Nachhinein betrachtet. Genau genommen hatte ich mich zum geplanten Verlauf des Abends gar nicht geäußert, was die besorgte Nachfrage meines Vaters doch schon irgendwie rechtfertigte.

Zum Glück war Hanno der sanftmütigste Kerl, den man sich vorstellen konnte.

Alles an mir fand er süß. Dass ich ständig rechts und links verwechselte, dass ich mit den Kronkorken nie den verdammten Becher traf, meine pinken Clip-in-Extensions, meine kleinen Hände, ja sogar die beknackte graue Wollmütze, die ich auch bei 35 Grad im Schatten trug, da man sonst die Clips der Extensions gesehen hätte.

Wir küssten uns dann doch noch. Mein erster richtiger Kuss, der nicht total missglückte, weil ich diesmal nämlich vorbereitet war und nicht vergaß, daran teilzunehmen.

Ganz bei der Sache war ich allerdings nicht, da ich doch die meiste Zeit damit beschäftigt war, an jemand anderen zu denken.

Anschließend liefen wir planlos irgendwelche Straßen entlang, um uns aufzuwärmen, und legten uns schließlich an der Spree nahe dem Hauptbahnhof unter einer Brücke auf eine Bank.

Es war kalt geworden und für Berliner Verhältnisse zierten sehr viele Sterne den Nachthimmel.

Er deckte mich mit seiner Jacke zu und ich fand es echt gemütlich da. Gerne hätte ich ein paar Stunden geschlafen, um gleich am Morgen mit der S-Bahn nach Hause zu fahren. Doch leider währte die Ruhe nicht lange, denn irgendwie standen wir plötzlich wieder am Wasser und küssten uns erneut die ganze Zeit. Wir knutschten herum, bis mir der Mund wehtat und sich alles ganz wund anfühlte. Es war richtig anstrengend und die Möglichkeit, »Stopp« zu sagen, hatte ich leider nicht auf dem Schirm.

Hatte mir bislang noch niemand gesagt. War ja alles neu für mich, dieses Liebesgedöns.

Deshalb hielt ich es auch für eine absolut gängige Praxis, dass der Mann der Frau Knutschflecke an jede erreichbare Körperstelle machte. Hanno offenbar auch, denn er praktizierte dies bis zum Exzess. Hatte ihm vielleicht auch noch niemand gesagt, dass das irgendwie nicht so gut kam.

Auch ich übernahm diesen Part nicht. Stattdessen

stand ich nur so rum, lächelte und sah über seine Schulter aufs Wasser. Ich wollte ihn nicht verletzen, er schien immerhin voll in der Sache aufzugehen. Wie ihm zumute sein musste, wenn ich gesagt hätte: »Nee, komm, lass mal aufhören mit dem Quatsch hier und noch 'n bisschen chillen, so als beste Kumpels«, konnte ich mir ganz gut vorstellen.

Ich musste pinkeln, wollte aber Hanno zuliebe die Situation nicht mit solch einem unromantischen Einschub unterbrechen, obwohl ich's mittlerweile eigentlich null mehr romantisch fand. Eher hart beschissen.

Kuss auf den Mund, Zunge in den Hals, rumknutschen, an die Wand gedrückt werden, tausend Knutschflecke bekommen – es nahm kein Ende.

Schließlich schaffte ich es doch noch, mich loszumachen, und floh förmlich in den Bahnhof. Dort kletterte ich über die Absperrung vom Toilettenraum, weil ich nicht einsah, achtzig Cent fürs Pissen zu bezahlen – Hallo? Das wäre im Späti ein ganzes Sterni! Im Supermarkt sogar fast zwei!

Zum Glück war ich allein, was mir ermöglichte, mich ungestört im Spiegel zu betrachten.

Mein Hals war voller blau-gelber Flecke, die ich zum Glück mit meinem Schal ganz gut verdecken konnte. Jetzt wollte ich einfach nur nach Hause gehen – und das tat ich dann auch.

Wir trafen uns noch ein weiteres Mal. Wieder war er extra meinetwegen nach Berlin gekommen. Dass ich mich bei unserer ersten Verabredung grußlos aus dem Staub gemacht hatte, schien seinem Verliebtsein keinen Abbruch getan zu haben. Diesmal lief es anders ab, aber auch verkehrt irgendwie. Die Ausfahrt zum ehrlichen

Gespräch über unsere Gefühle hatten wir irgendwo auf der Strecke zwischen jugendlicher Naivität und egoistischer Gedankenlosigkeit verpasst.

Wieder gingen wir ins Kino und guckten irgendeinen Film, der gerade lief.

Wieder tranken wir ein, zwei Bier, liefen planlos an der Spree entlang. Wieder war es dunkel und kalt geworden.

So weit alles wie gehabt. Doch dieses Mal stiegen unerwarteterweise schlimme Schuldgefühle in mir auf. Ein furchtbar schlechtes Gewissen überkam mich, weil Hanno ganz offensichtlich ziemlich verliebt war und ich, vorsichtig ausgedrückt, eher nicht. Ich mochte ihn ja total, aber nur als Kumpel zum Biertrinken und Rumlaufen. Warum musste das denn sein mit diesem Rumgeknutsche die ganze Zeit? Hätte man doch einfach weglassen können.

Das sagte ich ihm allerdings nicht, sondern blieb immer wieder stehen, hielt seine Hand, genoss dann doch die Aufmerksamkeit, die mir durch ihn und seine Zuneigung zuteilwurde, und küsste ihn im Schein der Straßenlaternen, um mein schlechtes Gewissen zu beruhigen.

Nicht zur Gänze durchdacht, ich weiß.

Ich kam mir unendlich schäbig vor, hatte aber keine Ahnung, wie ich aus der Nummer wieder rauskommen sollte.

Kommunikation war ja nicht so mein Ding.

Als ich mich dann doch noch traute, ihm per SchülerVZ – oder war es schon Facebook? – mitzuteilen, dass ich leider gänzlich andere Vorstellungen unserer zwischenmenschlichen Beziehung hegte als er, ging es ihm damit, ich will mal sagen, nicht so gut.

Als wir ein paar Jahre später noch mal miteinander

schrieben, offenbarte er mir, dass ihn meine Zurückweisung in schwere Depressionen gestürzt hatte.

Wow, war ja echt super gelaufen, der Exkurs ins Liebesleben. Noch ein Versuch? Danke, aber nein, danke. Erst mal nicht, das konnte ich wirklich nicht verantworten.

Es war eigentlich nur logisch: Wenn zwei Individuen mit eigenen Bedürfnissen, Wünschen, Vorstellungen, Erwartungen und Gefühlen aufeinandertrafen, konnte man doch nicht ernsthaft davon ausgehen, auf einen gemeinsamen Nenner zu kommen?!

Das Konzept Beziehung schien mir bereits im Vorfeld zum Scheitern verurteilt.

Man konnte es einfach nur versauen.

So dachte ich und so kam's dann auch.

Kapitel 20

Mit siebzehn zog ich von der Ernst-Thälmann-Straße in die Karl-Liebknecht-Straße.

Politisch gesehen also keine große Veränderung. Nicht politisch gesehen allerdings schon.

Meine eigenen 26 Quadratmeter!

Pink gestrichener Flur, Teppich in der Küche, Fettflecken an den Wänden, Wäscheleinen auf der Wiese vor dem Haus.

Neubau. Platte würden manche sagen.

Das Bad so klein, dass man quasi zum Duschen auf der Toilette stehen musste.

Da ich nun in Kirchburg wohnte, konnte ich zu Fuß zur Schule gehen.

Oder mit dem Fahrrad fahren, was ich jedoch nicht mehr tat, seit sich meine Deutschlehrerin bei einer Kollegin über eine alle Verkehrsregeln missachtende rücksichtslose Radfahrerin beschwert hatte, die zufällig ich gewesen war. Alleine wohnen war irre. Man konnte so lange nicht aufräumen, wie man wollte. Auf sämtliche Küchengeräte politische Sticker zu kleben, war kein Problem mehr und niemanden störte es, wenn man sich Brotscheiben mit dem kryptischen Untertitel *Die Kunst des Brotes* an die Wand nagelte.

In den ersten Wochen stand ich völlig fasziniert stundenlang im Supermarkt und genoss das überwältigende Gefühl, über meinen Kauf frei entscheiden zu können. Viele der Produkte kannte ich nicht einmal, weil meine Mutter lieber tot umgefallen wäre, als sie sich ins Haus zu holen. Diese neugewonnene Freiheit bekam mir gar nicht.

Einfach aus Prinzip lud ich den letzten Schrott in meinen Einkaufswagen.

Haufenweise Geschmacksverstärkerkuchen in bunten Plastikverpackungen, geschälte Kartoffeln im Glas, eingeschweißte Omeletts, Marshmallow-Aufstrich, Sprühsahne und Mikrowellengerichte, obwohl ich gar keine Mikrowelle besaß. Ob vegan oder nicht, war mir plötzlich egal, sogar Bärchenwurst und Rollmops packte ich aufs Band. Es ging voll mit mir durch.

Ich rebellierte mich durch die Supermarktregale, bis mir schlecht und mein Geldbeutel leer war.

Zum Glück dauerte das nicht lange.

Zur Schule ging ich auch kaum noch. Die Zeiten waren irgendwie vorbei. Als ich eines Morgens erwachte, war ich achtzehn und konnte meine Entschuldigungen selbst unterschreiben.

Meist schwänzte ich die Doppelstunde Nachmittagsunterricht und ging stattdessen in die Bibliothek (ich nannte das mittlerweile auch nicht mehr Bücherei) gegenüber dem Gymnasium. Dort saß ich am Fenster, schrieb Tagebuch, las Bücher oder Jugendzeitschriften und machte manchmal sogar Hausaufgaben. Selten eher, na ja, fast nie eigentlich, aber hin und wieder las ich mir die neuesten Französischvokabeln durch, und das war ja auch schon mal was.

Mit der Bibliothek verbinde ich ausschließlich positive Erinnerungen.

Wie beispielsweise an jenen denkwürdigen Tag, als Lisa und ich versehentlich von den Bibliothekarinnen eingeschlossen wurden und versuchten, unauffällig durch das Fenster zum Hinterhof und über ein sehr hohes Tor in die Freiheit zu entkommen, was allerdings misslang und wir daher durch ein Fenster zur Straße hinausklettern mussten, was wir eigentlich hatten vermeiden wollen, da wir befürchteten, dieser Anblick könnte bei Passanten eventuell Fragen aufwerfen.

Oder damals, als Billy, Karl und ich einfach aus Spaß in der Sparkasse übernachteten und am nächsten Morgen erst zwei Stunden beim Bäcker und anschließend sechs Stunden in der Bibliothek hockten und nicht wussten, was wir miteinander reden sollten.

All diese Aktivitäten konnten jedoch nicht die innere Leere überdecken, die mich befiel, sobald ich allein in meiner Wohnung war.

Vorher Spaß und Abenteuer, dann kam ich nach Hause, Tür zu, Einsamkeit.

Seit ich meine Familie nicht mehr täglich sah, hatte sich zwar unsere Beziehung verbessert, doch nach wie vor gab es viel Streit. In Hinterelbe war ich nicht mehr gerne.

Nachdem Frank dort alles in Beschlag genommen hatte, fühlte ich mich in meinem geliebten Kindheitshaus wie eine Fremde, die dort nicht hingehörte. Eine ungebetene Besucherin in ihrem eigenen Zuhause, Heimwehtouristin. Geduldet zwar, aber nicht willkommen. Zudem schien ich mich augenblicklich in die kleine, »zickige« Vergangenheits-Malina zu verwandeln, sobald ich auch nur einen Fuß über die Schwelle setzte. Es war offenbar nicht möglich, mich wie einen halb erwachsenen Menschen mit eigenständigen Plänen und Ansichten zu behandeln. Ich kam mir bevormundet und nicht ernst genommen vor, wurde wieder für alles Mögliche getadelt, verstand wieder nicht, warum, denn ich gab mir doch immer die größte Mühe, alles zur allgemeinen Zufriedenheit zu erledigen.

Bei meinem Berliner Familienteil lief es zwar etwas besser, doch ich spürte die unangenehmen, negativen Spannungen, die phasenweise in der Luft lagen, deutlich und wollte doch nur, dass mein Papa endlich glücklich würde.

Ich liebte Weihnachten, Ostern und Geburtstage.

Das Beisammensein war das Schönste, das aktuell familientechnisch passierte. Viele Menschen, die ich liebte, waren um mich herum, redeten und lachten gemeinsam, lobten das Essen, waren fröhlich.

Ich wünschte jedes Mal, diese Abende würden niemals enden. Doch das taten sie und mit der Trennung meiner Eltern hatte die sorglose Unbeschwertheit einen bitteren Beigeschmack bekommen.

Alle Feierlichkeiten waren irgendwie nicht mehr ganz, halb nur noch. Etwas fehlte. Jemand fehlte. Plötzlich stand ich vor der grausamen Wahl, Weihnachten in Hinterelbe ohne Papa oder Weihnachten in Berlin ohne Mama. Einer von beiden blieb immer zurück. Es handelte sich nur um ein paar Tage, doch für mich war es viel mehr als das. Die alte Angst, jemanden zu enttäuschen, jemanden zurückzulassen, scheinbar Partei zu ergreifen, machte mich fertig. Ich wollte doch niemanden traurig machen!

Es war so unfair! Warum musste ich mich zwischen

meiner Mama und meinem Papa entscheiden? Ich wollte mit beiden zusammen sein, ich wollte doch nur, dass wir wieder eine Familie wären, ohne diesen ganzen Streit, das Selbstmitleid und die vielen Tränen.

Heimlich beneidete ich die augenscheinlich perfekten, intakten Familien meiner Freunde und Mitschüler.

Ich wollte, verdammt noch mal, ein Weihnachten wie die Kinder in Hollywood-Filmen! Mit Millionen von Lichterketten, einem Lamettabaum, Rentieren im Garten und glänzenden Augen. Gut, Lametta vielleicht nicht, der Umwelt wegen. Aber alle wären ganz aus dem Häuschen, halb ohnmächtig vor Glück und Liebe und Seligkeit.

War das etwa zu viel verlangt?

Von mir aus auch ein Weihnachten wie aus meinen Kinderbüchern. Na ja, nicht unbedingt das mit dem Leprakind, aber wie in ›Pettersson und Findus‹ zum Beispiel. Erst lief alles schief, aber am Ende hatten sie einen selbstgebastelten Tannenbaum, Pfefferkuchen, waren superglücklich und feierten ein wunderschönes Fest, und was am wichtigsten war, alle waren zusammen.

Kindern stand doch so etwas zu oder etwa nicht?

Es war okay, dass ich mich damals in der Grundschule am Kindertag auf die Frage »Und was hast du heute bekommen?« stets mit dem Satz »So viele Geschenke, dass ich heute Morgen gar keine Zeit hatte, sie aufzumachen« aus der Affäre ziehen und hoffen musste, dass sich am nächsten Tag schon niemand mehr dafür interessieren würde, weil meine Familie den ersten Juni für einen Tag wie jeden anderen hielt, wirklich, vollkommen okay. Wen juckte schon der internationale Kindertag?

Aber Weihnachten und der eigene Geburtstag waren etwas ganz anderes!

Ein schönes, harmonisches Weihnachtsfest, das war ja quasi so etwas wie ein Kinderrecht!

Da interessierte es mich auch überhaupt nicht, dass ich mittlerweile schon achtzehn war.

»Auch große Kinder brauchen eine intakte Familie!«, jammerte ich innerlich und weinte in meinen rosa Kuscheltierpanther.

Es war dies jedenfalls alles nicht so einfach und ich fühlte mich sehr einsam und allein auf dieser großen, weiten Welt.

Einmal war es besonders schlimm.

Als logische Konsequenz betrank ich mich und kaufte einen Hund über eBay Kleinanzeigen.

Aufgrund des ganzen Biertrinkens im Vorfeld hielt ich das für eine grandiose Idee und auch für ziemlich Punk.

Darauf, dass das Ganze vielleicht doch nicht so richtig zu Ende gedacht war, deutete einiges hin. Aus heutiger Sicht betrachtet zumindest.

Beispielsweise die Tatsache, dass Herrchen und Frauchen das Tier unbedingt schnellstmöglich loswerden wollten. Obwohl vormittags an einem Werktag, boten sie spontan an, in zehn Minuten aufzubrechen und die fünfundsiebzig Kilometer in meine Stadt zu fahren, um den Hund bei mir abzuliefern.

Das taten sie dann.

Sie fragten, was ich ihnen dafür geben wolle.

Was kostete ein Hund?

Ich zuckte mit meinen betrunkenen Schultern und meinte: »Hm, zwanzig?«

Wir einigten uns auf dreißig. Das Geld dankend entgegennehmend, ergriffen sie kurz darauf wieder die Flucht und ich stand mit meinem neuen Mitbewohner im Treppenhaus.

Er würde garantiert nicht bellen, hatte in der Anzeige gestanden, was mir sehr wichtig war, denn Hunde, die die ganze Zeit bellten, mochte ich erstens nicht und zweitens wohnten in meinem Haus ausschließlich Rentner, denen ihre Ruhe über alles ging.

Natürlich bellte er ununterbrochen. Er bellte und bellte und bellte. Das würde sicher enden, wenn er etwas zu fressen bekäme, schoss es mir erhellend durch den Kopf. Doch halt, ich hatte ja gar kein Hundefutter! Auch keinen Schlafplatz, kein Spielzeug, keinen Napf und auch sonst nichts, was man da so brauchte. Spätestens an diesem Punkt offenbarten sich erste Schwachstellen meines Plans, die Einsamkeit mit einem spontan gekauften jungen Hund ohne Erziehung bekämpfen zu wollen.

Irgendwie lief das Ganze nicht so, wie ich es mir vorgestellt hatte. Bilder von mir und dem Hund als beste Freunde, alles teilend, alles zusammen unternehmend, immer happy und füreinander da bis zum bitteren Ende, so hatte ich mir das ausgemalt. Dass das schöne, langbeinige, aber offenbar völlig durchgedrehte Tier andauernd auf mein Bett sprang, obwohl ich es ihm ausdrücklich verbot, und nicht aufhören wollte zu kläffen, furchte einen tiefen Riss durch mein Herz und unserer beider Zukunft.

Wenigstens hatten die Vorbesitzer in der Eile die Leine dagelassen. Ein schwacher Trost zwar, aber immerhin.

Das traurige Ende vom Lied war, dass ich am nächsten Morgen einsah, dass wir beide nicht füreinander bestimmt waren und ich einen großen Fehler begangen hatte. Nüchtern konnte ich auch irgendwie gar nicht mehr nachvollziehen, was ich mir dabei gedacht hatte. Nichts vermutlich. Anders konnte ich mir diese Aktion nicht erklären.

Die zwei jungen Leute vom Tierheim schüttelten absolut zu Recht verständnislos und verärgert die Köpfe, als sie den Hund einige Stunden später abholten. Ich glaube, ich hatte ihm nicht einmal einen Namen gegeben.

Dass mich das Ganze zweihundert Euro kostete und ich mich einsamer fühlte als zuvor, sah ich als gerechte Strafe an.

Wenig später wich meine Einsamkeit für ein ganzes wunderbares Jahr einem anderen, einem völlig neuen Gefühl.

Der Junge trug blonde Locken, kaputte Schuhe und einen dunklen Schatten im Herzen.

Teil 3

Kapitel 21

Der Junge hatte zwei Gesichter.

Das wusste ich zunächst nicht. Man konnte sie nicht ohne Weiteres erkennen, denn sie zeigten sich nicht sofort.

Der Junge war mein erster Freund. Meine erste große Liebe. Ich war seine erste Freundin. Seine erste große Liebe.

Wir lernten uns in der Schule kennen. Er war eine Klasse unter mir, ein Jahr jünger als ich.

Seine Unangepasstheit faszinierte mich. Seine blonden Locken waren schön, so wild.

Er und Jonas saßen auf einer Bank. Sie tranken Bier und aßen Erdnüsse. Ich hatte den Bus verpasst, also setzte ich mich dazu.

Bis zu jenem Tag hatten wir nie Notiz voneinander genommen, der Junge und ich.

Doch jetzt sah er mich immerzu an, unheimlich fast.

Er hatte sich das Bein verletzt und humpelte auf Krücken über den Pausenhof. In den nächsten Wochen war ich wie zufällig ständig in seiner Nähe: in den Pausen, nach der Schule. Ich fragte ihn »Na, wie *läuft's*?« und »*Geht's* gut?«, was ihn sehr ärgerte, denn er war nicht gern auf Krücken angewiesen.

Wir verbrachten eine Freistunde im Dönerimbiss neben der Schule. Er trug ein rotes T-Shirt, saß mir gegenüber, ich malte ein Bild.

Wir aßen Pommes und sprachen nicht viel miteinander.

Ich folgte ihm nach Hause, lief rückwärts neben ihm her und redete Unsinn.

Vor der Haustür verabschiedete ich mich und rannte davon, weil ich sonst wieder den Bus verpasst hätte.

Ich folgte ihm öfter und irgendwann lernten wir auf seinem Kinderzimmerboden zusammen *Prometheus* auswendig.

Weil er die letzten drei Strophen vergaß, bekam er eine Vier. Er war mit dem Ergebnis trotzdem sehr zufrieden, da er ohne mich eine Sechs bekommen hätte, wie er versicherte. Neben ihm fühlte ich mich nicht mehr so sehr wie ein Sonderling.

Auch er war irgendwie anders. Obwohl ich nicht genau wusste, inwiefern.

Es musste etwas mit seinem Wesen, seinem Charakter zu tun haben. Zwar war er kein typischer Außenseiter, doch unterschied ihn irgendetwas ganz grundlegend von allen Jungen, die ich kannte.

Außerdem benutzte auch seine Familie komische Wörter, genau wie meine.

Einkaufen ging er in der *Kaufhalle*, wo er einen Korb benötigte, verwirrenderweise aber einen Einkaufswagen meinte. Seine Mutter saugte *sonnabends* die *Auslegware* und kochte Senfeier mit *Sättigungsbeilage*.

Bald besuchte mich der Junge auch zu Hause. Erst in Hinterelbe, später in meiner neuen, eigenen Wohnung.

Wir hockten auf meinem IKEA-Sofa und redeten über

Kürbisse. Anschließend lernten wir Vokabeln und saßen schweigend aneinandergelehnt da, bis er sagte, ich würde gegen seine Stirn atmen.

Das war mir unangenehm, ihm nicht.

Zunächst hielt er es für normal, dass wir uns so nahe waren. Er dachte, das würden Hippies eben so machen.

Wir zelteten und küssten uns zum ersten Mal mitten in der Nacht unterm Sternenhimmel im Schlosspark.

Er zitterte. Es war ja auch eiskalt. Aber das war wohl nicht der einzige Grund.

Der Junge und ich trafen uns oft.

Wir fuhren gemeinsam ans Meer und nach Amsterdam, wir schickten SMS hin und her, bis all unsere Gedanken niedergeschrieben und das Guthaben aufgebraucht war. Wir lernten für die Schule, wir saßen am Fluss und redeten, wir saßen am Fluss und kifften, wir saßen am Fluss und tranken Bier mit Michi, wir badeten, verklebten Sticker in der ganzen Stadt, sprühten Parolen an Wände, streiften durch die Umgebung, unternahmen Nachtspaziergänge und lagen mitten im Dunkeln am See.

Das erste Mal »Ich liebe dich« in einem stinkenden Fluss voll Entengrütze.

Er war schüchtern und süß und ich war gerettet und befreit. Von der Depression, von der Enge des Alltags, von den traurigen Gedanken an die getrennten Eltern, der Melancholie und der Lethargie.

Alles fiel von mir ab.

Schlecht ging es mir nur noch, wenn er nicht da war. Dann stritt ich mit meiner Mutter, war mies gelaunt, egoistisch, melancholisch, unausstehlich.

Sah ich ihn wieder, war alles gut. Unser Zusammensein die Erlösung. Ein absolutes Hochgefühl. Ich stürzte mich mit Haut und Haar in diese Beziehung. Wollte alles, ganz und gar und ohne Kompromisse. Legte all mein Gefühl hinein, all meine Liebe, all meine Kraft, gab alles, was ich geben konnte. Endlich wurde ich gesehen, geliebt, beachtet, bewundert. Niemals durfte das enden.

Kapitel 22

Nach und nach erfuhr ich viel über den Jungen. Über seine verkorkste Kindheit, seine Eltern, seine Suizidversuche.

Er lebte bei seiner Mutter in einem Plattenbau. Sein Vater wohnte ein paar Straßen entfernt.

Zu beiden hatte er kein sehr gutes Verhältnis, hegte Groll besonders gegen die Mutter, die er für alles verantwortlich machte.

Zudem litt er unter der emotionalen Kälte der Eltern, was er aber nicht gern zugab. Lob hörte er von ihnen nicht oft. Seinen Vater verachtete er vor allem für dessen angebliches Duckmäusertum.

Er verstand nicht, wie dieser Mann sich von einer Frau dermaßen unterbuttern lassen konnte. So drückte er sich aus.

Der Junge mochte seinen Vater, doch er konnte nicht ertragen, wie dieser niedergeschlagen und klein in seiner Wohnung saß, kaum den Mund aufmachte, einer Frau hinterherlief, die ihn nicht wollte, still und gehorsam wie ein Kind alles tat, was sie von ihm verlangte.

Infolge seiner Geringschätzung wandte er sich ab von den Eltern, die nie zu ihrem Sohn hatten durchdringen können. Es gab kein Herankommen mehr.

Die Abneigung gegen seine Mutter übertrug er auf andere Frauen. Schrieb ihnen die gleichen Eigenschaften zu, die er bei ihr zu erkennen glaubte.

Er hielt Frauen gleichzeitig sowohl für naiv und dümmlich als auch für herrisch und rechthaberisch. Er warf ihnen vor, Männer mit ihrem emotionalen Verhalten erst zu blenden, sie dann um den Finger zu wickeln und sie schließlich zu ihrem eigenen Vorteil zu unterdrücken.

Ich musste keine Psychotherapeutin sein, um seine Mutter-Problematik zu erkennen. Hin und wieder redete er auch mit mir darüber oder äußerte seine Verachtung manchen Frauen gegenüber in aufgebrachter Stimmung.

Auch wenn ich seine Meinung natürlich nicht teilte, viel dazu zu sagen hatte ich nicht. In erster Linie tat er mir leid.

Als er mich kennenlernte, glaubte er, in mir ein Mädchen gefunden zu haben, das gänzlich anders war, das nicht seinem negativen Frauenbild entsprach und keinerlei Anzeichen zeigte, ihn »unterbuttern« zu wollen. Im Gegenteil. Ich liebte ihn, sah zu ihm auf. Bestimmt hätte ich nahezu alles für ihn getan.

Der Junge fühlte sich stark und gut und gewann etwas von seinem Selbstbewusstsein zurück.

Doch ich wusste, dass er Angst hatte.

Was, wenn sich das alles bald ändern würde? Wer garantierte ihm denn, dass nach einem Jahr glücklicher Beziehung alles so bliebe wie bisher?

Niemand! Er musste selbst dafür sorgen. Mit allen Mitteln. Keinesfalls durfte er zulassen, solch ein bemitleidenswertes Geschöpf zu werden wie sein Vater.

Und ich, ich durfte ihn nicht enttäuschen.

Kapitel 23

Seit einiger Zeit wohnte ich quasi bei dem Jungen. Während er stets pünktlich zum Unterricht ging, schwänzte ich die Schule.

In meiner eigenen Wohnung hielt ich es kaum noch aus. Das Gefühl der Einsamkeit drohte mich zu erdrücken. So lag ich den ganzen Tag lang im Zimmer des Jungen, schaute fern und wartete sehnsüchtig auf seine Rückkehr.

Da sein Vater die Woche über nicht zu Hause war, ging das ohne Probleme.

Das Haus konnte ich allerdings nicht verlassen, aus Angst einem Lehrer über den Weg zu laufen.

Abends kochten wir Gemüsepfannen. Immer Gemüsepfannen. Wir konnten keine anderen Gerichte und hatten auch keine Lust, welche zu lernen.

Manchmal war sein Vater auch da. Ein sehr stiller, netter Mensch.

Durch ihn lernte ich eine mir bis dahin unbekannte Musikrichtung kennen und lieben, den Blues Rock.

Er nahm den Jungen, Michi und mich mit zu einem Konzert. Zwar mochte ich die Musik sehr, doch vom langen Sitzen auf der Tribüne und den endlosen Gitarrensoli wurde ich müde und verschlief die Hälfte.

Auch die Mutter des Jungen war sehr nett zu mir. Sie lud uns zum Kaffeetrinken ein und versuchte sich im Backen eines veganen Kuchens.

Es tat mir leid, dass diese Familie so verkorkst war. Wenn der Junge und ich mal Kinder hätten, würden wir alles anders machen!

Nachts gingen wir raus.

Die kühle Luft. Der Mond. Nur wir beide.

Wir streiften durch die Gegend und klauten Kirschen in den Schrebergärten. Wir fühlten uns so frei.

Nur manchmal, wenn wir an bestimmte Orte kamen, war es, als legte sich ein Schatten über ihn.

Dann erzählte er, wie er früher dort gewesen war und mit dem Gedanken gespielt hatte, sich umzubringen.

Beispielsweise hatte er im Sinn gehabt, von dem alten Fabrikturm zu springen.

Er ging nicht näher darauf ein, beschrieb die äußeren Umstände, nicht aber seine Gedanken und Gefühle. Objektiv und pragmatisch.

Ich hörte zu, obwohl ich mir am liebsten die Ohren zugehalten hätte.

Einige Zeit später fand das Herumhängen in seinem Zimmer ein jähes Ende, denn sein Vater warf ihn aus der Wohnung. Ohne zu zögern und ohne nach den genauen Umständen zu fragen, nahm ich den Jungen bei mir auf. Wir wohnten nun zu zweit in meinen 26 Quadratmetern.

Leider wurden meine freudigen Erwartungen, ein gemeinsames Zusammenleben betreffend, recht schnell im Keim erstickt. Wir stritten uns sehr oft und sehr heftig. Manchmal auch draußen auf der Straße, wo es alle hören konnten. Ich lief ihm hinterher, wenn er wegging, um seine Ruhe zu haben. Mir fehlte völlig das Verständnis dafür, dass er seinen Raum brauchte, um sich zu beruhigen, und sah nicht, wie er sich bemühte, nicht in Rage zu geraten. Meine Angst, er könnte nicht wieder zurückkommen, war übermächtig.

Wenn er auf eine Party ging, zu der ich ihn, meiner Scheu vor Menschen wegen, nicht begleiten wollte, lag ich weinend auf dem Sofa, versuchte, mein Kopfkino auszuschalten und konnte seine Rückkehr nicht erwarten. Sobald er dann die Tür aufschloss, fielen wir uns in die Arme und küssten uns, als hinge unser Leben davon ab. Es war eine einzige Achterbahnfahrt extremer Gefühle.

Der Junge hatte die Schule gewechselt und musste nun jeden Tag mit dem Zug in eine andere Stadt fahren. Von mir verlangte er daher, dass ich ihm Essen auf den Tisch stellen sollte, sobald er nach einem langen Tag nach Hause käme. Da dies keine Bitte oder Frage war, sondern vielmehr einer nicht diskutierbaren Aufforderung glich, lehnte ich es ab und er wurde wütend. Überhaupt wurde er nun ständig wütend. Alles schien ich falsch zu machen.

Ich schmiedete viele Pläne für Reisen, Abenteuer, eine gemeinsame Zukunft, doch er wollte sie nicht mehr hören. Die meiste Zeit saß er an meinem Schreibtisch vor dem Computer und wollte nicht gestört werden. Wenn ich zu laut war oder ihn ansprach, schrie er mich mitunter unvermittelt an.

Wieder einmal versuchte ich, unsichtbar zu werden. Ich traute mich kaum, an ihm vorbei in die Küche zu gehen. Auf Zehenspitzen schlich ich umher.

Eine bedrückende Atmosphäre legte sich über alles. Zwar war ich nun nicht mehr allein in meiner Wohnung, fühlte mich aber beinahe noch einsamer als zuvor.

Langsam begann ich zu ahnen, welche Melancholie, welche Wut und welche unberechenbare Aggression sich in seinem Inneren zusammenbraute. Es waren viele Bilder, viele kleine Puzzleteile, die sich zu einer Erkenntnis zusammensetzten, die ich zuvor unter meiner rosaroten Brille nicht hatte sehen können oder nicht hatte sehen wollen.

Und als es dann passierte, hätte ich nicht behaupten können, ich hätte nie damit gerechnet.

Ich hatte die Zeichen gesehen, sie aber ignoriert.

Kapitel 24

Die Vögel zwitscherten, es war warm und sonnig. Einer dieser Frühlingstage, die nur Gutes versprechen.

Wir saßen am Fluss, ich mit einem Apfel, er mit einem Bier. Unser Gespräch drehte sich um nichts Bestimmtes, plätscherte dahin wie das Wasser unter unseren Füßen.

Alles war so schön und friedlich, ich hätte eindösen können, dort in der Sonne neben ihm.

Als sich die Stimmung veränderte, spürte ich es sofort. Irgendetwas lief falsch. Es war, als verdunkelten schwarze Wolken den blauen Himmel, zögen immer weiter zu, brauten sich zu einem gewaltigen Unwetter zusammen.

Was war passiert?

Plötzlich schrien wir uns an.

Plötzlich nur noch Vorwürfe und gemeine Unterstellungen. Plötzlich riss er sich das Armband, das ich ihm gebastelt hatte, vom Handgelenk, warf es in den Fluss und schrie, er wolle mich nie wiedersehen, er verachte mich, könne mich nicht mehr ertragen.

Es tat so weh. Ein schlimmer, lähmender Schmerz.

Ich verstand nicht, was geschehen war. Was hatte ich falsch gemacht? Was hatte ich gesagt, das ihn so außer sich geraten ließ?

So voller Zorn hatte ich ihn noch nie gesehen.

Angst kroch in mir hoch, schreckliche Angst, er könnte es ernst meinen, mich verlassen, mich allein lassen, zurücklassen in dieser Welt, in der ich doch ohne ihn nicht mehr klargekommen war.

Panisch versuchte ich, ihn zu beruhigen, ihn dazu zu bringen, sich zu erklären, sich wieder hinzusetzen und in Ruhe mit mir zu reden.

Das machte ihn nur noch wütender.

Er schrie mich derart laut an, dass ich befürchtete, Passanten könnten die Polizei rufen.

Schließlich griff er mit hochrotem Kopf nach seinem Bier und hastete zitternd vor Wut davon.

Wie vom Blitz getroffen stand ich da. Starr vor Angst, die Situation weder begreifend noch richtig einschätzend.

Auch ich war nun derart außer mir, dass ich nach Hause in meine kleine Wohnung rannte, um ihn zur Rede zu stellen. Ich war überzeugt, ich könnte keine fünf Minuten länger ertragen, nicht zu wissen, was ich falsch gemacht hatte, was passiert war. Ich würde verrückt werden vor Angst und Unwissenheit und unkonkreten Schuldgefühlen. Außerdem durfte ich mir auch nicht alles gefallen lassen! Was bildete der sich eigentlich ein, so mit mir zu reden? Tausend Dinge kamen mir in den Sinn, die sein Verhalten hervorgerufen haben könnten. Das Gedankenkarussell raste in einem lebensmüden Tempo in meinem Kopf herum.

Als ich bei unserer Wohnung ankam, war er schon da und stopfte wie wild Sachen in seinen Rucksack.

Meine entsetzliche Angst, er könnte mich nun verlassen und niemals wiederkommen, schien sich zu bestätigen.

Das bedeutete, alles begänne von vorn, die Einsamkeit, die Depression, das tiefe schwarze Loch, in das ich wieder fallen würde, die Lethargie und die Hoffnungslosigkeit. Keine Freude am schönen Wetter, keinen Spaß und kein ausgelassenes, gemeinsames Lachen, keine Geborgenheit und kein Sicherheitsgefühl. So weit durfte es nicht kommen! Ich musste verhindern, dass er ging und niemals wiederkam.

Kapitel 25

Eine wilde, brodelnde Wut schien ganz tief in seinem Innern, zu lauern. Ich merkte, wie sie immer unberechenbarer wurde, wie der Junge zunehmend die Kontrolle verlor.

Was würde passieren, wenn er sie nicht mehr zurückhalten konnte?

Ahnen konnte ich es, ja, doch so deutlich ich auch sah, dass er nur noch raus wollte, weg von mir, weg aus diesen engen, bedrückenden vier Wänden, so wenig konnte ich ihn gehen lassen.

Völlig neben mir stehend und nur noch gesteuert von kopfloser Panik vor dem Alleingelassenwerden, versperrte ich ihm den Weg.

Wie ein Tier im Käfig, begann er, gehetzt umherzulaufen. Er schrie mich an, drohte damit, mich zu schlagen, warf mir die schlimmsten Beleidigungen an den Kopf.

Hure, Nutte, dumme Schlampe.

Er habe mich nie wirklich geliebt, mir die ganze Zeit nur etwas vorgemacht, um seinen Spaß zu haben.

Das flüsterte er mit leiser, bedrohlicher Stimme in mein Ohr. Ich spürte seinen Atem auf meiner Haut. Dann brachte er sein vor Zorn glühendes Gesicht mit den zuckenden Muskeln ganz nah vor meines, nannte mich den größten Fehler seines Lebens und warf den Karton mit Andenken an unsere gemeinsame Zeit aus dem Fenster.

Fassungslos stand ich da. Es war, als hätte er unsere Beziehung, unsere Liebe, alles was war, mit einem einzigen Fingerschnippen ausgelöscht, weggewischt.

Andenken, Erinnerungen bedeuteten mir die Welt. Ich konnte nicht begreifen, wie er das hatte tun können.

Nun war alles egal. Alles vorbei, alles kaputt, alles ein einziger Scherbenhaufen.

Wie sollte das jemals wieder gut werden?

Und doch klammerte ich mich an die Vorstellung, dass wir uns hinsetzen und miteinander reden könnten, wenn er nur da bliebe und sich beruhigte.

Weinend warf ich mich gegen ihn, wollte ihn zurückzerren, merkte nicht, wie ich genau das Gegenteil von dem erreichte, was ich mir erhoffte.

Kapitel 26

In meinem Kopf drehte sich alles. Ein einziges allumfassendes Rauschen. Alles verschwamm zu einem riesigen Abwärtsstrudel, der jeden rationalen Gedanken sofort absorbierte und verhinderte, dass er zu mir durchdrang. Ich konnte nicht mehr denken. Nur dieser eine Gedanke strahlte kristallklar: Wenn er geht, bin ich verloren.

Während sich der Junge durch alles hindurchbrüllte und ein Fremder geworden war, keimten plötzlich in mir die blassen Erinnerungen an Filme, Bücher, Erzählungen auf, die ich gelesen und gesehen hatte, in denen von Frauen die Rede gewesen war, die sich von Männern alles gefallen und sich schlecht behandeln ließen. Es formte sich zusätzlich zu dem einen großen Gedanken ein zweiter in meinem Kopf: Ich will nicht schwach und klein sein! Meine Mutter hatte mir nicht die Rolle der emanzipierten Frau vorgelebt, damit ich mich jetzt von meinem eigenen Freund fertigmachen ließ!

Der Trotz, der auf einmal in mir erwachte, überraschte mich selbst. Ich würde nicht klein beigeben, ich würde mich wehren! Und irgendwann wären wir müde und könnten endlich miteinander reden und ich würde erfahren, was passiert war, wie es zu dieser völlig grotesken Situation hatte kommen können.

Alles schaukelte sich immer weiter hoch. Worum es eigentlich ging, wussten wir beide nicht. Es war auch egal, dieser Streit hatte längst jeglichen Sinn verloren und war gänzlich aus dem Ruder gelaufen.

Ich hatte noch niemals zuvor jemanden so schrecklich herumbrüllen hören.

Als er mich das erste Mal schlug, schlug ich reflexartig zurück.

Ich spürte gar nichts. Es fühlte sich alles so entsetzlich falsch an. Was passierte hier bloß?

In meinen Augen gab es kein Zurück und keinen Ausweg. Noch immer dachte ich nicht rational, noch immer war da die furchtbare Angst, er könnte gehen und mich alleinlassen. Die Option, dass er später zu mir zurückkommen könnte, existierte für mich schlicht und einfach nicht.

Als er wieder anfing, mich zu beleidigen, schlimme, schlimme Dinge zu mir zu sagen und meine Einrichtung kurz und klein zu schlagen, wurde ich plötzlich müde. So unendlich müde.

Dieser Junge, der meine Schränke umstieß, auf dem Inhalt herumtrampelte, meine Topfpflanzen zertrat wie ein Irrer, rasend vor Zorn meine Bücher aus den Regalen riss, Geschirr zerschmetterte, mit einem Stuhl nach mir warf und mich mit einer Zehn-Kilo-Hantel am Kopf traf, der plötzlich mit völlig entstelltem Blick über mir war, mich mit all seinem Gewicht aufs Bett drückte und so lange mit der Faust auf meinen Oberarm einschlug, bis der Lattenrost brach und wir auf dem Boden lagen, dieser Junge war nicht mein Freund. Er war ein Fremder. Einer, den ich nie zuvor gesehen oder gekannt hatte.

Da war ich plötzlich nicht mehr stark, auch nicht trotzig, auch nicht mehr fähig, ihn aufzuhalten. Ich war nur noch müde. So müde, dass ich mich am liebsten in die Trümmer meiner Wohnung gelegt hätte, eingeschlafen und nie wieder aufgewacht wäre.

Warum riefen die Nachbarn nicht die Polizei?

Die Eskalation konnte nicht zu überhören gewesen sein.

Schon in der Tür, drehte sich der Junge noch einmal um und warf den Erinnerungskarton nach mir, den wohl jemand draußen eingesammelt und vor die Wohnung gestellt hatte. Es befand sich darin ein großer, von mir bemalter Stein, der mich am Kopf traf.

Dann fiel die Tür zu und der Junge war weg.

Ich war mir absolut sicher, dass ich ihn nie wiedersehen würde und dass ich versagt hatte.

Meine Mutter war auf einer Geburtstagsfeier, als ich anrief. Sie brach sofort auf.

An die Zeit des Wartens habe ich keine Erinnerung. Als sie eintraf, saß ich in der völlig verwüsteten Wohnung auf dem Boden und schaukelte vor und zurück.

Ob ich das tat, weil ich mich an Filme erinnerte, in denen Menschen so etwas immer tun, oder weil dies ein intuitives Verhalten ist, das Sicherheit vermittelt, wie wenn ein Baby geschaukelt wird, weiß ich nicht.

Meine Mutter reagierte pragmatisch und souverän.

Sie fragte einmal, was geschehen war, ich konnte es nicht sagen, sie wusste es trotzdem.

Sie packte mich ein, setzte mich ins Auto, fuhr zu der Großmutter des Jungen, die einen Zweitschlüssel zu meiner Wohnung hatte, verlangte diesen mit Verweis auf mein Gesicht, das bereits anfing zuzuschwellen, zurück und brachte mich ins Krankenhaus.

Dort war es kalt und leer.

Es war irgendwie Abend geworden.

Die Hebamme, die schon bei meiner Geburt anwesend gewesen war, hatte Dienst, sah mich auf dem Flur und war entsetzt.

Die Frau, die mich röntgte, war ruppig und brachte mich zum Weinen.

In einem kleinen Zimmer standen ein Arzt, meine Mutter und zwei Schwestern um mich herum und stellten Fragen. Voller Mitleid und Neugier versuchten sie, mich nicht allzu offensichtlich anzustarren.

Es war mir alles egal. Ich wollte nur tausend Jahre lang schlafen, nichts mehr mitbekommen von der Welt. Alles war so unbegreiflich. Alles tat so weh. Nicht die Hämatome, Kratzer, Beulen, Schrammen und Prellungen an Hand, Nase, Kopf und Wange, sondern die seelischen Qualen waren es, die mir den Atem raubten.

Der, den ich liebte, hatte meine Wohnung verwüstet, hatte mich verprügelt, mich zu einem Opfer gemacht.

Da ich keine Informationen zum Tatgeschehen preisgeben wollte, schrieb der Arzt in sein Protokoll, ein unbekannter Mann habe mich angegriffen.

Ich solle schnellstmöglich Anzeige erstatten. Meine Mutter sagte das auch.

Ebenso mein Hausarzt, der meinen blau-, gelb- und lilafarbenen linken Arm, mein zerkratztes Gesicht, das zugeschwollene Auge fotografisch festhielt.

Alle sagten es. Ich tat es nicht.

Kapitel 27

Die folgenden Tage und Wochen erlebte ich wie verschwommen. Wieder war ich hinter diesem Nebelschleier verschwunden, der mich in der Grundschule schon so oft von der Realität abgeschirmt hatte.

Ich bekam nichts mehr mit, lag nur auf einer Matratze in meinem alten Zimmer. Lag da und weinte und weinte und weinte. Ich wunderte mich, dass ein einzelner Mensch so viele Tränen haben konnte.

Der Junge hatte mir Schreckliches angetan, das wusste ich zwar, doch die schlimmsten Vorwürfe machte ich mir selbst. Schließlich hatte ich ihn am Verlassen der Wohnung gehindert. Es erschien mir jetzt völlig idiotisch. Wenn ich das nicht getan hätte, wäre er vielleicht nicht auf mich losgegangen. Es war meine Schuld.

Ich besah mein ramponiertes Äußeres im Spiegel und fühlte nichts. Ich dachte an den Jungen und fühlte nur den Schmerz seines Verlustes.

Da war keine Wut, da war lediglich tiefe, quälende Verzweiflung. Nur die Gewissheit, dass ich ihn verloren hatte.

Außerstande ihn zu hassen, litt ich wie verrückt. Jeder Tag ein neuer Alptraum.

Nachts träumte ich von all den schönen Momenten,

die wir im letzten Jahr erlebt hatten, nur um dann beim Erwachen von der Realität niedergeschmettert zu werden. Oder ich träumte von den schlimmen Dingen, die er zu mir gesagt hatte, von seinem zornverzerrten Gesicht, als er auf mich einschlug, wachte dann in der Hoffnung auf, es sei nur ein Traum gewesen, und wurde bitter enttäuscht.

Für mich war die Welt zusammengebrochen und ich sah keine Chance, sie je wieder aufzubauen. Ich wollte es auch nicht versuchen. Wie es meine Art war, mit Gefühlen umzugehen, versank ich vollkommen in ihnen. Wenn ich etwas fühlte, dann voll und ganz und heftig, mit jeder Faser meines

Körpers.

Am Tag nach dem *Ereignis* ging ich ganz normal morgens zur Schule.

Zwar war ich in den vergangenen Monaten nicht allzu regelmäßig dort gewesen, doch jetzt schien es mir das einzig Richtige zu sein.

Ich wusste es damals nicht, aber irgendwo in mir war wieder der Trotz erwacht. Diese leise Stimme, die versuchte, das Selbstmitleid zu übertönen, und mir zuflüsterte, ich dürfe mich nicht kleinkriegen lassen, mich nicht verstecken, im Gegenteil, ich solle stark sein, aufstehen, rausgehen, weitermachen, mich den Blicken der anderen und ihrem Getuschel stellen.

Kopf hoch, auch wenn der Hals dreckig ist.

Das hatte mein Papa oft gesagt.

Ich versuchte gar nicht erst, irgendetwas zu überschminken. Die linke Gesichtshälfte, wo mich die Hantel getroffen hatte, war so zugeschwollen, dass ich auf diesem Auge nur noch wie durch einen Schlitz sehen konnte. Wie hätte ich das überschminken sollen.

Ich zog kein Langarmshirt an, ich trug T-Shirt. Alle konnten meinen bunten linken Arm sehen.

Der Trotz siegte. Ich sah nicht ein, weshalb ich mich nun auch noch verstecken sollte. Nein, so viel Stolz hatte ich dann doch noch. Sollten sie halt alle hinsehen!

Wie zu erwarten, zog ich sämtliche Blicke auf mich. Hinter meinem Rücken wurde getuschelt, geredet, spekuliert, doch meine fröhliche Fassade hielt stand.

Ich tat, als sei nichts, stellte mich vor der ersten Stunde zu meinen Freunden auf den Pausenhof und gab die lustig Plaudernde.

Sie waren befremdet, versuchten von mir zu erfahren, was passiert war, doch ich winkte ab, sagte, es sei halb so schlimm, wie es aussähe.

Mein schlechtes Schauspiel geriet jedoch ins Stocken, als Jonas halb aus Spaß meinte: »Jetzt sag bloß noch, dass das dein Freund gewesen ist!«

Als mir die Gesichtszüge kurz entglitten, war für alle Umstehenden klar, dass Jonas unbeabsichtigt direkt ins Schwarze getroffen hatte.

Wie ich den Tag und alle folgenden überstand, weiß ich nicht mehr.

Ich bekam kaum etwas mit, war immer weit weg. Saß abwesend am Tisch und blickte aus dem Fenster. Nur mit Mühe hielt ich die Tränen zurück, die in einem fort fließen wollten. Manche Lehrer ließen mich nicht in Ruhe; ich wollte doch einfach nur meine Ruhe haben.

Als sähen sie nicht, dass ich offenkundig völlig am Ende war, nahmen sie mich ständig dran, wollten irgendetwas von mir, woraufhin ich sie entweder ignorierte oder lethargisch mit den Schultern zuckte. Die Augen permanent kurz vor dem Überlaufen. Wie konnten sie das nicht sehen?

Ich wollte bloß meine Unterrichtszeit absitzen, weil alles, wirklich alles, besser war, als zu Hause diese Leere und Stille ertragen zu müssen.

Im Flur zeigte im Vorbeigehen ein kleiner Junge auf mich und rief seinem Freund zu: »Guck mal, wie die aussieht!«

Ich sehe mich im Englischunterricht sitzen.

Am Ende der Stunde rief meine Lehrerin mich auf, ich registrierte es nicht. Sie kam an meinen Tisch, sah mich zum ersten Mal an diesem Tag tatsächlich an, erschrak, hielt sich die Hand vor den Mund, sagte: »Das ist jetzt nicht das, was ich denke, oder?«

Was sie dachte, weiß ich nicht.

Ich sehe mich vor dem Schulhof stehen. Maxi kam, redete mit mir, fragte dann, ob ich ihm meinen Arm zeigen könne. Es ging ihm nahe, als er ihn sah. Er meinte sofort, wenn ich wolle, würde er seine Freunde holen und den Jungen zusammenschlagen. Ich wollte es nicht. Aber ich war ihm dankbar.

Ich sehe, wie ich auf dem Schulhof stehe und in Jonas' Armen weine. Weil es nicht mehr ging. Weil nichts mehr ging.

Er hielt mich fest. Es klingelte, jemand strich mir über den Rücken, sagte leise: »Hey Kleine, das wird schon wieder.«

Dann war der Schulhof leer und Jonas hielt mich immer noch fest. Ich konnte nicht aufhören zu weinen.

Er schwänzte Sport und fuhr mich nach Hause. Kurz

vor der großen Kreuzung legte er tröstend seine Hand auf mein Knie und ich flüsterte, Klara könne froh sein, so einen tollen Freund wie ihn zu haben. Gleich darauf war es mir peinlich, das gesagt zu haben, weil es klang, als hätte *ich* ihn gerne zum Freund, und so war es ja auch mal gewesen, aber an so etwas dachte ich nicht mehr. Ich war nur froh, dass er so lieb war, dass er da war und seine Hand auf mein Knie legte. Er nahm sie erst weg, als er abbiegen musste.

Zu Hause standen wir lange herum. Er wusste wohl auch nicht, wie er sich aus der Situation zurückziehen sollte.

Wieder weinte ich, konnte mich nicht lösen, klammerte mich an ihn, weil ich bei dem Gedanken, allein zu sein, hätte kotzen können.

Als meine kleine Schwester zur Tür herein kam, brach der Bann, er verabschiedete sich, ich legte mich auf die Matratze.

Ich sehe Hermann und Malte, die mit mir nach der Schule meine Wohnung aufräumen.

Hermann kannte den Jungen. Beste Freunde seit dem Kindergarten.

Obwohl er um die Aggressivität des Jungen wusste, war er schockiert. So etwas hätte er ihm nie zugetraut. Er wolle versuchen, mit ihm zu reden, sagte er.

Was gab es da zu reden? Konnte er ihn zu mir zurückbringen? Ich glaubte nicht daran, klammerte mich aber an diesen Strohhalm. Jede winzige Hoffnung war besser als nichts.

Malte und er stellten Schränke auf, warfen das kaputte Geschirr und die zertretenen Pflanzen weg, sortierten die

Bücher ein, reparierten das Bett und saugten die Blumenerde aus dem Teppich.

Es war besser, allein in der Wohnung zu sein, als zu Hause in Hinterelbe die Hilflosigkeit meiner kleinen Schwester und meiner Mutter mitansehen zu müssen. Sie wussten nicht, was sie tun sollten. Sie konnten auch nichts tun. Als ich nach dem *Ereignis* dort gewesen war und weinend auf der Matratze gelegen hatte, war meine kleine Schwester zu mir gekommen. Sie hatte mich in den Arm genommen und ebenfalls geweint. Sie wünschte, sie könnte mir helfen, hatte sie gesagt. Das rührte mich entsetzlich und es fühlte sich so falsch an. Falsch herum. Als große Schwester sollte *ich* für *sie* da sein, nicht klein und schwach in ihren Armen liegen. Ich war beinahe froh, dass meine anderen jüngeren Geschwister inzwischen bei meinem Papa in Berlin lebten. So gab es nicht noch mehr traurige Gesichter.

In meiner Wohnung war es still. Ich lag tagelang auf dem Sofa, aß und trank nichts mehr, nahm in wenigen Tagen viele Kilos ab.

Die immer gleichen Gedanken, Selbstvorwürfe und Schuldgefühle spukten mir im Kopf herum.

War ich mit meinen Freunden zusammen, schien es erträglich, dann konnte ich alles für den Moment vergessen, sogar fröhlich, ausgelassen sein und lachen. Doch die Schule ging nicht bis in den Abend und meine Freunde wohnten nicht bei mir.

An jedem Tag kam der Punkt, an dem ich allein in meine stille Wohnung zurückkehren musste.

Dann legte ich mich sofort hin und versuchte, traumlos zu schlafen.

Ich schrieb ellenlange Nachrichten an meine Freundin Lisa. Es war immer dasselbe. Dieselben Gedanken, dieselben Vorwürfe, dasselbe Selbstmitleid, dieselben Sätze, mit denen ich den Jungen in Schutz nahm und verteidigte.

Er hatte es ja nicht gewollt. Ich war es schließlich gewesen, die ihn provoziert und die Wohnungstür versperrt hatte. Es war meine Schuld. Hätte ich ihn gehen lassen, wäre er nicht so ausgerastet. Dass er nun weg war, hatte ich mir doch selbst zuzuschreiben. Sie las und beantwortete alles, widersprach mir, gab es schließlich aber auf und unser Kontakt verlief im Sande. Wer konnte es ihr verdenken?

Es gab für mich keine anderen Themen mehr. Ihre Antworten interessierten mich nur mäßig. Wie es ihr ging, fragte ich nicht, ich brauchte lediglich jemandem, dem ich mein Leid klagen konnte. Ich bin sehr dankbar für all die Zeit, die sie investierte, um mir zuzuhören.

Auch anderen Freunden schrieb ich, rief Jonas an. Jeden wollte ich dahaben, bloß diese erdrückende, dunkle Leere nicht, die so viel Raum ließ für depressive Gedanken und mich immer tiefer hineinstieß in das schwarze Loch, aus dem ich so schnell nicht wieder herauskommen würde, das spürte ich irgendwie.

Wer mich schließlich besuchen kam, war Malte. Er lernte mit mir für die Fahrschule, mit der ich vor dem *Ereignis* angefangen hatte, und brachte mir Blumen aus seinem Garten. Manchmal nahm er mich mit nach Hinterelbe. Dann saß ich in seiner Hängematte und ein Schwein namens Schnitzel lief fröhlich auf der Wiese hinter dem Haus umher.

Diese Hängematte war gut. Man konnte sich darin vor der Welt verstecken.

Kapitel 28

Frau Wagner war die einzige Person unter den Lehrkräften, die nicht *über mich*, sondern *mit mir* redete.

Sie hatte beobachtet, wie ich teilnahmslos in ihrem Kunstunterricht saß und seit dreißig Minuten vollkommen abwesend aus dem Fenster starrte, während alle anderen Schüler fleißig Gipsmasken bastelten. Mein Blick richtete sich auf nichts Spezielles, sondern ging durch alles hindurch.

Was interessierte mich die Welt da draußen? Ich war irgendwo in meinem rabenschwarzen Gedankenlabyrinth gefangen, verlief mich, irrte umher, suchte einen Ausweg, fand aber keinen. Nichts als Leere. Nichts als dumpfer Schmerz.

Zusammengesackt wie ein nasser Kartoffelsack saß ich in der letzten Reihe und legte meinen Kopf auf den Tisch. Meinen schweren, unendlich schweren, Kopf. Wie konnte ein Kopf so schwer sein?

Lasst mich schlafen, dachte ich, nur schlafen und nie wieder aufwachen. Ich weinte in meinen Pulloverärmel, weil ich die Tränen nicht länger zurückhalten konnte.

Wenn jemand mich ansprach, brachte ich mit Mühe ein gequältes Lächeln zustande, bevor mir erneut Tränen übers Gesicht liefen.

Das Klassenbuch, in dem sie gerade geblättert hatte, zur Seite legend, rief Frau Wagner plötzlich: »So, Malina, du kommst jetzt mal bitte mit mir raus! Das kann man sich ja nicht mit angucken.« Alle Köpfe wandten sich mir zu.

Irritiert sah ich zu meiner Lehrerin hinüber. Es war, als erwachte ich durch ihre Aufforderung aus einem tiefen Schlaf.

»Da gibt es gar nichts zu gucken. Ihr macht mal schön weiter!«, richtete sie das Wort an meine Klassenkameraden, während sie mir die Tür aufhielt und auf das gegenüberliegende Lehrerzimmer deutete.

Nachdem ich auf einem der alten, rot gepolsterten Metallstühle Platz genommen hatte, fragte ich mich, was als nächstes passieren würde. Was wollte sie jetzt von mir? Würde ich Ärger bekommen, weil ich nicht aufgepasst, nicht mitgemacht hatte?

Frau Wagner aber stellte eine dampfende Tasse Tee vor mich hin, setzte sich mir gegenüber und wartete.

Froh, etwas in den Fingern zu haben, begann ich gedankenverloren an dem Teebeuteletikett herumzupulen.

Sofort driftete ich wieder ab. Alles war so weit weg, so unwirklich, unwichtig, als schwebte ich teilnahmslos über allem.

Schließlich brach meine Kunstlehrerin das Schweigen und brachte behutsam ihre Vermutungen hervor.

Sie kannte den Jungen seit einigen Jahren und wusste noch bevor ich es durch Nicken bestätigte, was vorgefallen war.

Sie kannte seine charmante, charismatische, liebe Seite, hatte jedoch schon länger bemerkt, zu welch einer tickende Zeitbombe er sich entwickelt hatte.

Weder gab sie mir gut gemeinte Ratschläge, noch bedrängte oder bemitleidete sie mich.

Frau Wagner machte mir keine Vorwürfe.

Sie machte mir einen Früchtetee und hörte mir zu.

Kapitel 29

Außer Frau Wagner sprach mich niemand auf das Offensichtliche an. Niemand reichte mir die Hand, kein Lehrer wollte mit meinen Eltern reden.

Die Sache wurde wegignoriert.

Einen Vertrauenslehrer gab es zwar, doch ich kenne niemanden, der sich ihm gern anvertraut hätte.

Der Kunstunterricht hatte mir immer viel Spaß bereitet. Neben Jonas in der letzten Reihe, wo wir uns Schnurrbärte ins Gesicht gemalt und Witze über die Lehrer gemacht hatten. Damals, als die Welt noch bunt und lustig war. Ich wünschte mir so sehr, dass alles wieder sein könnte wie vorher. Doch meine Ausgelassenheit war kaputtgegangen und Jonas machte den Anschein, als ertrüge er es nicht, mich anzusehen.

Genau wie ich nur mit Mühe die verliebten Schulhofpärchen ertragen konnte, die so glücklich und sorglos lachten.

Besonders Nina und Hannes aus meiner Parallelklasse beäugte ich heimlich voller Neid. In meinen Augen waren sie das perfekte Paar. So süß zusammen, immer fröhlich. Man sah ihnen ihre Liebe auf drei Kilometer Entfernung an. Wenn Hannes seine Nina auf dem Pausenhof in die Arme schloss und herumwirbelte, zog sich in meinem

Inneren alles zusammen. Es war nicht auszuhalten. Was hätte ich gegeben, um mit dem Jungen eine solch perfekte Beziehung zu führen!

Doch daran war nun nicht mehr zu denken. Ich hatte ja alles kaputtgemacht.

Kapitel 30

In einem Ansturm von Trotz färbte ich meine blonden Haare rot, weil ich wusste, der Junge würde es hassen. Ich kaufte mir beigefarbene Hosen und helle Oberteile, weil ich wusste, er würde es hässlich finden.

Nein, ich würde mich nicht kleinkriegen lassen, ich durfte mein Leben nicht von ihm abhängig machen, musste stark sein!

Tage vergingen.

Oder Wochen.

Dann saß ich mit dem Jungen und seinem Vater im Auto. Wie es dazu kam, weiß ich nicht mehr.

Plötzlich war er wieder da.

Sie holten mich in Hinterelbe ab, um mich zu meiner Wohnung nach Kirchburg mitzunehmen.

Der Vater drehte sich zu mir um, betrachtete mich peinlich berührt, wandte sich seinem Sohn zu und fuhr ihn an: »Jetzt guck, was du angerichtet hast!«

Sein Sohn reagierte aggressiv. Er guckte sich auch nicht an, was er angerichtet hatte.

Ich sah aus dem Fenster und verschwand hinter meinem schützenden Nebelschleier.

Der Junge war doch nicht für immer aus meinem Leben verschwunden.

Die Mutter des Jungen klingelte an meiner Tür, sagte, wenn ich etwas bräuchte, sollte ich ihr Bescheid geben.

Sie wusste nicht, was sie tun konnte. Ratlos standen wir herum. Ich brauchte nichts von ihr, gab ihr nicht Bescheid.

Der Junge und ich saßen auf meinem Bett. Er war wieder da. Ich konnte es nicht glauben.

Er hasste meine Haare.

Die Schule schaffte ich nicht mehr. Abitur würde ich nicht machen, das stand für mich fest.

Meine Gedanken schweiften ab, unentwegt, ich konnte nichts dagegen tun. An Konzentration war meist gar nicht mehr zu denken, ich entwickelte große Ängste, extreme Selbstzweifel, kam nicht mehr mit.

Der Junge wurde mehr denn je zu meinem Lebensmittelpunkt. Alles drehte sich um ihn.

Ich musste alles richtig machen, ihm gefallen, ihn zufriedenstellen. Dumme, selbstverschuldete Fehler, die ihn verärgern oder dazu veranlassen könnten, mich erneut zu verlassen, durften mir unter keinen Umständen noch einmal passieren. Nie wieder.

Ich musste besser werden. Besser als der Mensch, der ich gewesen war, über mich hinauswachsen, schlauer sein, intelligenter, fröhlicher, fügsamer, aufgeschlossener, verständnisvoller, lustiger, einfühlsamer, hilfsbereiter, schneller, schöner, schlanker, besser, besser, besser.

Denn ich war nicht gut genug.

Überall fielen mir mit einem Mal meine Mängel und Makel auf.

Wie hatte ich sie all die Zeit übersehen, mich für ein ganz cooles Mädchen halten können, obwohl ich doch eindeutig völlig unzulänglich war?

Es schien, als sei ich zuvor arrogant und selbstverliebt gewesen und sähe nun, da er mir die Augen öffnete, die wirkliche, schlechte Version meiner selbst, die ich in Wahrheit immer schon gewesen war.

Es war so schwierig!

Egal, was ich tat, es reichte nie. Egal, wie viel Mühe ich mir gab und mit welch positiven Absichten ich an eine Sache heranging, es war einfach nie genug.

Ich kaufte mir ein neues T-Shirt, der Junge wurde wütend, fragte böse, was ich mir dabei gedacht hätte, wurde immer aggressiver und verkündete schließlich, dass er so nicht mit mir rausgehen würde.

Ich machte mir einen Zopf und schminkte mich ein bisschen, weil ich hübsch für ihn sein wollte, er fuhr mich an, was der Scheiß solle, ob ich mich absichtlich hässlich machen würde.

Ich fuhr in der Stadt mit der Rolltreppe, er fragte, ob ich zu blöd sei, selbst zu laufen und die richtige Treppe zu nehmen.

Ich nahm die richtige Treppe, er ereiferte sich darüber, dass ich zu langsam sei, und fragte, ob ich zu blöd sei, zwei Stufen auf einmal zu nehmen.

Ich trug hellblaue Jeans, er hasste hellblaue Jeans und sagte, er möge mich gar nicht, wenn ich etwas anderes als schwarze Jeans trüge.

Ich hatte einen neuen Ring, er erklärte, er werde meine Hand nicht halten, bis ich dieses scheußliche Teil abgenommen hätte.

Ich sagte ihm meine Meinung, er wollte wissen, wer

mir das wieder eingeredet hätte, und verdächtigte meine Mutter oder meinen Vater, mich gegen ihn aufzuhetzen.

Ich sagte, was ich dachte, er wollte wissen, aus welcher Frauenzeitschrift ich diesen Bullshit hätte.

Er erpresste mich emotional in vielerlei Hinsicht, auch in sexueller. Ich tat Dinge, die ich absolut nicht tun wollte, die mir zuwider waren, aber den Gedanken, er könne meinetwegen enttäuscht sein, ertrug ich nicht. Das wusste er.

Ich rasierte mir die Beine, er sagte, ich solle das lassen, es sei unnatürlich.

Ich trug ein Tanktop, er fragte, ob ich wie eine Nutte aussehen wolle.

Ich war unglücklich und niedergeschlagen, er sagte, er könne mich nicht ausstehen, wenn ich so sei.

Ich war fröhlich und ausgelassen, es machte ihn wütend. Ich weinte, er meinte, ich wolle ihn damit doch nur emotional erpressen.

Ich kochte für ihn, er fand es ungenügend.

Ich begann zu fotografieren, es interessierte ihn nicht. Er trank zu viel und spuckte mir im Streit ins Gesicht.

Er drohte damit, sich umzubringen.

Ich schloss daraus: Ich musste mich mehr anstrengen.

Kapitel 31

Das war das eine Gesicht.

Das andere kam auch zum Vorschein, seltener jetzt, aber es reichte.

Es reichte, um mich vollkommen abhängig zu machen von dem tiefen, perfekten Glücksgefühl, das er mir manchmal zu geben imstande war.

Es war so stark, dass ich alles andere ausblendete und zu ertragen bereit war, wenn ich nur winzige Momente dieser unglaublich starken, wohltuenden Emotion verspüren durfte. Ich klammerte mich an seine seltenen Ich-liebe-dichs, an die langen Küsse unterm Sternenhimmel, an die ausgelassenen Spaziergänge, das Herumalbern, die zugeflüsterten zärtlichen Worte, die Tage unbekümmerter Sorglosigkeit.

Wir saßen mit einer Flasche Rotwein am Strand, er wandte sich mir zu und sagte: »Weißt du was, kleine Nuss? Ich liebe dich!«

Ich dachte: Könnte ich mir einen Moment aussuchen, in dem ich sterben würde, ganz friedlich durch Einschlafen, vollkommen erfüllt und unendlich glücklich, dann wäre es genau jetzt.

Unsere Beziehung war ein ewiger Wechsel aus himmelhoch und abgrundtief.

Mal schwebten wir wochenlang auf Wolke sieben, malten uns die gemeinsame Zukunft in den prächtigsten Farben aus, strahlten vor Glück und fielen im nächsten Moment nur umso tiefer.

Der Junge war meine einzige, große, wahre Liebe und würde es auf ewig sein. Daran zweifelte ich keine Sekunde. Wahre Liebe, so dachte ich, könne nicht ohne extreme Emotionen existieren, und nach selbigen sehnte ich mich sehr. Waren sie doch um Welten besser als dieses stumpfe Nichtempfinden, das mich befiel, wenn ich in dem schwarzen Loch gefangen war.

Nichts war schlimmer, als nichts zu fühlen. Ich wollte alles. Extrem und radikal.

Schöpfte daraus Kreativität, spürte, dass ich lebte und merkte nicht, wie es mich innerlich zerfraß.

Kapitel 32

Sein Vater war nicht da. Wir saßen in seinem Zimmer. Ich auf dem Sofa, er auf einem Sessel schräg gegenüber. Er wohnte jetzt wieder dort.

Der Fernseher lief.

Ich hatte etwas gesagt, das ihn wütend gemacht hatte. Schon wieder war es mir nicht gelungen, das Richtige zu tun.

Seine Kiefermuskeln mahlten. Das fiel mir auf, weil er mir geraten hatte, darauf zu achten. Wenn ich das sähe, hätte ich ihn wütend gemacht, dann müsste ich aufpassen. Das war gut zu wissen. Es sah aus, als müsste ich Angst haben.

Ich verspürte das Gefühl, ungenügend zu sein.

Als er mich anfunkelte, ich solle gehen, ging ich nicht. Stattdessen blieb ich sitzen. Er wiederholte seine Forderung, nun schon aufgebrachter.

In meinem Kopf war Nebel. Wieder nichts als die bodenlose Angst, ihn zu verlieren, die mich lähmte.

Ich konnte mich nicht bewegen.

In einer einzigen Bewegung sprang er auf, packte meinen Kopf, schlug ihn gegen die Wand und setzte sich wieder hin. Meine aufgeplatzte Lippe blutete, seine Kiefermuskeln mahlten.

Noch immer konnte ich mich nicht bewegen. Wie erstarrt saß ich da und realisierte nicht, was passierte.

Er sah mich an, als verachtete er mich dafür, ihn ständig dazu zu bringen, solch scheußliche Dinge tun zu müssen.

Dann sprang er erneut auf, packte mich und schleuderte mich aus dem Zimmer.

Er stand über mir, während ich am Boden lag und einfach liegen blieb.

Wenn ich doch nur einschlafen und nicht mehr aufwachen könnte, dachte ich.

Klein und schwach weinte ich auf dem Laminatboden meines gewalttätigen Freundes, verabscheute mich selbst dafür, flehte ihn jedoch wimmernd an, mich nicht zu verlassen, entschuldigte mich tausendmal und war hoffnungslos verloren.

Immer wieder schrie er, ich solle verschwinden, er wolle mich nie wiedersehen, und schließlich stand ich auf. Ich konnte nicht gehen, obwohl die Wohnungstür direkt neben mir war. Es ging einfach nicht. Ich musste doch wenigstens alles versuchen, eine endgültige Trennung zu verhindern.

Aber was sollte ich sagen? Verzweifelt suchte ich nach den Worten, heulte und stammelte herum.

Da schlossen sich plötzlich seine Hände um meinen Hals und er drückte zu.

Ich bekam keine Luft und das half. Jäh wurde ich aus meiner Erstarrung gerissen, sah wieder diese Fratze vor meinem Gesicht, die ein Fremder war und die ich schon einmal gesehen hatte. Kurz durchzuckte mich eine schockierende Angst um mein Leben und ich realisierte, dass es möglich war, dass ich sterben könnte, wenn ich mich nicht wehrte. Und da trat und schlug ich endlich zurück, bis ich wieder atmen konnte. Er ließ mich los.

Unter Entschuldigungen und Beteuerungen meiner ungebrochenen Liebe zu ihm, taumelte ich aus der Wohnung.

Ich würde es ihm verzeihen.

Ich würde ihm alles verzeihen und niemandem etwas erzählen. Ich liebte ihn doch.

Er hatte es ja nicht so gemeint.

Kapitel 33

Nach der elften Klasse verließ ich das Gymnasium. Da ich keine Zukunftspläne hatte und nicht wusste, wohin ich sonst gehen sollte, ging ich nach Berlin, um ein Freiwilliges Soziales Jahr in einem Kindergarten zu absolvieren.

Der Junge folgte mir.

Wir wohnten bei meinem Vater und seiner neuen Familie. Warum mein Vater ihn aufnahm, weiß ich nicht. Vielleicht, weil ich wollte, dass die beiden ein gutes Verhältnis hatten, und daher die anhaltenden Gewaltausbrüche nicht erwähnte.

Alle verstanden sich prächtig mit dem Jungen, besonders für meine Stiefmutter wurde er wie zu einem Ziehsohn.

Manchmal fühlte ich mich verraten, wenn es schien, als wären mein Papa und meine Stiefmutter eher auf seiner Seite als auf meiner.

Im Kindergarten, wo ich jetzt arbeitete, waren wir zu viert. Ein Erzieher, eine schwangere Erzieherin, die bald durch einen Praktikanten abgelöst wurde, die Mutter des Erziehers, die aushalf, und ich.

Im Grunde war es sehr nett und familiär, es machte Spaß. Ins Basteln und Malen konnte ich mich vollkommen vertiefen. So sehr, dass ich oft nicht mehr mitbekam, was um mich herum geschah und die Kinder völlig vergaß.

Ich bemerkte vieles nicht, wenn ich mich in meiner Welt verkroch.

Meine Ängste nahmen immer größere Ausmaße an. Aus tiefer Unsicherheit und Furcht vor Blamagen oder davor, nicht gut genug zu sein, traute ich mich nicht mehr zu singen, Geschichten zu erzählen, Fragen zu beantworten oder auch einfach nur normal zu reden.

Beim Morgenkreis mitzumachen, kam für mich nicht in Frage, weil der Erzieher mich beurteilen oder bewerten könnte. Bei Elterngesprächen zugegen zu sein, verweigerte ich, da ich die Blicke nicht ertragen hätte. Sicher war ich nicht lustig, nicht seriös, nicht locker, nicht eloquent, nicht selbstbewusst, nicht freundlich, nicht höflich genug. Ich war ungenügend und alle bemerkten und verurteilten es.

Davon war ich überzeugt.

Ich wollte nicht ständig lachen und lustig sein müssen, um die Kinder zu bespaßen, musste aber dennoch so tun, als sei alles in Ordnung, denn der gesellschaftliche Druck, funktionieren zu müssen, lastete schwer auf meinen Schultern. Außerdem war ich gefangen in einem Teufelskreis: Hätte ich nicht Stand gehalten, sondern meine tatsächliche Verfassung offenbart, wäre nun wirklich für den Allerletzten offensichtlich gewesen, dass ich schwach und nicht normal war. Mir war klar, wie über Menschen geredet wurde, die nicht funktionierten wie alle anderen. Auch die hinter vorgehaltener Hand geäußerten Unterstellungen, »so jemand« würde sich nur in den Mittelpunkt drängen und Aufmerksamkeit erregen wollen, kannte ich. Um keinen Preis wollte ich, dass jemand derart schlecht von mir dachte. So war es doch gar nicht! So war *ich* doch gar nicht! In meinem Leben war ich so oft missinterpretiert worden, ich konnte das nicht mehr ertragen. Nie wollte ich anderen schaden, im Mittelpunkt stehen, respektlos wirken oder was mir sonst in der Vergangenheit alles unterstellt worden war. Wieso dachte man so über mich, wo ich doch permanent versuchte, es allen recht zu machen?

Der einzige Weg war also, mich zu verstellen und meine wahren, schwermütigen Gefühle zu unterdrücken, damit niemand sie bemerkte.

Es war so anstrengend, so unendlich ermüdend.

Beinahe jeden Tag kam ich absichtlich zu spät, um weniger Zeit dort verbringen zu müssen, erfand Ausreden, warum ich früher gehen müsse, meldete mich immer sofort freiwillig zum Einkaufen, Müllrausbringen oder für den Gang zur Post. Für ein paar Minuten Alleinsein hätte ich alles gegeben.

Auch den Küchendienst hätte ich am liebsten täglich erledigt und übte mich darin, in Zeitlupe die Spülmaschine ein- und auszuräumen, um möglichst lange allein in der Küche bleiben zu können.

Wenn mir keine organisatorischen Aufgaben übertragen wurden und ich nicht malen oder basteln konnte, wusste ich nichts mit mir anzufangen, stand sinnlos herum und starrte vor mich hin.

Anfangs hatte ich noch wild mit den Kindern auf dem Spielplatz getobt und Sandburgen gebaut, doch inzwischen saß ich nur noch auf der Schaukel und tat so, als würde ich alles ganz genau beobachten und im Blick haben. In Wahrheit sah ich gar nichts.

Der Erzieher nahm mich oft zur Seite und versuchte, ein Gespräch über meine seelische Verfassung zu führen. Er konnte mich nicht einordnen.

Leider hatte ich nicht die geringste Ahnung, was mit mir nicht stimmte. Über psychische Leiden lernt man nichts in der Schule.

Es wurde immer schlimmer. Beinahe jeden Tag saß ich in einer Ecke und weinte oder fing mitten im Gespräch unvermittelt an, unkontrolliert zu schluchzen, sodass ich nach Hause geschickt wurde.

Nach einem halben Jahr wird ein FSJ anerkannt. Aufgrund des Zuredens der Erwachsenen quälte ich mich also durch diese nicht enden wollenden sechs Monate und brach kurz danach ab.

Das Einzige, das ich nicht abbrach, im Gegenteil sogar auf Anhieb bestand, war mein Führerschein.

Ich rief den Jungen an, um es ihm zu berichten. Es interessierte ihn nicht.

Erst, als ich einige Tage später einwilligte, uns mit dem Auto zu einem Festival zu fahren, fand er es gut.

Auf dem Festival wollte der Junge zu unseren Zeltnachbarn gehen, um neue Leute kennenzulernen.

Ich, die ich eine regelrechte Phobie vor fremden Menschen entwickelt hatte und permanent fürchtete, andere könnten meine Unzulänglichkeit erkennen und mich verurteilen, wollte das nicht.

Er könne doch alleine gehen, ich käme schon klar. Das tat er aber nicht. Stattdessen betrank er sich.

Plötzlich waren wir im Zelt, er über mir und ohne dass ich den Grund kannte, drückte er mich mit seinem ganzen Gewicht auf den Boden, legte sich auf mich, hielt mich fest, ich konnte nicht weg. Was wollte er? Was war los?

Er beschimpfte mich, trat und schlug nach mir.

Ich hatte Angst. Tatsächlich rief ich das erste Mal um Hilfe. Das überraschte mich selbst. Es kam nur niemand. Irgendwann hörte er auf.

Dann war er weg, nun doch bei den Leuten von nebenan, wie sich bald herausstellte. Ich saß vor dem Zelt, wie lange weiß ich nicht mehr. Menschen kamen zu mir. Mein Freund hätte eine Unterkühlung und sei stockbesoffen.

Irgendwoher wussten die Leute dann, was passiert war. Vielleicht hatte ich es ihnen erzählt. Sie saßen um mich herum und guckten mich an, ich guckte auf den Boden. Einer sagte etwas Anzügliches. Eine Frau tadelte ihn, er lachte. Eine andere Frau fragte, ob so etwas öfter vorkäme, ich verneinte.

Ich würde niemandem etwas erzählen. Ich liebte ihn doch.

Er hatte es ja nicht so gemeint.

Sie legten den Jungen hinten ins Auto. Er schlief und zitterte.

Mit Restalkohol im Blut manövrierte ich den Wagen zurück nach Berlin.

Ein Navi hatte ich nicht, ich fuhr nach Schildern. Es regnete in Strömen. Auf der Autobahn bei Potsdam war eine Baustelle, ich verstand nicht, wo ich fahren durfte und wo nicht, fuhr dreimal im Kreis, immer durch die Potsdamer Innenstadt, dann wieder auf die Autobahn und wieder in die Innenstadt.

Beim vierten Mal hielt ich am Straßenrand und weinte hysterisch.

Diese Autofahrt war ein Zeichen! Sie symbolisierte den ausweglosen Teufelskreis, in den ich mit meinem Leben irgendwie hineingeschlittert war, mit schockierender Deutlichkeit.

Es schien kein Entrinnen zu geben, egal wie sehr ich mich auch bemühte.

Die Frontscheibe beschlug ständig und trotz Wischen und Gebläse ließ sich der graue Schleier ebenso wenig vertreiben wie der, der sich über mich gelegt hatte.

Mein Vater konnte mir am Telefon auch nicht helfen. Ich musste allein einen Ausweg finden.

Der Junge schlief noch immer im Kofferraum.

Ich fuhr wieder los und diesmal schaffte ich es. Endlich weg von Potsdam.

Der Junge wachte auf, fand, dass ich sehr gut Auto fuhr, immerhin, und kletterte während der Fahrt zwischen den Sitzen nach vorn auf den Beifahrersitz, sodass ich Mühe hatte, das Lenkrad nicht zu verreißen.

Beinahe überfuhr ich eine alte Frau, nahm einem Radfahrer die Vorfahrt und rollte an einer Ampel rückwärts auf den hinter mir Wartenden zu, der panisch hupte.

Es war meine erste und für fünf Jahre auch letzte selbstständige Autofahrt.

Vieles lief schief.

Kapitel 34

Als der Frühling kam, zog ich um. Wieder eine Ein-Zimmer-Wohnung, wieder ein Kommunist als Namensgeber meiner Straße. Diesmal Ernst Bloch.

Ich räumte Regale bei EDEKA ein und kündigte nach zwei Monaten. Es ging nicht mehr.

Nichts ging mehr.

Die Malina von früher gab es nicht mehr, ich war mir völlig fremd geworden.

Mein Vater, der auch nicht weiterwusste, nahm mich mit zu seinem Neurologen. Obwohl ich dem Mann nicht zu schildern vermochte, was mit mir los war und er mir infolgedessen auch nicht helfen konnte, rieselte allmählich die schmerzhafte Erkenntnis in mein vernebeltes Bewusstsein, dass ich den Jungen verlassen musste, wenn ich einen Rest psychische Gesundheit und Würde behalten wollte.

Irgendein Schalter hatte sich durch diesen Arztbesuch in meinem Kopf umgelegt. Wenn mein Vater schon der Meinung war, ich bräuchte professionelle Hilfe, dann musste es wirklich schlimm um mich stehen. Dass ich eine psychiatrische oder psychotherapeutische Praxis hätte aufsuchen sollen, kam mir allerdings noch immer nicht in den Sinn. Ich erwog das gar nicht.

Mit aller Kraft versuchte ich stattdessen, mich endgültig von dem Jungen zu lösen.

Um mich selbst in meiner Entscheidung zu bestärken, begann ich, alles zum Thema Gewalt gegen Frauen und toxische Beziehungen zu konsumieren, was mir in die Finger kam. Ich las jeden scheußlichen Artikel, jeden grausamen Erfahrungsbericht, sah jede furchtbare Doku, beschäftigte mich mit chauvinistischen Kommentaren im Internet, zog mir selbstzerstörerisch alles rein, was ich dazu finden konnte. Vielleicht erhoffte ich mir Hilfe, Infos, die Gewissheit, dass ich nicht alleine war.

Was ich aber vor allem damit erreichte, war, dass ich mir seelische Wunden zufügte, die sich auch Jahre später nicht geschlossen haben und mich bis heute ständig verfolgen.

Als sensibler, empathischer Mensch steigerte ich mich bis zur völligen Erschöpfung in die Geschichten fremder Frauen hinein, als seien es meine eigenen. Ich spürte ihren Schmerz körperlich und konnte keine einzige Erzählung mehr vergessen. Zunächst merkte ich das nicht und machte immer weiter.

Es gab kaum ein anderes Thema mehr in meinem Leben.

In den ungünstigsten Situationen strömten plötzlich Fluten schlimmer Bilder auf mich ein und quälten mich.

Flashbacks fremder Erinnerungen.

Doch selbst da zog ich noch keinen Schlussstrich.

Um mich von all dem abzulenken, unternahm ich viel, fuhr mit dem Bus an die Ostsee, mit einem Freund nach Kopenhagen, besuchte ehemalige Mitschüler und suchte neue Online-Bekanntschaften. Ich engagierte mich wieder politisch, hetzte von einer Demonstration zur nächsten, ließ mich von Polizisten schlagen, wollte die Ohnmacht spüren, um etwas anderes zu fühlen als Liebe für jemanden, der sie nicht verdiente.

Doch die Sehnsucht nach ihm war übermächtig. Ich litt Tag und Nacht, ertränkte meinen Kummer allzu oft in Alkohol, gab meiner inneren Anspannung mittels Selbstverletzung ein Ventil. Ich ritzte mir mit spitzen Gegenständen den Arm und die Handinnenflächen auf, bis es blutete und Narben zurückblieben, schlug gegen die Wand, bis die Haut an meinen Fingerknöcheln aufplatzte – und es half. Der physische Schmerz überlagerte den psychischen, ich wurde ganz ruhig und konnte endlich schlafen.

Lächerlich kam ich mir vor, fand aber nichts, was mir in gleichem Maße geholfen hätte wie der körperliche Schmerz. Meine soziale Phobie, von der ich noch nicht wusste, dass sie eine war, geriet immer mehr außer Kontrolle. Ich versank in tiefen Depressionen, konnte nichts mehr, traute mich nichts mehr, war in meinen Augen nichts mehr. Das bisschen Selbstbewusstsein, das mir noch geblieben war, hatte sich längst verabschiedet. Allein der Gedanke, eine Ausbildung anzufangen oder wieder einem Job nachzugehen, löste derartige Panik in mir aus, dass nicht daran zu denken war. Der Junge warf mir Faulheit vor. Ich wolle nicht arbeiten gehen, das läge an meinen Wessi-Eltern, die sich immer für etwas Besseres gehalten hätten. Im Osten arbeiteten alle, da sei man sich nicht zu schade, da stelle man sich nicht an.

Extreme Stimmungsschwankungen bestimmten mein Leben. Es kam oft vor, dass ich morgens guter Dinge aufwachte, einen Fuß vor die Tür setzte, einem anderen Menschen begegnete und schlagartig in das schwarze

Loch zurückfiel. In Bruchteilen von Sekunden, ausgelöst durch bestimmte Gerüche, Geräusche, Betonungen von Wörtern oder plötzlich hochkommende Erinnerungen, die ich mit einem Mal überdeutlich und mit unglaublicher Intensität wahrnahm, konnte meine Stimmung in das komplette Gegenteil kippen. Meistens nicht ins Positive.

Das Gefühl, alle Menschen würden mich anstarren, wurde zum ständigen Begleiter.

Tatsächlich wurde ich auch häufig angesprochen.

Ob es mir gut gehe. Ob alles okay sei. Ob sie mir helfen könnten. Sie gaben mir ihre Taschentücher und mit leidigen Blicke.

»Ja«, sagte ich, »alles okay.«

Doch nichts war okay.

In vollen Bahnen zu fahren, wurde mir unerträglich, ich bekam keine Luft mehr, stand häufig kurz vor einer Panikattacke.

An Telefonieren war nicht zu denken. Ich vermied es, wann immer nur möglich, schrieb stattdessen E-Mails, auch wenn ich fünf Tage auf eine Antwort warten musste.

Vieles wurde mir egal. Mir fehlten die Kraft und Motivation, mich mit irgendetwas eingehender zu befassen, ich verlor die Freude an vielem. Nicht einmal mehr Heimweh nach meinem kleinen Dorf und den Deichen verspürte ich. In der Stadt war es möglich, weitestgehend in der Masse unterzugehen, ohne allzu sehr aufzufallen.

Mein Versuch, den Jungen aus meinem Leben zu streichen, scheiterte. Ich hielt es nicht länger als ein paar Monate ohne ihn aus. Die Sehnsucht war zu groß und alles begann von vorn.

Meine Stimmung und körperliche Verfassung waren bedingungslos abhängig von ihm. Meldete er sich nicht, hatten wir Streit, war er sauer auf mich, stürzte ich bodenlos und war zu nichts mehr in der Lage, sah keinen Sinn in irgendetwas. Doch in dem Moment, in dem er wieder schrieb, zack, da hüpfte mein Herz, meine Stimmung hellte sich schlagartig auf. Ein nettes Wort von ihm und all die depressive Ohnmacht war vergessen und kam mir lächerlich vor. Schwebte ich auf Wolke sieben, war ich überzeugt davon, dass alles in Ordnung sei, ich keine Hilfe brauchen und dass nun alles gut werden würde. Kam der Fall, verstand ich nicht mehr, wieso ich zuvor so gedacht hatte, und schwor mir, dieses Mal nach einem Therapieplatz zu suchen. Immerhin hatte ich mittlerweile begriffen, dass dies wohl die einzige Lösung darstellte. Dazu kam es jedoch nie, denn immer, wenn ich kurz davor war, diesen Schritt zu gehen, erreichte mich wieder eine liebe Nachricht des Jungen oder er stand mit traurigem Lächeln vor meiner Tür und schwor mir seine Liebe.

Beständigkeit gab es nicht, nichts war sicher, alles wackelig und permanent einsturzgefährdet.

Es kostete so viel Kraft, machte so einsam und so unendlich müde.

Aus meiner Einsamkeit erwuchs ein übermächtiges Bedürfnis nach Nähe, Aufmerksamkeit, Zuwendung, Bestätigung, und ich versuchte, meine Sehnsucht mit Hilfe anderer Männer zu stillen, doch mir wurde schlecht dabei.

Ich suchte ihre Nähe, hatte es nicht schwer damit, doch sobald sie mehr wollten als einen Kuss, stieß ich sie weg. Sie waren nicht er. Niemanden konnte ich näher an mich heranlassen.

Es war auch zu anstrengend, permanent so zu tun, als sei alles in Ordnung, als wäre ich nicht ich.

Denn ich war überzeugt, mich verstellen zu müssen, da sonst niemand mit mir auch nur in Kontakt hätte kommen wollen. Peinlich würden sie mich finden, dachte ich. Wenn sich jemand offenbar für mich interessierte, sprach ich ihm seine ehrlichen Absichten ab, denn ich sah nicht, was diese Person von mir wollen könnte außer unverbindlichen Spaß, wofür ich aber nicht zu haben war.

Gleichzeitig fragte ich mich immer wieder, was damals gewesen wäre, hätte ich Jonas' Kuss erwidert. Was dachte er über mich, wie gern hatte er mich früher gemocht?

Wahrscheinlich hatte das für ihn damals gar keine Bedeutung gehabt. Sicher konnte er sich nicht einmal daran erinnern. Oder war es möglich, dass ich eine ganz normale erste Beziehung hätte führen können, wenn ich ihm gesagt hätte, was ich für ihn fühlte? Eine normale Beziehung – wie alle anderen?

Es half ja nichts. Es war längst zu spät.

Viele, viele Tage gab es, da konnte ich meine Wohnung nicht verlassen. Als ragte plötzlich eine unsichtbare Mauer zwischen mir und der Außenwelt empor, die ich nicht durchdringen konnte, ja nicht durchdringen durfte, weil allzu viele Gefahren auf der anderen Seite lauerten.

Mein Anblick war für mich schwer auszuhalten. Alles an mir schien falsch und ungenügend.

Mitunter stundenlang saß ich morgens vor dem Spiegel und versuchte, irgendetwas mit meinem Äußeren anzustellen, das alle, mich eingeschlossen, zufriedenstellen würde.

Doch ich fand mich schrecklich, saß da, heulte Rotz und Wasser. Das führte dazu, dass ich immer unzuverlässiger wurde und zu den wenigen Verpflichtungen, die ich noch wahrnahm, permanent mindestens eine Stunde zu spät kam, was ich stets mit ausgefallenen Bahnen entschuldigte. Hinzu kam, dass sich die Auswahl der in Frage kommenden Kleidungsstücke beträchtlich eingeschränkt hatte. Ich konnte keine hellen Hosen mehr tragen, keine Tanktops, generell nichts, das heller als hellgrau war, nichts Lilafarbenes, nichts Knallrotes, nichts mit Blümchen, nichts mit Rüschen, nichts Schickes, kaum Make-up. Ich hatte all diese Dinge zwar in meinem Schrank, doch der Junge hasste sie. Selbst wenn ich ihn nicht sah, konnte ich sie nicht anziehen. Seine Stimme und die Angst vor seiner Reaktion waren omnipräsent, hatten sich festgefressen in meinem Kopf.

Tat ich es aus Trotz dennoch, was hin und wieder in lichten Phasen vorkam, hatte ich hinterher mit schlimmen Schuldgefühlen zu kämpfen.

Es dauerte Jahre, bis ich wieder problemlos eine hellblaue Jeans tragen konnte.

Mittlerweile bewohnte der Junge ein winziges Zimmer in einer Gemeinschaftsunterkunft.

Gemeinsame Toilette, gemeinsame Küche.

Es dauerte nicht lange, da saß ich naiv auf seinem Bett und war für wenige Minuten der glücklichste Mensch des ganzen Universums.

Bis ich wieder etwas Falsches sagte oder tat und er mich durch den Raum schleuderte. Bis er wieder nach mir trat und schlug, mich gegen die Tür warf, das ganze Haus zusammenbrüllte. Bis ich noch kleiner, schwächer und erbärmlicher wurde, als ich mich ohnehin schon fühlte.

Ich weinte und flehte, er möge meine Entschuldigung

annehmen. Als alles nichts half, taumelte ich wie ein Häufchen Elend nach draußen, vorbei an einer Gruppe Männer, die im Hausflur stand, alles mitangehört hatte und mich belustigt angaffte.

Draußen setzte ich mich in der Nähe auf einen Stein und weinte weiter. Ich konnte nicht weggehen, es fühlte sich jedes Mal allzu endgültig an. Jedes Mal ging meine Welt unter, aber ich konnte nicht loslassen, nicht aufgeben, die Hoffnung auf eine bessere, gemeinsame Zukunft nagelte mich an Ort und Stelle fest.

Ein Mann sprach mich an.

Er reichte mir ein Taschentuch. Während ich mir damit übers Gesicht wischte, blieb er neben mir stehen und beobachtete mich. Es war bereits dunkel geworden.

Er fragte, ob ich nicht mit zu ihm nach Hause kommen wolle, da habe er noch mehr Taschentücher.

Da rannte ich dann doch davon.

Die Zeit vor und nach meinem Versuch, mich zu lösen, war ein einziges Hin und Her. Ein Wegstoßen und Heranziehen, ein Ich-liebe-dich und Ich-hasse-dich.

Während ich mit Ausnahme weniger Monate nie an der Zukunft unserer Beziehung und unserer Liebe zweifelte, sagte er mir oft, er wolle nicht mehr mit mir zusammen sein. Er liebe mich nicht mehr, es sei besser, wenn wir uns nicht mehr sehen würden. Oder er schrieb per SMS, er hasse mich »dreckiges Stück Scheiße« und wolle mir in seinem ganzen Leben nie wieder begegnen. Zwei Wochen später änderte er seine Meinung und verkündete, er könne nicht ohne mich leben. Immer wieder drohte er damit, sich umzubringen. Dann wieder verfiel er auf den Gedanken, er liebe mich zwar, wolle sich aber generell nie wieder fest binden. Oder er wolle zwar eine Beziehung, aber ohne Verpflichtungen, nur mit Spaß. Oft versuchten wir auch Freunde zu sein, benahmen uns allerdings dennoch, als seien wir ein Paar. Es brach mir das Herz, aber ich erklärte mich mit allem einverstanden, solange er nur nicht aus meinem Leben verschwand und ich ihm noch nahe sein durfte.

Niemandem erzählte ich mehr etwas über meine Beziehung. Zu lächerlich und verachtenswert erschien mir die Situation. Es war ja alles so peinlich, war ich doch selbst schuld an meinem Unglück. Schließlich zwang mich niemand, bei demjenigen zu bleiben, der mich kaputt machte. Niemand sagte, ich müsse immer wieder zu ihm zurückkehren.

Es war meine freie Entscheidung. Was konnte ich mich da beschweren? Und doch wünschte ich mir sehnlichst, jemand, dem ich wichtig wäre, würde mir helfen. Auf mich einreden, mich anschreien, mich wachrütteln, mich beschwören, diesen Jungen zu verlassen, zu meinem eigenen Besten.

Vielleicht hätte ich es dann gekonnt.

Kapitel 35

Schließlich war es meine Mutter, die das Ganze nicht länger mitansehen konnte und Nägel mit Köpfen machte.

Ich zog vorübergehend zurück zu ihr in mein Kindheitshaus und fand mich am Esstisch einer Mitarbeiterin des Sozialpsychiatrischen Diensts gegenübersitzend wieder.

Die Frau redete viel und im Grunde hätte ich auch gerne gewusst, was auf mich zukommen würde, sollte ich doch die nächsten Wochen in einer Tagesklinik verbringen.

Allerdings bekam ich wieder nichts mit, starrte stattdessen nur auf die Tischplatte. Rein gar nichts von dem, was sie sagte, drang in mein Bewusstsein durch. Oder ich vergaß es sofort wieder. Jedenfalls konnte ich nach dem Gespräch nichts rekapitulieren und war dementsprechend unvorbereitet. Jeden Tag fuhr ich nun mit meinem alten Schulbus in das Krankenhaus, in dem ich geboren worden war, und ging in den zweiten Stock, um dort hinter der großen Glastür zu verschwinden. Nachmittags fuhr ich wieder heim.

Es war Winter und mir war kalt.

Kapitel 36

Meine Mama bringt mich in die zweite Etage. Die große Flügeltür schließt sich hinter uns. Da ist ein Schild.

»Tagesklinik für Erwachsenenpsychiatrie/-psychotherapie«, steht darauf.

Wir warten.

Eine Schwester am Computer fragt, was für Probleme ich habe. Sie ist nett, aber ich weiß nicht, was ich ihr sagen soll.

Ich sitze, sehe auf den Tisch, Rauschen im Kopf. Ich kann es nicht erklären. Es ist so viel.

Alles hängt zusammen, ich bräuchte den ganzen Tag. Schließlich sage ich, ich kann nicht richtig telefonieren. Warum sage ich das?

Ich füge nichts hinzu.

Ich weiß nicht, was sie ins Protokoll schreibt. Meine Mama tut mir leid.

Wir verabschieden uns, ich will am liebsten mit ihr gehen, sie weint fast.

Dann ist sie weg und jetzt tue ich mir selbst leid. Die Schwester führt mich in den Aufenthaltsraum.

Hier ist die Neue.

Alle sehen mich an. Ich will wegrennen, tue es aber nicht. Die Leute sind sehr nett.

Der Pfleger bringt mir einen Fragebogen, den ich ausfüllen soll.

Ich kann so etwas nicht.

Ich habe zu jeder Frage Fragen. Kann mich für keine
der Antworten entscheiden.

Er sagt, ich solle einfach das Schlimmste ankreuzen.
Ich kreuze irgendwas an.

Dann das Ergebnis. Ach guck, Depression.

Der Raum ist sehr groß.

Ich sitze in der Mitte auf einem Stuhl. Vor mir sitzen
die Leute.

Die Leute, die mich befragen, mich beurteilen. Sie
thronen an Tischen vor hellen Fenstern.

Der Oberarzt, der Pfleger, die Psychiaterin und ein,
zwei andere.

Einzelvisite.

Ich muss mich konzentrieren, damit ich die Fragen
verstehe, die sie mir stellen.

Ich höre sie zwar, aber mein Kopf ist leer.

Ich habe Angst.

Vor diesen Leuten und ihrem Urteil über mich. Alle
sehen sie mich an, warten auf Antworten. Immer Antworten, die ich nicht habe.

Was soll ich ihnen sagen?

Ich will weg.

In meinem Hals ist ein Kloß, in meinem Magen ein
Stein.

Wohin soll ich schauen? Wohin mit meinen Händen?
Sinnlos liegen sie auf meinen Knien herum.

Der Chefarzt fragt, warum ich als Einzige in der
Gruppe keine Medikamente nehmen will.

In meinem Kopf ist die Antwort, doch mein Mund gehorcht mir nicht.

Er spricht nicht aus, was ich denke. Der Kloß ist zu riesig geworden.

Mein Mund sagt, dass ich keine Psychopharmaka nehmen möchte, wenn ich doch nicht weiß, was die mit mir machen. Die Leute lachen.

Ich werde ganz klein auf meinem Stuhl in diesem großen Raum. Rauschen in meinem Kopf.

Dann bin ich auf der Toilette.

Tränen durchweichen meine Pulloverärmel. Ihr Lachen in meinem Kopf.

Ich nehme trotzdem keine Medikamente.

Wir sitzen in einem kleinen Zimmer. Die Psychiaterin und ich.

Sie mit ihren roten Locken, ich mit meiner Unsicherheit. Wieder Fragen.

Diesmal will ich es richtig machen.

Ich sage ihr, mein Ex-Freund hat mich verprügelt.

Ich erkläre ihr alles.

Ausführlich.

Ich rede lange.

Es kostet viel Kraft.

Sie resümiert: »Aha, Sie haben also Liebeskummer.«

Ich bin so müde.

Wir haben einen Stundenplan. Morgenkreis, Frühsport, Frühstück, Gruppensitzung, Einzelsitzung, PMR oder autogenes Training, Mittagessen, »SA-Gruppe«, Einzelvisite, Ergotherapie. Jeder Tag ein bisschen anders.

Nur zwei Personen sind in meinem Alter.

Da ist ein älterer Mann, Herr Peters. Er wirkt so einsam, hat so traurige Augen.

Er ist sehr nett, alle mögen ihn, aber es ist schwierig, sich mit ihm zu unterhalten.

Kurze Antworten zu geben, liegt ihm fern.

Alles könnte er stundenlang ausführen. Erzählt dann von seinem Leben, kommt von einem zum anderen, redet, redet, redet.

Man möchte ihn nicht unterbrechen, er wirkt glücklich dabei. Glücklich, aber einsam.

Alle basteln Traumfänger. Ich flechte einen Korb.

Zwei Traumfänger habe ich schon.

Auch schon einen Korb, bald noch einen. Ergotherapie ist das Beste an der Tagesklinik. Hier sind keine Ärzte oder Psychiaterinnen.

Nur zwei ältere Frauen. Was sie sind, weiß ich nicht. Sie wirken wie liebe Muttis, die sich etwas dazuverdienen wollen, indem sie alten Männern Traumfängerbasteln beibringen.

Sie sind sehr lieb und stellen keine Fragen, deren Antworten sie gar nicht interessieren.

Morgen vielleicht Speckstein.

Alle sitzen im Stuhlkreis.

Ich hasse Stuhlkreise.

Nirgends kann man sich verstecken. Alle sehen mich an, denke ich.

Wie soll ich sitzen? Wohin mit meinen Händen?

Wieder liegen sie sinnlos herum.

Ich verschränke die Arme, vergrabe die Hände in meinem Pullover. Weg damit.

Der Chefarzt, die Psychiaterin, die Schwestern und Pfleger Maik sind auch da.

Jeder soll sagen, wie es ihm am vergangenen Tag ergangen ist.

Der Reihe nach, es gibt kein Entkommen.

Ich nuschele etwas vor mich hin. Alle sehen mich an. Kribbeln in meinem Körper. Ich möchte weglaufen.

Frau Schönberger weint. Sie weint oft. Wegen ihres Sohnes und wegen sich selbst.

Alle reden über ihre Medikamente.

»Dann erhöhen wir die Dosis mal«, sagt der Chefarzt.

»Ja genau, nehmen Sie ruhig zwei am Tag«, sagt die Psychiaterin.

Der Morgenkreis dauert viel zu lange.

Es klingt, als redeten sie über Süßigkeiten. Ich kann nicht mitreden, ich nehme keine.

Will es allein schaffen. Möchte aus eigener Kraft heilen. Wieder die Außenseiterin.

Es ist so laut im Aufenthaltsraum. Alle reden. Reden durcheinander.

Zu viel. Mein Kopf schwirrt. Ich brauche Ruhe.

Am Ende des Flurs steht eine Zimmerpflanze. Daneben ein Stuhl.

Dort setze ich mich hin und lese mein Buch. Hier ist es still. Das tut gut.

Die Psychiaterin fällt ein Urteil über mich. Sie versteht gar nichts.

Ich säße allein da und lese, anstatt mich mit den anderen im Aufenthaltsraum zu unterhalten.

Das hätte sie beobachtet.

Auch beim Morgenkreis sei ihr direkt an meiner Körpersprache aufgefallen, was für eine Anti-Haltung ich hätte.

So könnten sie mir nicht helfen, sagt sie.

Ob ich mein Verhalten nicht auch arrogant fände, fragt sie. Ob ich mich für etwas Besseres hielte.

Nein, ich wollte nur in Ruhe lesen, denke ich, sage nichts, werde ganz klein.

Nach knapp einem Monat breche ich ab. Ich fühle mich nicht ernst genommen. Das will ich nicht mehr.

Meine Mitpatienten sind sehr lieb. Sie basteln mir eine Abschiedskarte. Eine schöne Tradition.

Für jeden, der geht, suchen sie einen passenden Spruch heraus und kleben Aufkleber auf.

Ich freue mich.

Eine Karte, zwei Körbe, zwei Traumfänger, einen unvollendeten Speckstein.

Eine gute Bilanz.

»Wir hoffen, dass du den richtigen Weg gehst!

Dass du deine Freude und Vertrauen zu anderen Menschen wiederfindest!

Dein seltenes Lächeln macht dich für uns liebenswert!«

Das steht auf der Karte.

»Patn. lehnt ‚Chemie‘ ab, nicht vertrauensbereit, latent mißtraurisch, Behandlung daher nur begrenzt möglich.«

Das steht auf dem Entlassungsbrief.

Kapitel 37

Kurz darauf läuft mein Leben in Berlin weiter wie gehabt. Ich ertrage mich selbst nicht mehr. Mit dem Jungen treffe ich mich noch immer, es ist so anstrengend.

Permanent bin ich gereizt, ängstlich, weinerlich.

Alles, was er sagt, werte ich als Angriff. Ein Gespräch ist nicht mehr möglich.

Er kann nichts sagen, ohne dass ich abwehrend reagiere, denke, er will mich wieder fertigmachen. Der anklagende, aggressive Unterton seiner Stimme, den ich glaube, in allem herauszuhören, ist immer da.

Liebe ich ihn noch? Ja, natürlich, so sehr! Oder doch nicht? Was ist denn wahre Liebe? Ich habe keine Ahnung.

Es geht nicht mehr. Wut erfüllt mich. Zunächst auf ihn, doch sie hält stets nur Minuten, schlägt dann in Wut auf mich selbst um. Warum bin ich nicht besser? Alles kotzt mich an, die ganze Welt ein einziges Ärgernis.

So viel bodenlose Ungerechtigkeit!

Wir, uns beide, gibt es nicht mehr. Gab es nie. Ich muss das einsehen, will es aber nicht wahrhaben, erkenne nicht, wie tief der Sumpf ist, in dem ich stecke und der mir die Luft zum Atmen nimmt.

Bald schwappen die dunklen Wellen über mir zusammen und ich bin ertrunken.

Ich suche mir eine Therapeutin, weil ich es allein nicht ans Ufer schaffe.

Es geht nicht gut mit ihr und mir.

Ich sage ihr, meine Eltern haben sich getrennt. Ich sage ihr, mein Ex-Freund hat mich verprügelt.

Ich sage ihr auch, dass ich in einer Tagesklinik war. Erzähle viel.

Sie fragt nur nach Jahreszahlen, will wissen, wann dies und jenes geschehen ist.

Ich kann es ihr nicht sagen. Zahlen haben kaum Bedeutung für mich.

Außerdem verschwimmen die Jahre, werden ein großes Ganzes, mein Leben halt.

Erwachsene interessieren sich sehr für Zahlen.

Da sitzen wir, die ungeduldige Therapeutin und das zornige Mädchen.

Sie wartet auf Antworten, ich warte auf ein Zeichen des Verstehens.

Beide gehen wir leer aus.

Die Therapeutin ist jung und sieht aus wie aus einem Rosamunde-Pilcher-Film.

Sie schlägt die Beine übereinander, stützt sich auf die Lehne ihres Sessels. Sie fragt nach meinen Zukunftsplänen.

Ich erzähle froh, dass ich eine Schule besuchen will, um mein Abitur nachzuholen.

Eine selbstverwaltete Schule ohne Noten, wo Schüler und Lehrkräfte sich auf Augenhöhe begegnen und alle gleiches Mitbestimmungsrecht haben.

Ich freue mich sehr darauf. Endlich ein Grund, morgens aufzustehen.

Die Therapeutin freut sich nicht. Sie findet das nicht gut, ohne Noten. Sie glaubt nicht, dass ich das schaffe.

Generell findet sie vieles nicht gut. Meine Ansichten, meine politische Einstellung, die Erziehungsmethoden meiner Eltern.

Sie will wissen, was ich in letzter Zeit gearbeitet habe. Ich erzähle ihr vom Kindergarten, von EDEKA.

Davon, dass ich fast ein Jahr lang nichts gemacht habe, weil ich nicht konnte.

Es ist peinlich, ich fühle mich ungenügend.

Sie fragt, ob man von Arbeitengehen in meiner Familie generell nicht so viel halte, das würde sie nicht wundern.

Es ist unser letztes Gespräch.

Ich stehe auf und gehe.

Ich lasse mich nicht mehr schlecht behandeln.

Es reicht, es reicht, es reicht.

Nachwort

Wir liegen in einer offenen Holzhütte, eingehüllt in Schlafsäcke.

Es ist sehr kalt, wir hören das Meer rauschen. Über uns der Sternenhimmel, am Horizont die Lichter der Scandlines-Fähren, die Deutschland mit Dänemark verbinden.

Es ist mein Geburtstag, der Wind pfeift und ich bin glücklich.

Neben mir schläft derjenige, der meine kleine Welt jeden Tag ein riesiges Stück besser macht.

Der, der da war, mir Sicherheit gab, mir offenbarte, dass da mehr ist als das, was ich bislang kannte.

Unendlich geduldig wartete er über ein dreiviertel Jahr, bis ich es schaffte, mich aus jener toxischen Beziehung zu lösen. Bis ich mich traute, etwas Neues zu versuchen.

Er gab mir die Kraft, daran zu glauben, dass ich mir mein Selbstvertrauen und meine Stärke zurückerobern könne.

Durch ihn begriff ich, dass emotionale Erpressung, physische und psychische Gewalt in einer Beziehung nicht normal sind. Dass ich nichts tun muss, was ich nicht tun möchte.

Dank ihm kenne ich heute meinen Wert, weiß, dass

wahre Liebe auf Respekt, Vertrauen und der Begegnung auf Augenhöhe beruht.

Ich weiß auch, dass kein Mensch der Welt es wert ist, sich selbst aufzugeben.

Für viele mag all das eine Selbstverständlichkeit sein. Für mich war es das viel zu lange nicht.

Neben mir schläft derjenige, der mich liebt, wie ich bin, und ich bin gut genug.

Diese Geschichte soll Erinnerung, Unterhaltung, Mahnung und Abschreckung zugleich sein.

Es wäre schön, wenn Menschen, die in derselben Zeit, der gleichen Umgebung oder unter ähnlichen Umständen aufgewachsen sind, meine Zeilen lesen und sich erinnern. Wenn sie rufen: »Ja, stimmt! So war das damals!«, wenn sie schmunzeln und sich plötzlich längst vergessener Geschehnisse entsinnen würden.

Aber auch, wenn sie sich für die schwierigen Themen sensibilisieren würden, die ich anspreche.

Wie geht es Kindern, deren Eltern sich trennen? Gerade bei sehr empfindsamen Kindern sollten wir alle vielleicht öfter genauer hinsehen.

Einen Blick hinter die Fassade zu werfen, ist wichtig, egal in welcher Situation.

Auch, wer ständig lacht und »ganz normal« erscheint, kann todunglücklich sein.

Vielleicht gibt es da einen Teenager in unserer Umgebung, der sich in seiner Beziehung dramatisch negativ verändert und insgeheim auf Hilfe von außen hofft.

Es ist möglich, dass diese Geschichte von einer Person gelesen wird, die sich in bestimmten Verhaltensmustern wiedererkennt. Vielleicht merkt sie, dass ihr einziger Lebensinhalt darin besteht, ihrem Partner oder ihrer Partnerin zu gefallen. Dass sie alles tun würde, nur um nicht abgelehnt zu werden.

Vielleicht vernachlässigt sie ihre eigenen Bedürfnisse und Wünsche.

Vielleicht fragt sich diese Person, ob sie sich auch in einer toxischen Beziehung befindet.

Ich habe gemerkt, dass man das, was man kennt, was immer schon so war, normalisiert, verharmlost und hinnimmt. Man vergisst sehr schnell, was okay und was grenzüberschreitend ist.

Erst in dem Moment, in dem man sich anderen anvertraut und diese anderen geschockt reagieren, realisiert man, wie schlimm eigentlich ist, was passiert.

Absolut keine Form der Gewalt in einer Beziehung ist normal oder tolerierbar. Auch nicht, wenn sie »nur« hin und wieder auftritt.

Es gibt keine Rechtfertigung.

Eine schwierige Kindheit ist keine Rechtfertigung.

Eine vorangegangene Provokation ist keine Rechtfertigung.

Du bist niemals selbst schuld, wenn du Opfer von Gewalt wirst!

Niemand hat das Recht, dir Schaden – in welcher Form auch immer – absichtlich zuzufügen.

Und wenn du dich schon fragst, ob so etwas in deiner Beziehung passieren könnte, dann ist sie sehr wahrscheinlich nicht die, die du führen solltest.

Heute fühle ich mich so wohl in meinem Körper wie nie zuvor. Ich werde langsam wieder selbstbewusster, sicherer und weniger misstrauisch im Umgang mit anderen Menschen. Ich lerne, meine Bedürfnisse zu kommunizieren, und weiß, wo meine Grenzen sind. Neinsagen fällt mir noch immer sehr, sehr schwer. Die ständige Angst, andere zu enttäuschen, ist groß.

Doch der Weg, den ich gehe, ist der richtige und wird mich zum Ziel führen. Ich habe wieder konkrete Pläne und Träume, weiß, was mir gut tut, falle nicht mehr so oft so tief.

Bis zu diesem Punkt war es ein langer, sehr schwieriger Weg voller Höhen und Tiefen. All das, was ich erreicht habe, musste ich mir hart erarbeiten und zurückerobern. Es ist wirklich kein Spaß und wird sich noch lange hinziehen. In irgendeiner Weise beschäftigt mich das Erlebte ständig und ich weiß nicht, ob es jemals ganz verschwinden wird.

In bestimmten Situationen habe ich noch immer Flashbacks. Neben einem wunderbaren Partner hat mir in den letzten Jahren ebenfalls ein sehr guter Therapeut geholfen. Sich einzugestehen, dass man etwas alleine nicht schafft und sich Hilfe suchen muss, kann sehr schwer, anstrengend und frustrierend sein. Besonders, wenn es damit, so wie bei mir auch, nicht auf Anhieb klappt. Mitunter ist es ein langwieriger Prozess, Fachleute zu finden, zu denen man Vertrauen aufbauen und somit gute Ergebnisse erzielen kann.

Doch es lohnt sich, versprochen!

Ich bin immer offen mit diesem Thema umgegangen.

Leider wurde mir häufig das Gefühl vermittelt, mich nur wichtigmachen zu wollen, nach Aufmerksamkeit zu heischen. Das hat mich zwar nicht davon abgehalten, weiter darüber zu sprechen oder zu schreiben, doch es verunsicherte mich sehr und es ärgerte mich auch.

Natürlich will ich Aufmerksamkeit!

Ich will Aufmerksamkeit auf ein Thema lenken, über das noch immer viel, viel zu wenig gesprochen wird!

Insofern hoffe ich, es möge mir mit dieser Geschichte ein sensibilisierender Blick »hinter verschlossene Türen« gelungen sein.

Wir über uns

Wir sind die Schubladensprenger, wir sind die Idealisten – ein 2019 gegründeter, unabhängiger Buchverlag mit Sitz im grünen Herzen Deutschlands. In unserem Programm finden Sie Titel verschiedenster Couleur.

Ob tiefschürfende Lyrik, Großstadtsatire, philosophischer Roman oder Science-Fiction-Novelle, wir verlegen, nicht auf ein spezifisches Genre festgelegt, sondern in unbändiger Freiheit, Geschichten, die uns faszinieren, die uns auf eine sprichwörtlich magische Reise schicken und uns und der Welt um uns herum den Spiegel vorhalten, Geschichten, die uns nicht mehr aus dem Kopf gehen, die authentisch sind, einen Wiedererkennungswert haben und in denen wir auch nach mehrmaligem Lesen noch Neues entdecken können.

Dabei ist es uns ein besonderes Anliegen, alles im Verlag selbst umzusetzen: Vom Lektorat und Korrektorat über den Satz bis hin zu den Covern gehen wir, bis auf den Druck, sämtliche Schritte in Eigenverantwortung.

Auf den nächsten Seiten haben wir für Sie exklusive Leseempfehlungen zusammengestellt. Wir wünschen Ihnen viel Vergnügen mit den Büchern von kul-ja! publishing.

Empfehlungen aus unserem aktuellen Programm

Boris Hoge-Benteler
Liebe Dunkelheit

Eine Reise in die trügerischen
Gefilde bis ans Ende der Nacht.

Richard Wiemers
Das Pentagon-Huhn

Pastiches um ein Huhn auf allzu
abenteuerlichen Abwegen.

Mayjia Gille
Landgang

Autofiktionaler Streifzug durch die Land-
schaften deutsch-deutscher Wirklichkeit.

Robert Schade
Fanta

Anstoß für eine Jagd vor
(alb-)traumhafter Kulisse.

Kule Bücher unter: www.kul-ja.com

Arno Dahmer
Ein Mythos von mir

Ein Roman über die Freuden
und Abgründe des Alleinseins.

Julia Kulewatz
Dysfunctional Woman

Eine Dystopie von der Liebe und der Suche
nach dem selbstbestimmten Tod.

Mathias Aicher
1988

Zeitreise. Die große Liebe. Und:
Die Flugtagkatastrophe von Ramstein.

Boris Hoge-Benteler
Sonnenstadt

Eine surreal-wahnhafte Reise in
verstörend-hypnotischer Sprache.